POUR UNE SPIRITUALITÉ CRÉATRICE DE PAIX

Du même auteur
aux Éditions du Rocher

Bouddhisme, premier millénaire
La Vie du Bouddha
La Vie à la lumière du bouddhisme
Le Bouddhisme en Chine
L'Avenir de l'humanité et le rôle de la religion
La Révolution humaine (3 tomes)

DAISAKU IKEDA

POUR UNE SPIRITUALITÉ CRÉATRICE DE PAIX

ÉDITIONS DU ROCHER
Jean-Paul Bertrand
Éditeur

Titre original
For a lasting peace

Traduit de l'anglais
par
Claire et Marc Tardieu

ISBN 22680 10 39-2

PRÉFACE À L'ÉDITION ANGLAISE

Dans les dix pays où je me suis rendu cette année – États-Unis, Union soviétique, France, Allemagne de l'Ouest, Italie, Autriche, Bulgarie, Canada, Mexique et Panama –, j'ai dialogué avec diverses personnalités de premier plan. Et c'est le thème de la paix qui a toujours suscité le plus de passion. Bien que l'internationalisation rapproche les peuples du monde, nous sommes encore confrontés à de graves problèmes et à de sérieuses menaces liés à la pollution de l'environnement, la diminution des ressources naturelles, la croissance démographique, la pauvreté, ou la désolation spirituelle au cœur de la plénitude matérielle. Plus que jamais, mes voyages m'ont convaincu que la seule façon de générer la solidarité pour la paix en de telles circonstances consiste à stimuler les échanges primordiaux entre les peuples à un niveau d'intérêt mutuel transcendant la politique, l'économie et les idéologies. De plus, mes voyages m'ont reconfirmé dans ma conviction : la vraie voie pour stimuler l'intérêt et l'amour mutuels nécessaires est la voie bouddhique, que j'ai découverte dans ma jeunesse et à laquelle je me suis toujours consacré depuis. Ma certitude vient du fait que, parmi toutes les religions du monde, le bouddhisme est la plus tolérante et la plus fermement fondée sur l'esprit de compassion et de paix.

J'éprouve peu de sympathie pour la tendance courante à séparer la religion de l'éducation, la culture et la science. Résultant d'une mise en valeur excessive du matérialisme, cette tendance néglige en effet la valeur de la religion pour la société. Il ne faut pas séparer la religion des autres champs d'intérêt et de préoccupation humains. La relation qui les unit est semblable à l'interdépendance de la terre et des plantes. Une plante ou un arbre, aussi splendide soit-il, ne peut produire aucune belle fleur, aucun fruit savoureux, s'il pousse dans une terre aride ou contaminée par des éléments nocifs. De même, sans arbres verts, sans plantes fleuries, la plaine la plus fertile n'est qu'un désert. La religion est comme un sol riche, essentiel pour la germination et le développement d'une culture, d'une éducation et d'une science véritablement remarquables, et pour l'établissement d'une paix durable. C'est pourquoi je préconise fortement la restauration de la religion à une place d'importance dans la vie de tous les hommes.

Les êtres humains créent de la culture dans tous les domaines. De même, à toute époque, qu'il s'agisse d'éducation au sens le plus large ou de tâches domestiques mineures, des crises graves provoquées par les actions ou les pensées humaines ont secoué les civilisations. Le bouddhisme, quintessence de l'esprit de l'Orient, met en avant la lumière de la compassion, de la sagesse et du courage existant au fond de tous les cœurs.

Depuis plus de vingt ans, j'étudie et agis pour une révolution intérieure dans l'esprit de chaque individu menant au salut de toute l'humanité et à la création d'une paix durable grâce au bouddhisme de Nichiren Daishonin auquel mes compagnons et moi croyons. J'ai notamment pu discuter de projets pour la culture, l'éducation et la paix, avec des responsables et des intellectuels du Japon et de bien d'autres pays. J'ai par ailleurs apprécié le soutien enthousiaste des innombrables amis qui partagent avec moi la ferme conviction que la lumière de la Loi mystique, tel le soleil chassant la nuit, ouvrira une ère magnifique d'espoir, d'amour et de respect mutuels, une ère de paix au vingt et unième siècle.

Ce livre, présenté sous forme de recueil, rassemble des discours, remarques et conseils adressés à la jeunesse lors de conférences, en diverses universités, ou à l'occasion de rassemblements au Japon et dans le monde, de 1971 à 1981. Même si ces pages s'égarent parfois dans l'observation et la réflexion, elles n'en reflètent pas moins l'essence de ma croyance bouddhique. Je serais heureux si ce livre pouvait contribuer, ne serait-ce qu'un peu, à porter la lumière de la Loi mystique dans une société sombre, en proie à la confusion et, ainsi, à guider l'humanité sur la voie de la paix.

Pour conclure, j'aimerais exprimer ma profonde gratitude aux éditions John Weatherhill, Inc. pour leurs remarquables efforts et la qualité de leur travail ainsi qu'à Richard L. Cage qui a traduit et édité l'ouvrage en anglais, et enfin aux traducteurs Charles S. Terry et Burton Watson.

Juin 1981

PROPOSITIONS POUR UNE PAIX DURABLE

Discours prononcé à la trente-cinquième réunion générale de la Soka Gakkai au Budokan Nippon de Tokyo, le 2 novembre 1972.

L'ANNÉE DE L'ÉTUDE

C'est aujourd'hui la première réunion générale depuis l'achèvement du Sho Hondo (Palais de la Vie) au Taiseki-ji, temple principal de la Nichiren Shoshu. En cette belle journée d'automne, j'ai grand plaisir à saluer, avec les quelque mille cinq cents représentants des membres venus de tout le pays, le grand patriarche Nittatsu, qui a eu la gentillesse de venir spécialement du temple principal. C'est une grande joie pour moi que de lui souhaiter la bienvenue, ainsi qu'au révérend Do'o Hayase, administrateur général de la Nichiren Shoshu, aux moines venus de tout le Japon, et à nos invités de marque. Je voudrais aussi remercier de tout cœur tous ceux qui assistent à cette réunion. Nikko Shonin, second grand patriarche de la Nichiren Shoshu, choisit, il y a de cela six cent quatre-vingt-deux ans, la belle terre d'Oshigahara, au pied du mont Fuji, pour site du temple principal et point de départ de notre grand mouvement de propagation du bouddhisme orthodoxe. Le 1er octobre 1972, nous avons vu se réaliser notre rêve avec l'achèvement du nouveau temple principal, le magnifique Sho Hondo, dont la situation en ce lieu vénérable souligne l'importance. Le 7 octobre, le Dai-Gohonzon, objet de culte de tous les croyants de la Nichiren Shoshu, fut transféré à son nouveau domicile, sur l'autel du Sho Hondo. Du 11 au 17 octobre, une série de cérémonies importantes et splendides se sont déroulées au Taiseki-ji, sous la conduite du soixante-seizième grand patriarche Nittatsu. Fort heureusement, il a fait un temps superbe durant toutes ces cérémonies.

Je suis convaincu que leur succès est dû à leur pureté et à la force des prières de tous nos amis membres ainsi qu'à leurs efforts et à leur dévouement inlassables. Permettez-moi de saisir cette occasion pour vous exprimer ma profonde reconnaissance et remercier également à travers vous les membres du monde entier. Une fois de plus, merci pour tout ce que vous avez accompli afin que notre rêve devienne réalité.

Miao-lo – Myoraku en japonais –, grand érudit et maître de l'école bouddhique de T'ien-t'ai (Tendai), disait que les bonnes actions et, par suite, la bonne fortune des disciples du bouddha dépassent les dix vertus du bouddha ; leur bonne fortune est en effet immense. Je suis convaincu que le triomphe humain concrétisé par la construction du Sho Hondo marque un sommet de bonne fortune et de gloire. De plus, cet événement conclut un chapitre dans nos efforts visant à étendre notre foi à tous les peuples. Voilà pourquoi je suis certain qu'un tel événement demeurera un symbole éternel de notre croyance. De même, les prières ferventes en faveur de la paix de l'humanité, partie intégrante de la construction, constitueront une source d'émerveillement et d'admiration pour les générations à venir. L'achèvement de ce nouveau bâtiment marque sans aucun doute l'œuvre magnifique de ces bodhisattvas de la Loi mystique dont il fut dit qu'ils apparaîtraient à notre époque. Cette entreprise grandiose, la construction du Sho Hondo, suscite certainement la plus totale satisfaction de Nichiren Daishonin lui-même. Je sais aussi que le travail concret de ses disciples doit réjouir l'esprit de notre maître, le regretté président Josei Toda, qui appela à la construction du Sho Hondo dans l'enceinte du Taiseki-ji. Nous devons maintenant intensifier nos prières en direction du temple principal, où le Dai-Gohonzon se trouve enchâssé.

Le Dai-Gohonzon ne fait aucune discrimination

Que le Dai-Gohonzon étende sa sollicitude à tous les êtres humains et n'appartienne en aucun cas à une classe ou à un groupe particuliers revêt une très profonde signification. Nichiren Daishonin inscrivit le Dai-Gohonzon pour un homme nommé Yashiro Kunishige dont on ne sait pratiquement rien. Au fond de son cœur, Nichiren Daishonin considérait certainement cet homme ordinaire, Yashiro Kunishige, comme le destinaire idéal pour le plus noble de tous nos objets de vénération. Ne négligeons pas la signification de ce choix. Le Dai-Gohonzon n'a pas été inscrit pour les moines, les riches, les aristocrates, les savants ou les personnages célèbres. Nichiren Daishonin a choisi un homme humble, un homme du peuple. Yashiro Kunishige représentait le peuple qui, opprimé par le pouvoir, désire passionnément connaître la Loi et est prêt pour cela à affronter la souffrance. Ce point me semble particulièrement important. Il ne faut jamais douter de la sagesse pénétrante de Nichiren Daishonin. Il a totalement compris le désir des hommes ordinaires de parvenir à la plénitude et de vivre en paix. N'oublions jamais que c'est là le sens essentiel du bouddhisme de Nichiren Daishonin. Moines et laïcs doivent avancer ensemble avec un esprit d'unité toujours plus fort tandis que nous protégeons le Dai-Gohonzon et nous efforçons d'étendre notre foi au monde entier afin d'assurer notre prospérité éternelle et celle de la Nichiren Shoshu.

Un nouveau chapitre

La foi personnelle, les activités, et l'histoire globale de chacun d'entre nous, tout comme la tradition et l'histoire de la Soka Gakkai, ont atteint un sommet avec l'inauguration du Sho Hondo ; nous abordons maintenant l'aube d'un nouveau jour. Le soleil se lève sur le deuxième chapitre du mouvement de propagation mondiale de notre foi, nouvelle étape vers la paix mondiale. L'achèvement du Sho Hondo se situe, dans notre plan de développement, au terme de la sixième période de sept ans. Nous entrons maintenant dans la septième période devant s'achever en 1979, à la veille du cinquantième anniversaire de la création de la Soka Gakkai. Je demande à chacun d'entre vous de renforcer les liens qui nous unissent dans la croyance et de renouveler le sens de l'unité avec l'organisation afin que nous puissions écrire le deuxième chapitre de l'histoire de la révolution humaine.

Une philosophie digne de confiance

Je voudrais maintenant expliquer brièvement pourquoi nous avons appelé 1973 « année de l'étude ». Cette décision est tout d'abord étroitement liée au chemin que la Soka Gakkai suivra dans les années à venir. Jusqu'à présent nous avons donné l'image d'une organisation d'action. En d'autres termes, nous avons œuvré sans répit à un programme urgent : construire la base et la charpente de la propagation mondiale de notre foi. Il va sans dire que nos efforts se sont appuyés sur le *Gosho* – recueil des écrits de Nichiren Daishonin – et la grande doctrine qui prône la valeur de l'humanité et de la vie. Dans le même temps, sans la prodigieuse passion et l'énergie aptes à nous propulser dans l'action, jamais le flot de personnes que nous représentons aujourd'hui et la Soka Gakkai elle-même n'auraient pu voir le jour.

Nous abordons maintenant une période de stabilité. En accueillant dans notre groupe des personnes aux démarches les plus diverses, nous créons un courant idéologique gagnant les rives de tous les pays. Quelle voie doit suivre la Soka Gakkai pour remporter la victoire dans sa prochaine grande manifestation ? À l'avenir, nous devons combiner actions et réflexion profonde. Je suis convaincu qu'il nous faut dès à présent nous mettre au travail avec diligence et largesse d'esprit.

Je ne veux pas que notre mouvement emprunte le même chemin que les religions apparues dans le passé. Il y a eu jusqu'à présent deux formes de religion. Dans le premier cas, la religion s'enfermait dans une sphère étroite totalement coupée de la vie des hommes ordinaires. Dans le second, elle s'emparait d'abord du cœur des gens et connaissait rapidement une progression explosive. Mais, au bout d'un moment, elle mourait et sombrait dans l'oubli. Je souhaite que nous affrontions les nouveaux problèmes et difficultés en avançant unis avec le peuple. Sans nous laisser ébranler le moins du monde par la violence des troubles qui nous assaillent, nous devons suivre le chemin d'une philosophie positive tout en gardant les yeux résolument tournés vers l'avenir. Construisons une Soka Gakkai solide comme un roc tout en approfondissant notre philosophie et en la mettant en pratique afin que soient exaucés les désirs du peuple, de la société moderne, et de nos amis du vingt et unième siècle.

L'étude, l'action et la preuve actuelle de la croyance représentent trois des grands principes du bouddhisme. Actuellement, l'étude constitue la base philosophique du bouddhisme de Nichiren Daishonin. L'action doit viser à appliquer directement la philosophie. Chaque personne pratiquant sincèrement la Loi bouddhique doit suivre ce chemin. Au bout du compte, la valeur de notre croyance se traduit par des preuves magnifiques dans la vie de chacun. Une religion ne me semble vraiment vivante que lorsqu'elle incorpore ces trois principes. De même, on ne peut considérer un être humain comme un pratiquant bouddhiste, au sens le plus riche du terme, que si ces trois éléments s'harmonisent dans son cœur, sa vie quotidienne et de manière plus large au sein de la société. On ne peut atteindre un état de vie aussi élevé sans placer les connaissances théoriques à la base même de notre action. Voilà pourquoi nous avons appelé la première année suivant l'achèvement du Sho Hondo « année de l'étude ».

La stabilité spirituelle

Cette désignation a aussi une seconde raison d'être qui tient à mon désir d'aider chacun à développer son potentiel. En plus d'intensifier le courant d'étude, j'espère permettre à chacun de nos membres de prendre clairement conscience que nos actes sont précurseurs d'un âge nouveau. Mais quelle sera la source de la confiance en soi dont chacun a besoin ? Et, une fois cette confiance acquise, comment la rendre indestructible ? Tout d'abord, je crois que lorsque nous agissons tous ensemble tel un seul corps, l'assurance de chaque personne s'accroît ; c'est là le résultat du tourbillon d'énergie généré par la masse. Cependant, une confiance ne résultant que du soutien du groupe est éphémère. L'individu a moins besoin de l'assurance conférée par son adhésion à un organisme plus large que d'une base ferme lui permettant d'avancer, même totalement seul, grâce à la force de ses convictions. Où trouver une telle base ? Dans l'étude sincère et fervente des enseignements bouddhiques de Nichiren Daishonin où nos pensées intérieures et notre philosophie peuvent s'enraciner. Bien que l'organisation de la Soka Gakkai soit appelée à garder son importance dans les années à venir, je suis convaincu que l'accent mis sur l'individu ira croissant. Car la lumière portée par chacun d'entre nous a beau être faible, elle recèle un grand potentiel d'énergie. Réunies, toutes nos petites lumières peuvent briller d'un plus grand éclat pour le bien de l'humanité.

Comme je le dis souvent, mon désir n'est pas tant que tous mes amis membres se sentent inclus dans la Soka Gakkai, mais plutôt qu'ils sentent que la Soka Gakkai est incluse en chacun d'eux. Voilà à mon sens le point qui sépare nettement les vrais croyants de ceux dont la foi est peu profonde. Je suis résolu à rebâtir notre organisation et à demander de l'aide dans cette entreprise à tous ceux dont la foi est assez forte pour supporter tout le poids de la Loi mystique et de la Soka Gakkai, même si leur nombre s'avère très limité.

Les courageux philosophes du peuple

La troisième raison pour laquelle 1973 est appelée « année de l'étude » tient à l'état actuel de la pensée humaine. Elle est aujourd'hui appauvrie, et la philosophie a sombré dans des temps néfastes – en fait, en Occident, certains affirment même qu'elle a pris fin avec Hegel. En tout cas, à la fin du dix-neuvième siècle et au début du vingtième, certaines sociétés à travers le monde furent tentées de s'appuyer sur le rationalisme, le pragmatisme, adoptant une politique purement pratique jusqu'à ce que les relations de pouvoir en viennent à tout contrôler. Cette tendance eut des effets désastreux. La guerre n'a cessé de ravager la terre, notre environnement devient la proie d'une pollution dangereuse, et la civilisation elle-même a entamé une marche de mort. On reconnaît aujourd'hui si largement cet état de fait que c'en est devenu un sujet de discussion des plus ordinaires. Pire encore, la désolation spirituelle de l'humanité a pris des proportions alarmantes. Oui, nous avons atteint un point critique où l'homme semble souffrir de pollution spirituelle. On pourrait même aller jusqu'à dire que celui qu'on appelait le roseau pensant ne pense plus aujourd'hui.

Au cœur du flot d'informations, de confusion et de violence propres à notre société, l'être humain commence à chercher à tâtons un point d'ancrage sûr. Jamais dans le passé une telle exigence de respect de la nature et de la vie humaines n'est apparue ; on n'a jamais non plus autant mis l'accent sur le point de vue de l'homme. Et l'on voit actuellement se développer avec une force remarquable un courant considérant ces questions comme vitales, en rapport avec la vie même et la nature tout entière. L'état de crise maximal caractéristique de notre temps représente donc en même temps un contexte qui se prête totalement à l'innovation. Je suis convaincu que nous abordons un tournant décisif pour le destin de l'homme : le monde va décider ou non d'ouvrir la route vers une paix durable. Maintenant que la Chine et les États-Unis se sont rapprochés et que les relations diplomatiques sino-japonaises ont repris, la prochaine question cruciale susceptible de retenir l'attention tiendra à la nature du XXIe siècle. Ce qui amènera l'homme à examiner plus profondément la question essentielle et urgente de la philosophie et de la nature de la vie. En d'autres termes, nous entrons dans une phase où la foi dans le bouddhisme orthodoxe pourra s'étendre jusqu'aux confins du monde, où un véritable mouvement religieux pourra s'implanter. En cet âge de turbulence spirituelle, nous, philosophes du peuple qui avons abandonné la vanité du monde dans notre recherche de la vérité bouddhique, devons maintenant réémerger dans le monde pour lancer un mouvement de renaissance spirituelle.

Une nouvelle histoire

Dans ce but, j'ai entrepris un dialogue sur la théorie de la vie avec deux jeunes et brillants érudits. On peut le trouver dans les pages de notre magazine mensuel, le *Dai-Byakurenge*. Très franchement, je considère la question de la vie comme l'une des plus délicates. La difficulté s'accroît encore lorsqu'on doit expliquer la philosophie de la vie de manière à convaincre les autres. Je souhaitais m'engager plus tard dans une discussion véritable sur ce sujet, mais plusieurs éléments m'ont donné à penser que le temps était venu. De nombreux membres de la Soka Gakkai étudiant la théorie et la philosophie de la vie m'ont poussé dans ce sens. Pour cette raison, entre autres, j'ai résolu de m'attaquer à ce monde inexploré, bien que j'ignore encore la forme finale que prendra le dialogue. Je crois que cette tentative d'aborder ouvertement toutes les questions importantes de la philosophie de la vie peut inspirer aux générations à venir la naissance d'une nouvelle histoire.

La société d'aujourd'hui évolue à une vitesse terrifiante. Énorme est le volume d'informations fournies par les mass media. Dans de nombreux domaines – sports, loisirs, etc. –, on tend généralement à élargir le champ d'activités pour permettre la participation d'une part toujours plus grande de la population. La science avance fermement, d'un pas toujours plus rapide, vers la découverte de nouvelles techniques. Et pourtant, toutes ces transitions hâtives donnent une impression de vide. Sans doute à cause d'un manque de raison profonde, d'une absence de certitude sur le sens de nos activités. Quoi qu'on dise sur la valeur de la vie humaine et sur le respect qui lui est dû, les propos tenus paraissent sans fondement. Alors nos paroles sonnent creux à l'oreille de nos auditeurs, et s'évanouissent sans laisser d'impression durable.

Lorsque je me suis mis à réfléchir sur le but qui sous-tend toute chose, la question de la vie s'est aussitôt présentée à mon esprit. Question qui en implique beaucoup d'autres de grande importance. Que signifie vivre ? Quel sens a la mort ? La vie de l'être humain s'achève-t-elle avec la mort ou y a-t-il une renaissance ? Et dans ce cas, quelle forme prend l'être humain dans sa nouvelle vie ? Tant que des problèmes aussi fondamentaux demeurent irrésolus, les progrès de la société ne sont rien d'autre que clameurs et vociférations dénuées de sens. Et les hommes, saisis dans ce tourbillon bruyant et vide, ne trouvent que futilité lorsqu'ils retournent enfin à eux-mêmes.

Je présume que de la fin du XXe siècle au début du XXIe s'élèvera un mouvement traitant de la question de la vie. Il est même possible qu'il commence plus tôt. Et je suis convaincu de la nécessité d'élaborer dès à présent une théorie de la vie pour ce temps-là.

La théorie de la vie, véritable cœur de la Soka Gakkai

Dans l'après-guerre, lorsque le président Josei Toda se dressa pour reconstruire la Soka Gakkai, il enseigna d'abord la théorie de la vie. En tant que disciple, je sens que ma responsabilité consiste à développer davantage la philosophie de mon maître et à la présencer au monde sous une forme systématisée. En fait, c'est peut-être là ma mission la plus importante. Le Sho Hondo étant maintenant achevé, je peux me lancer dans cette entreprise.

La Soka Gakkai commence et s'achève par la théorie de la vie ; en d'autres termes, l'illumination de Josei Toda sur le sens de la vie – expérimentée lors de son incarcération pendant la Seconde Guerre mondiale – constitue le point de départ de notre mouvement. Mais la Soka Gakkai n'a pas inventé cette théorie : le bouddhisme de Nichiren Daishonin en lui-même est une philosophie de la vie. En qualité d'héritière, la Soka Gakkai poursuit cette tradition philosophique. Le *Gosho* (écrits), de Nichiren Daishonin, et l'illumination de Josei Toda, qui interpréta le *Gosho* comme une philosophie de vie, représentent la véritable essence de notre mouvement.

Il y a trois mille ans, en s'attaquant de front aux souffrances de la vie humaine – naissance, maladie, vieillesse et mort –, le bouddha Shakyamuni ouvrit en lui-même un monde infini. Afin de rendre son enseignement clair à ses contemporains, il employa de nombreux clichés culturels de son époque, paraboles et cérémonies. Plus tard, en Chine, durant le milieu et la fin de la période *Zoho,* le grand maître T'ien-t'ai saisit par l'introspection l'essence de la force de vie contenue dans le Sûtra du Lotus et la systématisa dans la célèbre doctrine d'*Ichinen Sanzen*. Enfin, sept siècles plus tard, Nichiren Daishonin apparut au Japon, en tant que bouddha de la période de Mappo. Son illumination consista dans l'appréhension de la véritable source de vie : la Loi mystique, *Nam Myoho Renge Kyo*. En s'appuyant totalement sur le Sûtra du Lotus lui-même ainsi que sur les enseignements de T'ien-t'ai et Miao-lo, Nichiren Daishonin apporta aux êtres humains cette vérité vitale à la fois par ses enseignements oraux et ses écrits.

Une philosophie basée sur la révolution humaine

La philosophie de la vie représente donc l'esprit du bouddhisme orthodoxe et les fervents partisans de cette philosophie ont trouvé le moyen de la rendre intelligible à des peuples divers vivant à des époques différentes. Mais la théorie de la vie est plus qu'une théorie. Elle traite du pouvoir de transformer une existence humaine d'ennui et de souffrance en une vie brillante d'espoirs par la transformation du destin profond. L'être humain se régénère lorsqu'il s'éveille à l'interaction entre le microcosme – sa vie – et le macrocosme ; la foi permet un tel éveil et rend ainsi possible cette régénération. La philosophie de la vie s'est d'ailleurs développée à partir de véritables expériences de renaissance sur la base d'une telle foi.

Tel doit être le point de départ de notre propre mouvement. Autrement dit, l'éternelle et incessante mission de la Soka Gakkai consiste à mener les êtres humains à une compréhension du *Gohonzon,* loi fondamentale de l'union avec le macrocosme et la vie qui en émane. S'harmoniser avec la philosophie de la vie, voilà l'un de nos plus grands combats. Il permettra à chacun de nous de faire sa révolution humaine tout en poursuivant l'étude de la philosophie de Nichiren Daishonin. Pour ce dernier point, il nous faut à partir d'aujourd'hui faire des efforts assidus.

Personne ne se trouve en dehors du macrocosme de la Loi mystique. Personne ne peut non plus échapper à la loi karmique de cause et d'effet. Traiter à la légère la solennelle philosophie de la vie revient à faire fi de sa vie intérieure. C'est pourquoi je crois que notre mouvement pour la philosophie de la vie doit atteindre les couches les plus profondes de l'esprit pour finalement donner naissance à une révolution de la conscience humaine. Continuons à avancer vers ce but en n'oubliant jamais que nous nous dirigeons immanquablement vers le siècle de la vie.

Une pensée répondant aux sentiments intérieurs des hommes est dotée d'un grand pouvoir de propagation et d'extension. Ainsi le libéralisme de Jean-Jacques Rousseau s'affirma comme l'une des sources de la Révolution française parce qu'il trouva un écho favorable dans l'esprit de la bourgeoisie. De même, les théories communistes de Karl Marx parcoururent très vite toute l'Europe parce qu'elles n'eurent pas de mal à se loger dans le cœur des classes laborieuses. Mais notre mouvement n'est orienté vers aucune classe particulière ; nous visons à enseigner à tous les êtres humains comment vivre d'une manière digne de leur humanité. Au cœur même de ce vingtième siècle marqué par une vacuité effrayante, nous offrons le chemin de la plénitude ; il paraît donc évident que notre mouvement pourra atteindre les plus hauts sommets pour le bien de toute l'humanité.

La Soka Gakkai doit maintenant devenir une organisation qui se consacre entièrement, corps et âme, à montrer la voie à suivre à la société et à toute l'humanité. Ainsi l'on pourra sortir de la trame inextricable et complexe caractéristique du monde où nous vivons. Il nous faut pour cela affronter directement la vie et les problèmes difficiles mais essentiels qu'elle soulève, ces problèmes que l'on a tendance à vouloir ignorer. Je compte évidemment beaucoup sur la contribution à la paix mondiale et au bonheur de tous ceux qui, dans de nombreux domaines, ont entraîné leurs yeux à voir la vérité et brûlent d'une foi ardente. Cependant, une tâche encore plus vaste nous attend. J'espère que le peuple, comme un seul homme, prendra courageusement la tête de ce mouvement qui est le sien, visant à développer toujours davantage l'étude et la pratique de la philosophie de la vie.

Ainsi fera-t-il naître un monde dont on ne sait encore rien ou peu de choses ; la route à suivre s'annonce donc tortueuse et difficile. Mais elle représente à la fois la vraie voie du bouddhisme de Nichiren Daishonin et le chemin de l'action choisi de plein gré par la Soka Gakkai. Aussi je crois que nous devons tous suivre courageusement cette route en faisant preuve d'un esprit élevé.

La philosophie bouddhique : une foi inébranlable pour l'être humain

À l'heure où le Sho Hondo vient d'être achevé et où nous entrons dans une nouvelle phase, j'aimerais dégager quelques perspectives pour l'avenir. L'année 1979, marquée par le sept centième anniversaire de l'inscription du Dai-Gohonzon, sera pour nous d'une importance capitale. Elle verra aussi l'achèvement du septième plan septennal de notre organisation. Nous espérons alors compter cinq millions de membres dans notre département d'Étude.

Voici les raisons de ce but. Nous voulons que tous nos membres fassent de la philosophie de la vie un rempart de foi, une base spirituelle pour qu'ils deviennent membres de la Soka Gakkai au sens le plus profond du terme. En corollaire à ce désir, nous désirons qu'ils apprennent à parler de la philosophie bouddhique de Nichiren Daishonin dans la langue contemporaine, contribuant ainsi à propager nos idées à travers toute la société.

Comme je viens de le dire, nous souhaitons compter cinq millions de membres dans notre département d'Étude en 1979 ; pourtant, nous visons la qualité, non la quantité. Que nous comptions cinq cent mille ou deux millions de membres ne représente pas l'essentiel. Il apparaît d'ailleurs clairement qu'un mouvement philosophique perd de sa signification lorsque ceux qui le conduisent ne s'intéressent qu'aux données statistiques. Nous ne voulons donc pas étudier une philosophie qui se limite aux mots ou aux idées. Elle doit être vivante en chacun. Faisons de notre mieux pour la mener au point où nous pouvons influencer la société contemporaine en discutant de notre croyance en des termes compréhensibles par tous.

Notre « année de l'étude » ne s'achèvera pas en 1973. En fait, il faudrait considérer les sept années nous séparant de 1979 comme « années de l'étude ».

Un cours de culture bouddhique

Je projette d'établir l'année prochaine un cycle d'études que j'appelle provisoirement « cours de culture bouddhique ». Ses participants feront une étude systématique du bouddhisme en vue de participer à des activités à l'échelle mondiale. Ce cours comportera d'ailleurs l'étude de langues étrangères. J'aurais aimé le mettre en place dès le début dans tout le pays. Mais dans un premier temps, on limitera le nombre d'étudiants à cinquante. Le département d'Étude constituera un comité chargé d'étudier cette question. Je lui laisserai le soin de mettre au point la réglementation et le fonctionnement de ce cours.

L'étude est le support de la foi et de l'action. Le département d'Étude de la Soka Gakkai s'est toujours basé sur elle et cela reste encore vrai. Il me paraît maintenant nécessaire de donner une dimension plus académique à nos méthodes d'enseignement. Je suis convaincu que des personnes de premier plan émergeront du cours de culture bouddhique et entreront dans le monde afin de prendre la tête de la marche pour la paix. J'espère que la Soka Gakkai tout entière aura à cœur de protéger ces personnes et de veiller à leur développement.

Depuis l'époque du président Josei Toda, nous n'avons cessé d'organiser des cours pour les membres. Le département d'Étude projette de modifier leur réglementation de manière à les ouvrir aux non-membres, à ceux qui ne sont pas adeptes de la Nichiren Shoshu. Je désire par ailleurs transformer les conférences en séminaires d'étude appelés à jouer un rôle important dans le mouvement de philosophie de la vie. Le cours de culture bouddhique, les séminaires et d'autres activités comportant depuis longtemps de l'étude – séminaires locaux organisés par les chapitres, réunions d'étude et réunions du département de la Jeunesse – devraient ainsi contribuer à concrétiser et à maintenir durablement un mouvement d'étude sans précédent dans la longue histoire du Japon.

Le droit à la vie

Cette année, à l'occasion des cours d'été du département des Étudiants, j'ai dit que toutes les nations du monde feraient bien de s'inspirer de la constitution japonaise et d'abandonner non seulement leurs armements mais aussi toute prétention belligérante. J'ai affirmé cela en tant que croyant auquel sa conscience dicte de faire tout son possible pour éveiller les peuples du monde à leur droit à la vie. Je sais bien que certains entendent critiquer cette attitude ; ils croient que c'est là pur idéalisme, qu'on ne peut espérer voir se réaliser un tel projet. Pourtant, je continuerai à proclamer le droit à la vie de tous les hommes – et ce pas nécessairement en termes politiques – car c'est aujourd'hui absolument indispensable.

C'est pourquoi je souhaite mettre en place à l'échelle mondiale un mouvement qui assure le respect et la protection du plus fondamental de tous les droits. Tous les peuples du monde ont un droit inaliénable à la vie. Il n'a jamais été aussi indispensable, dans toute l'histoire de l'homme, de lancer un mouvement pour éveiller les êtres à cette vérité.

Je compte beaucoup sur la jeunesse pour donner vie à ce mouvement. Voilà pourquoi j'aimerais que l'année prochaine s'appelle à la fois l'« année de l'étude », en raison de l'importance de l'étude dans notre mouvement de philosophie de la vie, et l'« année de la jeunesse », car l'avenir se trouve entre les mains de la jeunesse.

VERS LE XXIe SIÈCLE

Les sept prochaines années mettront l'ingéniosité de tous nos membres à l'épreuve car nous devrons nous efforcer d'y développer la qualité de chacun. Un tel but nécessite la coopération de tous les responsables. C'est là la condition si nous voulons que la Loi prospère éternellement et que notre foi s'étende à l'échelle planétaire. La prochaine réunion, liée à cet objectif de progression qualitative de nos membres, représentera donc une échéance importante.

Cours d'été 1974

Pendant l'été 1974, nous désirons réunir trois cent mille personnes au temple principal, Taiseki-ji. Nous nous engagerons alors dans une étude assidue de la philosophie bouddhique. Une telle réunion, rassemblant les membres les plus sincères de notre organisation, représentera un pas vers la propagation mondiale de notre foi. Chaque participant deviendra symboliquement une tour aux trésors, car chacune des trois cent mille personnes réunies en cette occasion contribuera à répandre la lumière de la Loi mystique sur la terre entière d'une manière digne du Dai-Gohonzon, source ultime de la vie pour toute l'humanité.

Environ trois mille pratiquants d'autres pays ont assisté aux cérémonies d'inauguration du Sho Hondo. Ils font partie de nos amis membres qui, au prix de grandes difficultés, ont donné aux organisations de l'étranger leur réalité actuelle. Je sens que nous devons tout faire pour les protéger et les aider.

Quel que soit le pays, l'introduction du bouddhisme apporte bonheur et prospérité à la nation et à son peuple. Le transfert du bouddhisme d'Inde, son pays d'origine, en Chine, en Corée, au Japon, en Birmanie, et dans d'autres parties du Sud-Est asiatique, produisit un épanouissement culturel sans jamais impliquer un assujettissement à l'Inde.

Il en va de même pour le bouddhisme de Nichiren Daishonin, créé pour répondre aux besoins de l'époque de *Mappo*. Dans la tradition de ce bouddhisme, tout pratiquant devient un grand homme en se développant par l'action et la foi religieuse, et en se vouant entièrement à la nation et au peuple dont il est issu. Voilà en quoi consiste entre autres la mission des bodhisattvas destinés à sauver l'humanité dont l'apparition était prédite pour notre époque. Je voudrais que ce point soit bien clair car dans le passé on a eu parfois tendance à mal interpréter la nature de la propagation de la foi bouddhique. Des idées erronées se développent parce qu'on tente parfois de déceler des similitudes en réalité inexistantes entre nos activités et celles des missionnaires chrétiens qui se lièrent aux empires coloniaux des nations européennes. De même que religion et gouvernement devraient être absolument séparés à l'intérieur d'une nation, sur le plan international, la foi doit rester impérativement dans le domaine de la foi. Tout ce qui la concerne doit demeurer bien distinct de la politique, de même que la politique ne doit jamais s'introduire dans la sphère de la foi.

Un festival pour la paix à Los Angeles

L'année 1979 revêtira une importance particulière. Elle marquera d'abord le sept centième anniversaire de l'inscription du Dai-Gohonzon. On y célébrera également le vingt et unième anniversaire de la mort du précédent président, Josei Toda. Pour cette occasion, nous nous sommes fixé un but ou, selon une perspective plus large, nous avons posé un jalon, pour propager la foi dans le bouddhisme de la Nichiren Shoshu à l'échelle planétaire : organiser cette année-là un festival mondial pour la paix à Los Angeles. Ce festival est destiné à offrir aux membres une occasion de prier pour la paix et de montrer les fruits de leur créativité libre et spontanée. Un tel événement conclura certainement de manière appropriée notre septième plan septennal de développement.

Par la suite, nous souhaitons trouver un endroit aux États-Unis pour y construire un temple en 1990. On fêtera alors le sept centième anniversaire de la fondation du Taiseki-ji qui, en raison de la présence du Dai-Gohonzon, restera le lieu le plus vénérable au monde pour tous les croyants de la Nichiren Shoshu. Cependant, compte tenu du nombre croissant des membres américains, la construction d'un temple destiné à concrétiser les vœux et prières de nos amis étrangers est on ne peut plus naturelle et souhaitable. George Williams, directeur général de La Nichiren Shoshu Soka Gakkai of America, présent aujourd'hui, a exprimé de tout cœur le vœu de voir se réaliser un tel projet. Le grand patriarche Nittatsu s'en félicite également, considérant l'établissement d'un temple principal aux États-Unis comme important pour la paix mondiale. Voilà notre point de vue à ce sujet. Pour le reste, nous laissons à nos amis membres américains le soin de planifier ce projet et de s'en occuper. Il leur reste dix-huit ans pour le faire naître, ce qui devrait leur permettre de se préparer comme il faut. Par ailleurs, les membres japonais n'auront rien à prendre à charge.

En conclusion, j'aimerais parler des avantages offerts par un tel temple. Tant qu'ils devront se rendre au Japon pour visiter un temple principal, les membres américains auront tendance à considérer le bouddhisme de Nichiren Daishonin comme exclusivement japonais. Ce qui revient à faire de la Nichiren Shoshu un élément étranger à la société américaine. Or, ce serait là une fausse interprétation qui limiterait les enseignements et la compassion de Nichiren Daishonin, destinés à tous les peuples du monde.

L'établissement d'un centre mondial

Dans le même esprit, un autre projet, conçu pour le bien des croyants de la Nichiren Shoshu du monde entier, comprend l'établissement d'un centre culturel. Nous considérons actuellement Los Angeles comme le lieu adéquat et désignons provisoirement ce centre sous le nom d'« Association mondiale de la Nichiren Shoshu » ou « Centre mondial de la Nichiren Shoshu ». Vous n'ignorez pas que l'organisation de la Soka Gakkai n'existe pas hors du Japon. Aux États-Unis, nos membres sont regroupés dans la « Nichiren Shoshu Soka Gakkai of America », en France dans la « Nichiren Shoshu Française », etc. Toutes ces organisations se trouvent donc sous la tutelle de la Nichiren Shoshu, tout en ayant des statuts conformes aux lois de leur pays. Nous voulons établir à Los Angeles un centre qui constitue un lieu de rassemblement et d'appui pour nos membres du monde entier. On peut donc dire globalement que notre avenir jusqu'à la fin du XXe siècle comportera deux dates majeures : 1979 et 1990.

Le XXIe siècle : âge d'or de la Loi mystique

En 1990, nous commémorerons le trente-deuxième anniversaire de la mort du deuxième président, Josei Toda. À la réunion générale de la Soka Gakkai en 1967, j'ai exprimé le désir que les plans de développement septennaux – plans des sept cloches – soient repris à partir de l'année 2001. J'ai aussi précisé en cette occasion que nous devrons laisser à nos successeurs le soin de fixer concrètement le contenu de ces plans. Mais j'aimerais utiliser cette réunion pour formuler quelques observations générales sur le cours probable des événements dans un avenir plus lointain.

Josei Toda exprimait souvent sa conviction que deux siècles seraient nécessaires pour parvenir à une large propagation de notre foi à l'échelle mondiale. Si nous considérons la période comprise entre 1972 et l'an 2000 comme la première phase dans le deuxième chapitre de cette propagation, on peut considérer que la deuxième phase ira de 2001 à 2050.

Dans la phase initiale, notre devoir le plus urgent consiste à mettre un point final au courant actuel tendant à la destruction de l'humanité et donc à bâtir une force de paix. Dans la deuxième phase, j'ose espérer que les peuples d'Asie, marqués sans cesse en ce siècle par l'oppression et la guerre, connaîtront la paix, la prospérité et le bonheur. Josei Toda exprimait le même espoir dans ce poème :

« Aux peuples d'Asie
Si désireux de voir la lune
Cachée derrière les nuages,
Nous enverrons la lumière du soleil. »

La troisième phase, entre 2051 et 2100, inclura le centenaire de l'inauguration du Sho Hondo. Marquée par un événement d'une telle importance, cette période devrait voir la philosophie de la vie de Nichiren Daishonin devenir l'esprit du temps dans le monde entier. J'ai justement appelé le XXIe siècle « le siècle de la vie » parce que je suis convaincu qu'un grand mouvement de philosophie de la vie s'élèvera dans ses dernières décennies. Je demande du plus profond du cœur à nos successeurs de faire de leur siècle un âge où règnera un respect profond et authentique pour toutes les formes de vie.

Transmettons l'esprit de la paix à nos petits-enfants

Dans la quatrième phase, entre 2101 et 2150, nous pouvons espérer que des fondations indestructibles pour la paix mondiale seront établies. Et dans ce cas nous pouvons être sûrs que la cinquième phase – jusqu'à la fin du vingt-deuxième siècle – verra l'achèvement du deuxième chapitre de notre mouvement de propagation de la foi aux quatres coins du monde.

Le troisième chapitre de ce grand mouvement pourrait bien commencer en 2252, année du millième anniversaire de la fondation de la Nichiren Shoshu, ou en 2279, à l'occasion du millénaire de l'inscription du Dai-Gohonzon. J'ai bien conscience de parler de temps très éloignés. Aucun de nous ne sera encore là pour voir ce qui se passera. Mon propos, par ce bond dans le temps, est d'exprimer mon rêve et ma prière que l'esprit de paix de la Nichiren Shoshu et de la Soka Gakkai vive et inspire nos petits-enfants et les petits-enfants de nos petits-enfants.

D'ailleurs pourquoi aurait-on peur d'envisager ce qui adviendra dans deux ou trois siècles ? Lors d'un récent voyage en Europe, j'ai visité divers sites d'intérêt historique et notamment de belles églises dont la construction avait pris trois ou quatre siècles. J'ai vu aussi des maisons citadines, et des meubles dans ces maisons, de tradition plusieurs fois séculaire. Notre but, la propagation mondiale du bouddhisme de Nichiren Daishonin, est de bâtir des fondations pour toute la période de *Mappo*. Plutôt que d'ériger précipitamment des constructions de pacotille, nous devons donc prendre notre temps afin de bâtir solidement et bien. Faisons notre travail de manière à ce que nos successeurs puissent percevoir clairement les voies à suivre.

Dans ces propos sur l'avenir, je ne fais cependant pas de prophéties ; je ne prétends pas que les événements doivent suivre absolument le cours que je viens de tracer. Sur le point de mourir, Josei Toda annonça que, après sa mort, on pourrait bien effacer tout ce qu'il avait pu dire. Je partage cette façon de voir. Mon désir sincère est de laisser nos successeurs traiter de leurs problèmes ; ils auront assez de sagesse pour le faire. Cependant, je veux que vous compreniez bien l'appel du cœur d'un croyant d'aujourd'hui qui prie avec ferveur pour la construction d'une société paisible.

La mission du croyant : établir une paix durable

J'aimerais maintenant examiner la question de la paix mondiale dans notre société à partir de concepts religieux. Comment réaliser une paix durable ? Voilà le plus grand problème pour les hommes d'aujourd'hui. Jamais aucun peuple n'a pu se maintenir complètement à l'écart des désastres de la guerre. Jamais, à aucun moment dans l'histoire, on n'a pu éteindre totalement les feux des conflits. Qui plus est, la guerre ne constitue pas un fléau attaquant l'homme de l'extérieur. Elle a lieu dans son cœur même, il est le principal acteur de cette tragédie. Il s'agit là de l'un des aspects les plus hideux de la vie humaine qui entre en irruption et se répand jusqu'à entacher toute l'humanité. Puisque ce sont les hommes qui provoquent la guerre, il devrait être en leur pouvoir de la prévenir à chaque fois qu'ils en pressentent l'imminence. Mais ils refusent d'ouvrir les yeux sur le monde de la vie contenu en chacun d'eux. Le bouddhisme a résolu le problème de la vie humaine, l'essence ultime du bouddhisme de la Nichiren Shoshu étant le Dai-Gohonzon, inscrit pour le bien de toute l'humanité. Lequel est enchâssé dans le Sho Hondo, ouvrage réalisé grâce aux ardentes prières des pratiquants du monde entier ; c'est pourquoi nous avons aussi appelé ce nouveau bâtiment « Hall de prière pour la paix mondiale ».

À présent qu'il est achevé, notre tâche majeure est double. Tout d'abord, nous devons apporter la lumière du bouddhisme à l'humanité souffrante en proie à la confusion, et révéler ainsi la solution du problème de la vie. Nous devons ensuite montrer au monde l'ampleur de la contribution que nous sommes en mesure d'apporter pour la réalisation de la paix mondiale.

Les activités de Nichiren Daishonin révèlent une exigence de paix qui sous-tend tous ses engagements pour la société. L'une des raisons qui l'amenèrent à pratiquer le bouddhisme était son désir d'offrir une voie de salut à tous les êtres humains vivant à l'époque de *Mappo,* époque de guerres sans fin où les enseignements de Shakyamuni perdent tout pouvoir, comme ce dernier l'avait lui-même prédit. La détermination de Nichiren Daishonin de sauver le peuple de son époque de la misère et du bourbier environnant prenait en fait naissance dans son ardent désir d'apporter à tous la paix. Aussitôt après l'établissement de son propre bouddhisme, il se confronta aux autorités en place avec le *Rissho Ankoku Ron (Traité sur l'établissement de la Loi correcte par l'établissement du bouddhisme orthodoxe).* Dans cet écrit, il avertit des dangers de trahison interne, d'invasion étrangère, et prédit des guerres. Il insista toujours sur ce point : la seule façon de protéger la nation et le peuple des dangers consiste à établir la véritable Loi bouddhique.

La paix, idéal de l'action bouddhique

Au cœur du *Rissho Ankoku Ron*, on trouve ce message : à l'échelle nationale, internationale ou planétaire, l'unique façon d'apporter une paix durable consiste à établir la véritable Loi bouddhique. Cet écrit, où Nichiren Daishonin aborde les problèmes sociaux de façon active, et l'établissement du Dai-Gohonzon, concrétisation du désir de paix de tous les peuples, constituent les raisons profondes de son apparition en ce monde. Il montra par là que le véritable idéal de l'action bouddhique dans la société est la réalisation d'une paix durable pour toute l'humanité. Plus encore que par ses effets cruels et funestes, la guerre est horrible parce qu'elle fait surgir au premier plan les éléments les plus infâmes, les plus atroces, de la vie humaine. La guerre dépouille l'homme de ses sentiments élevés et du respect de l'humanité, le salit par son action cruelle. Rien de plus naturel alors à ce que le bouddhisme, qui a pour but de mener les hommes aux sommets les plus hauts, les plus purs, soit amené à s'opposer directement à la guerre. Dans un tel contexte, le bouddhiste désirant pratiquer ardemment sa foi de la manière la plus authentique considère que sa mission est de se consacrer entièrement à la tâche de bâtir la paix.

S'interroger sur le moyen concret de créer une paix durable soulève le problème de la permanence. Certains considéreront cette seule notion comme absurde parce que, dans notre monde où tout bouge si vite, on ne peut affirmer qu'une chose puisse durer éternellement. Quelle que soit la ténacité déployée pour créer une paix durable aujourd'hui, rien ne garantit qu'une telle paix se poursuive pour les générations futures.

La situation actuelle diffère cependant du passé par un aspect non négligeable. Autrefois, la pensée et les modes de vie se trouvaient généralement confinés dans les limites des nations. Ce n'est plus le cas aujourd'hui. Notre façon de penser et jusqu'à nos manières de vivre quotidiennes dépendent directement de quantité de pays. Dans toute l'histoire, les seuls êtres humains susceptibles d'avoir une vision de la vie aussi large que la nôtre étaient sans doute ceux qui vivaient le long de l'antique Route de la Soie reliant l'Orient à l'Occident, ou encore ceux qui bénéficiaient de certaines structures sociales, dans le cadre de la Rome antique par exemple ou, plus récemment, de l'empire britannique. Les rapides progrès des transports, des communications et de la technologie moderne ont grandement facilité la circulation des informations, des connaissances, des marchandises, et même des personnes. Aussi, nombreux sont ceux qui vivent aujourd'hui à un niveau international, voire planétaire. Cela me paraît revêtir une profonde signification pour l'histoire de l'humanité.

Un contexte propice à l'instauration d'une paix durable

En développant la puissance des armes dans des proportions terrifiantes, les progrès de la technologie moderne ont rendu impérative l'exécution d'un plan pour une paix durable. Un échec en la matière rendrait la destruction du globe inévitable. Cependant, en permettant aux êtres humains de développer une conscience de la vie à l'échelle planétaire, ce même progrès technologique a créé un cadre propice à l'instauration d'une paix durable. Dans un tel contexte, nous devons prendre une décision très claire. L'homme, aujourd'hui, doit développer une ligne de conduite qui empêche à jamais l'horreur de la guerre d'obscurcir la planète. Il nous faut concentrer vers ce but toute notre connaissance et tous nos efforts.

Il est vrai qu'à notre époque nous devons aussi faire face à de nombreux autres problèmes d'une très grande gravité : la pollution de l'environnement, la surpopulation, l'insuffisance des ressources alimentaires, les difficultés relationnelles dans une société toujours plus bureaucratique, l'usage des temps de loisir, et bien d'autres encore. Mais tous les efforts pour trouver des solutions dans ces domaines ne seront rien de plus que des châteaux de sable si nous ne résolvons pas le problème majeur de la guerre, car celui-là fait peser la menace imminente d'une extinction du genre humain.

Les dangers d'une paix superficielle

Certains pensent peut-être qu'il y a peu de raisons de considérer aujourd'hui la paix comme une question urgente alors que les relations avec la Chine semblent s'être récemment orientées dans une direction pacifique et que bien des Japonais semblent désirer la paix. Mais un tel climat me semble recéler un piège. Car tandis que tous les Japonais s'enivrent de la normalisation des relations avec la Chine, la Diète délibère sur le quatrième budget de la défense. Aujourd'hui comme hier, la politique de puissance agite la scène internationale, et la guerre semble constamment prête à éclater. Dans notre action visant à établir une vraie paix, nous ne devons jamais perdre de vue la politique internationale.

On considère souvent la paix comme rien de plus que l'arrêt des hostilités. De fait, dans bon nombre de cas, les êtres humains n'apprécient vraiment la félicité de la paix qu'après avoir fait l'expérience de la guerre. De même, une personne apprécie rarement le bonheur d'être en bonne santé avant d'être tombée malade et d'avoir recouvré une bonne condition physique. Si l'on met sur un même plan guerre et maladie, on constate qu'on ne manque jamais d'applaudir les hommes qui élaborent des techniques pour mettre un terme aux combats ou trouver un remède à une maladie. L'usage politique de la technologie pour clore une guerre et la chirurgie employée pour guérir un patient recueillent d'immenses louanges. Mais rester en bonne santé importe plus que de guérir. De même, il vaut mieux créer les conditions qui rendent toute guerre impossible plutôt que de se satisfaire simplement des moyens mis en œuvre pour mettre un terme à un conflit en cours. Il ne faut pas considérer la paix comme une brève période de répit entre deux guerres. Elle doit représenter au contraire la condition humaine éternelle. Je désire très sincèrement que nous fassions de cela une réalité.

La paix pouvant résulter de ces deux approches, on pourrait penser qu'il y a peu de différences entre mettre un terme à un conflit armé et créer les conditions sociales propres à prévenir toute guerre. Mais cette interprétation est en fait erronée, car les efforts requis pour créer une telle société nécessitent une dimension entièrement nouvelle. On veut souvent établir la paix par des négociations diplomatiques visant à une réduction bilatérale des armements. On ne peut pas parvenir ainsi à une véritable paix durable. Je crois fermement que l'unique façon de créer une paix durable consiste à faire un maximum d'efforts pour bâtir des fondations d'un haut niveau spirituel afin de vaincre les trois poisons humains qui engendrent la guerre : l'avidité, la colère et l'ignorance. Ces poisons – que nous pourrions appeler en termes modernes ignorance basée sur la possession, les désirs sociaux et les impulsions – caractérisent fondamentalement la vie. D'un autre point de vue, ils jouent d'ailleurs aussi des rôles importants, primordiaux, dans le maintien de la vie.

Bâtir les fondations spirituelles de la communauté

Cependant, plus le pouvoir des trois poisons est grand et plus horribles sont les effets produits. Plutôt que de se laisser asservir par l'avidité, la colère et l'ignorance, on doit établir un support spirituel qui donne suffisamment de force pour les contrôler et les dépasser. Il suffit d'observer nos actions dans la vie quotidienne pour s'en convaincre. Tout le monde a des désirs, mais si nous leur laissons libre cours, la société s'écroulera. D'où l'existence de règles auxquelles tout le monde doit se conformer. Ainsi, l'individu peut contrôler ses désirs et ses impulsions. À l'origine de ces règles se trouve la conscience collective d'un corps communautaire – la société elle-même. Ce sens de la collectivité équivaut à reconnaître les autres hommes comme égaux à soi-même et à respecter l'humanité de chacun. Afin de bâtir une paix mondiale durable, nous devons d'abord établir les fondations spirituelles de la communauté. Ce n'est qu'ensuite que nous serons en mesure de compiler des règles qui pourront fixer des limites à nos actions en se prévalant d'une validité durable. Des efforts ont certes déjà été accomplis pour établir des règles d'action sur la scène politique internationale ; mais, faute de fondations cohérentes, elles ne permettent pas de consensus et deviennent finalement elles-mêmes impossibles à appliquer ou à observer.

À mon sens, seule la religion permet d'établir des fondations spirituelles communautaires. Il est clair que la religion en question ne doit pas entretenir de divisions raciales ou nationales. Au contraire, elle doit posséder une universalité philosophique pour unir les peuples du monde. En bref, cela doit être une religion mondiale. Cependant, elle ne peut être une vulgaire croyance entraînant une fuite de la réalité ou se vouer à des exigences nées de l'avidité, de la colère ou de l'ignorance ; mais elle ne doit pas pour autant rejeter ces aspects de la vie de façon dogmatique. Bien au contraire, cette religion doit reconnaître et accepter la vie humaine pour ce qu'elle est et, ainsi, forger des idéaux élevés et un sens de la mission. Pour bâtir aujourd'hui les fondations de la communauté spirituelle, nous avons besoin d'une religion qui permette la sublimation au plus haut niveau. La religion qui répond pleinement à ces besoins, la vraie religion mondiale basée sur une philosophie de la vie assez forte pour entraîner une sublimation toujours plus élevée, est le bouddhisme des trois grandes lois ésotériques, le bouddhisme de Nichiren Daishonin.

Accomplissons la mission de l'être humain

Les fondations solides pour la communauté spirituelle à laquelle je pense ne me paraissent pas pouvoir être bâties hors du royaume du bouddhisme de Nichiren Daishonin. De plus, il ne faut jamais oublier que la construction de ces fondations constitue notre mission religieuse. Mais, plus encore, nous sommes citoyens de la société et du monde. Par conséquent, il serait faux d'imaginer que nous avons accompli notre devoir si nous nous contentons de remplir notre mission religieuse et laissons à d'autres nos missions sociales. Au sens le plus plein, nous n'accomplissons notre mission religieuse que lorsque nous remplissons nos devoirs en tant que membres de la société humaine. Malgré les différences de croyance, des hommes agissant consciencieusement et en toute bonne foi peuvent se donner la main pour la cause de la paix et la préservation de la dignité humaine. Si ce type de coopération s'avère possible, je suis convaincu que nous devrions combiner nos forces et avancer ensemble vers notre but. En ce qui nous concerne, nous consacrer totalement à nos convictions religieuses, leur vouer nos vies d'êtres humains, et rester par ailleurs les bras croisés tandis que la terre court à sa destruction, reviendraient à peu près à adopter l'attitude qui conduisit aux désastreuses guerres de religion de la fin du Moyen Âge européen. Quand l'opportunité se présente, pour le bien de l'établissement d'une paix durable et la fin de la guerre sur cette terre, chrétiens, musulmans, bouddhistes et membres de toutes confessions doivent chercher à se rencontrer et dialoguer ensemble. Je suis tout à fait prêt à prendre part à cet effort.

Détruisons le mythe de l'État sacré

Répétons-le, la religion a pour rôle primordial de créer les fondations d'une communauté spirituelle. Il s'ensuit que la religion doit produire des liens spirituels capables de réunir tous les peuples. D'où les remarques qui vont suivre sur l'État. Je n'entends pas me situer dans une perspective dogmatique, mais mon intention est de dégager certaines idées partant du principe de la dignité de la vie.

Comme vous le savez, ce sont avant tout les États qui financent les guerres. On pourrait cependant citer quelques exceptions tels les batailles entre tribus dans les sociétés sous-développées ou les mouvements de résistance dans les pays occupés par l'ennemi, mais de tels cas restent rares. En général, la guerre est donc un acte criminel commis par les États. Si l'on admet cela, comment expliquer que de tels actes soient autorisés et même souvent soutenus avec frénésie ? Sans doute à cause de la puissance du mythe erroné selon lequel l'État est digne de la plus haute estime. Sous l'influence de cette idée fausse, les richesses matérielles, la vie humaine et les produits de la civilisation sont brutalement sacrifiés au profit des États. Dans l'Antiquité, des hommes à l'esprit élevé ont établi que la dignité de la vie est la véritable essence de l'humanité. Mais, en dépit de toutes les exhortations, cette dignité se trouve aujourd'hui écrasée au nom de l'État. Cependant, l'idée que le respect de la vie est l'ultime vérité et que le culte de l'État n'est rien de plus qu'un mythe volontairement créé par les hommes au pouvoir commence enfin à se répandre largement.

Le principe de dignité de la vie

Le bouddhisme repose clairement sur le principe de la dignité de la vie. C'est une religion qui s'efforce d'incarner ce principe. En nous fondant sur cette croyance, notre tâche à tous, en tant que bouddhistes, consiste à prendre la direction du mouvement pour la destruction du mythe de l'État sacré et à créer un monde où la dignité de la vie sera l'idée maîtresse. Dans un tel monde, en aucun cas un État n'aurait le droit d'en menacer d'autres ou d'exiger le sacrifice de vies humaines innocentes. En fait, il faut interdire tout sacrifice de cet ordre. Et pour cela, des mesures concrètes s'imposent : les nations doivent renoncer à la préparation militaire, au droit de conscription, et s'abstenir absolument d'entamer des conflits, de quelque nature qu'ils soient. En tant que croyants et êtres humains, nous devons remplir notre mission et nous efforcer de réaliser ces buts afin d'établir une paix éternelle.

Bien que l'héritage du passé joue un rôle, c'est bien notre génération qui a créé la situation désespérée actuelle. Passer le relais aux générations futures sans rien changer serait totalement irresponsable de notre part. Cela dénoterait une irresponsabilité au moins aussi grande des dirigeants dans tous les domaines. Ne laissons pas l'histoire humaine s'achever à notre époque ; nous devons résoudre autant de problèmes que possible avant de passer le relais à nos enfants et petits-enfants.

J'aimerais maintenant citer un passage du *Gosho « Sur la sélection du temps » : « Les affluents d'une rivière se rejoignent et forment un océan, la poussière accumulée a formé le mont Sumeru. Lorsque Nichiren commença à croire dans le Sûtra du Lotus, il pouvait être assimilé à une goutte d'eau ou à un grain de poussière comparé au Japon tout entier. Si deux, trois, dix ou des milliards de personnes récitent et propagent le Sûtra du Lotus, elles formeront un mont Sumeru d'éveils merveilleux, un océan de Nirvana. C'est la seule et unique voie qui permette d'atteindre la boddhéité. »*

Il s'agit là d'un passage célèbre des écrits de Nichiren Daishonin qui illustre parfaitement le principe de la propagation mondiale de notre foi. En d'autres termes, cette propagation commence par la goutte d'eau et le grain de poussière mentionnés ici. Mais le grain contient le pouvoir inhérent de se développer en montagne, et la goutte d'eau celui de devenir un immense océan. Alors que nous abordons un nouveau tournant dans la propagation de notre foi, chacun de nous doit être comme un grain de poussière ou une goutte d'eau. Tous les êtres humains ont pour fondement leur humanité. Notre mouvement s'enracine dans cette base commune ; c'est pourquoi chacun de nous possède le pouvoir inhérent de se développer en montagne de l'Illumination et en mer du Nirvana. Une personne véritablement consciente du sens de sa propre vie produira chez une autre une prise de conscience similaire. Ces deux personnes deviendront trois, puis dix, et ainsi de suite. C'est là la seule voie vers la boddhéité. Que chacun de vous grave cette vérité dans son cœur. Ainsi, en transformant les obstacles sur notre chemin en spirales vers le bonheur, nous devons aller hardiment de l'avant – dignes des vrais bodhisattvas que nous pouvons devenir – vers le triomphe de notre foi. Je suis convaincu que tous mes compagnons de croyance sont d'accord avec moi.

UNE SOCIÉTÉ CRÉATRICE

Discours prononcé à la réunion générale du département des Jeunes Gens de la Soka Gakkai du Kanto, Tokyo, le 4 mars 1973.

Permettez-moi de commencer ce discours en vous félicitant pour cette superbe réunion du département des Jeunes Gens du Kanto.

Le Sho Hondo étant maintenant achevé, nous mettons le cap sur le deuxième chapitre de notre mission, phase où nous aurons à combattre courageusement pour atteindre notre but. Ne croyez pas qu'en disant cela j'exprime une requête. Pendant toutes les années où j'ai assumé ma responsabilité, je n'ai jamais rien exigé de vous. J'ai simplement reçu le flambeau des mains de mon prédécesseur, le deuxième président de la Soka Gakkai, et l'ai brandi sans cesse jusqu'à aujourd'hui. Vous ne vous consacrez pas au but de *kosen rufu* parce qu'on vous demande de le faire. Vous avez saisi par vous-mêmes que vous êtes des bodhisattvas sortis de la terre et que notre but constitue notre mission de toujours tout en s'inscrivant dans les activités de la vie éternelle et universelle.

Ceux qui manquent d'auto-détermination et de volonté pour s'engager activement dans la foi ne sont pas en mesure d'accomplir notre tâche ; ils ne peuvent être les courageux combattants de la deuxième phase de notre développement. Ce ne sont pas les enfants résolus de la Soka Gakkai. On peut lire dans le *Gosho* : « *Nichiren ne considère pas les couards comme ses disciples* » (*Gosho Zenshu*, p. 1282.). La deuxième phase de notre mouvement est une étape de pratique religieuse intense pour la cause de *kosen rufu*. Il faut pour cela des personnes d'une foi forte et profonde. Nous entrons maintenant dans une période où les lâches ne peuvent accomplir notre tâche.

La chanson du département des Jeunes Gens dit :

> « *Même si nos compagnons tombent,*
> *Nous n'oublierons pas notre serment.*
> *Nous n'oublierons pas notre serment pour la révolution.* »

Rappelez-vous cette chanson et chantez-la fièrement tout en devenant les courageux champions de la Loi merveilleuse. Développez en vous-mêmes spontanéité et vivacité d'esprit afin de me rejoindre dans la marche en avant pour notre révolution et le renforcement de notre organisation qui, composée de toutes sortes d'individus, n'en reste pas moins une en esprit.

Peut-être cette organisation commet-elle encore des erreurs. Je compte sur votre initiative pour les corriger. J'ai appelé cette année « année de l'étude et de la jeunesse » parce que j'ai l'intention de laisser la Soka Gakkai dans sa deuxième phase entièrement entre vos mains. Je souhaite vous voir tout prendre en charge. Dans l'avenir, lorsque vous verrez *kosen rufu* réalisé grâce à vos efforts, je veux que vous puissiez sourire avec satisfaction.

Un nouvel esprit pour les festivals

Et maintenant quelques mots sur la réunion de la jeunesse pour laquelle vous avez dépensé une grande énergie. Les festivals font partie d'une très vieille tradition japonaise. Même si leur nombre a fortement décru à notre époque, je suis sûr que vous n'avez pas oublié combien, enfants, vous appréciiez ces journées palpitantes, animées par le roulement des tambours de la fête, si bien que vous ne pouviez vous concentrer sur vos devoirs scolaires, l'idée du plaisir à venir distrayant vos esprits.

Les festivals sont certes d'essence religieuse. La danse rituelle *kagura* et d'autres prestations artistiques étaient destinées à saluer la divinité. Et les hommes partageaient avec les dieux le saké offert à cette occasion. Mais, dans le cadre d'une société agricole, les festivals et diverses cérémonies annuelles étaient aussi étroitement liés à la production. Toute la population d'un village se rassemblait et priait pour une récolte abondante. L'unité de la communauté se trouvait ainsi renforcée. En deux mots, les festivals étaient des fêtes religieuses contribuant au développement et à l'amélioration de la vie locale tout en permettant aux paysans et à leur famille de s'amuser après le dur travail des champs. Tous les hommes se rejoignaient là, égaux dans la boisson, la danse, les discussions, les divertissements devant la divinité. On trouve ici la signification du festival : il permettait l'approfondissement des liens communautaires dans une même région, et tous ceux qui participaient aux festivités se retrouvaient sur un pied de complète égalité sociale. Les festivals établirent un rythme saisonnier. Certes, avec le passage du temps, on en détourna quelques-uns au profit des autorités tandis que d'autres dégénérèrent en de simples spectacles, mais nous devons nous rappeler leur importance originelle : ils permettaient aux êtres humains d'une région donnée de se rassembler.

Il me semble nécessaire de redonner vie au festival traditionnel surtout parce qu'aujourd'hui les membres de la société entretiennent bien trop souvent des relations de nature agressive et désagréable. J'attache une grande importance aux festivals, non pas en tant que cérémonies religieuses, mais parce qu'ils représentent pour les êtres humains une occasion de se retrouver ensemble en un seul corps. Voilà pourquoi je suggère au département de la Jeunesse de consacrer son attention et ses efforts à transformer les réunions générales de district en festivals.

Cependant, ces derniers ne doivent pas dégénérer en manifestations bruyantes et tapageuses. Au contraire, basez-les sur l'étude et sur votre désir de développement et de perfectionnement mutuels. Avec une telle approche, vous pourrez faire revivre la très ancienne tradition festivalière.

La communauté, la jeunesse et l'étude constituent les trois piliers principaux de la Soka Gakkai dans sa deuxième phase. Développer et améliorer les réunions de la jeunesse nous permettront de réussir l'« année de la communauté », année clé de la deuxième décennie, et de dresser ensemble les trois piliers de notre organisation.

Nos buts ultimes

J'aimerais maintenant parler un peu des buts ultimes de notre foi. Ces buts se trouvent exprimés par les termes japonais *issho jobutsu*, l'atteinte de la boddhéité en cette vie, et *kosen rufu*, la propagation universelle de notre foi. Bien que ces deux buts semblent distincts, *issho jobutsu* représentant l'idéal à atteindre au niveau individuel et *kosen rufu* le but recherché au niveau de la société, les activités concrètes pour le bien de ces deux causes constituent une seule entité et doivent être accomplies en harmonie. On peut comparer la relation entre ces buts au mouvement de la terre tournant sur son axe tout en accomplissant sa révolution autour du soleil. Mais permettez-moi de ne pas insister davantage sur ce point que j'ai déjà souvent évoqué dans le passé.

Il ne suffit pas de prendre conscience de nos buts ; nous devons aussi comprendre la signification des termes si nous voulons agir pour leur accomplissement. Faute d'une telle compréhension, vous vous confinerez dans le monde stérile des mots pour les mots. Pour vous aider dans cette tâche indispensable, je vais maintenant essayer de définir précisément ces termes.

L'homme ordinaire d'aujourd'hui, ignorant le bouddhisme, s'imagine que *jobutsu*, l'atteinte de la boddhéité, correspond nécessairement à la mort. Mais nous ne développerons pas ici de telles interprétations, fruits de l'ignorance.

Ceux qui possèdent une vague connaissance du bouddhisme à travers les enseignements provisoires de Shakyamuni – précédant le Sûtra du Lotus – croient qu'atteindre la boddhéité signifie se transformer en un être extraordinaire que l'imagination des simples mortels ne saurait concevoir, un être doté de pouvoirs mystiques et dont l'apparence sacrée serait impressionnante. Il est dit, par exemple, que le corps du Bouddha possède trente-deux traits et quatre-vingts marques distinctifs. Mais, sachant que parmi ces signes distinctifs figurent des bras qui descendent en dessous des genoux et des palmures comme celles des grenouilles entre les doigts et les orteils, gageons que rares sont ceux qui aujourd'hui aimeraient les posséder.

Dans le sûtra Amida, enseignement provisoire le plus connu, la terre pure de bouddha où se rendent ceux qui ont atteint la boddhéité est décrite comme un monde heureux, libéré des nuages de la tristesse et de la souffrance, mais habité seulement par les hommes. Aucune femme dans ce monde – en somme, c'est un peu comme dans la réunion que nous tenons actuellement. Cependant, cette réunion reste tolérable parce qu'elle ne dure que deux ou trois heures. Je suis certain que dans un monde sans femmes, quand bien même il serait libéré des souffrances, vous trouveriez l'éternité très ennuyeuse. Et je doute qu'aucun de vous ne brûle du désir de se rendre dans un tel lieu. J'ai choisi là des exemples extrêmes pour dire ceci : ceux qui considèrent l'atteinte de la boddhéité comme plus ou moins coupée du monde réel où nous vivons s'exposent à des illusions de ce genre.

Nichiren Daishonin définit l'atteinte de la boddhéité de façon totalement différente. Selon ses enseignements, toute vie possède les dix états, et le plus élevé d'entre eux, l'état de bouddha, inclut les neuf autres. La boddhéité n'est pas détachée du monde ordinaire de l'angoisse, de la joie, de la douleur, de la colère, etc. La nature de la boddhéité tient dans l'appréhension de la réalité de l'existence et de la nature essentielle de la vie plus vaste sur laquelle reposent les neuf autres états. Ne pas être éveillé à cela revient à errer au milieu des transmigrations des neuf états inférieurs.

Mais quelle est donc la nature de cette vie plus large à la source de toutes les autres ? Nichiren Daishonin l'identifia comme *Nam Myoho Renge Kyo* et la concrétisa dans le *Gohonzon*. Une personne qui, par la récitation de *daimoku* devant le *Gohonzon,* s'éveille au fait que sa propre vie et la vie universelle – *Nam Myoho Renge Kyo* – ne font qu'un est déjà entrée dans l'état de bouddha. On appelle cet état par lequel un être humain atteint la boddhéité sans changer d'apparence (*sokushin jobutsu*) la boddhéité provisoire (*setsuna jodo*). C'est là l'enseignement ultime du bouddhisme de Nichiren Daishonin.

Mais ici un autre problème apparaît. Une personne qui a

atteint la boddhéité en récitant *daimoku* devant le *Gohonzon* a réalisé son but. On pourrait alors penser qu'elle n'a plus besoin de pratiquer. Malheureusement, les choses ne sont pas si simples.

Après la récitation de *gongyo* et *daimoku,* la vie du pratiquant retrouve les neuf états de vie du simple mortel. Voilà pourquoi la boddhéité atteinte par la pratique de *gongyo* et *daimoku* est momentanée. Mais en persévérant dans cette pratique on permet à la vie profonde de l'état de bouddha de se fixer plus solidement en soi-même. Une vie entière de dévotion constante aux règles de la foi permet à l'état de bouddha de devenir aussi puissant et indomptable qu'un grand arbre qui se développe à partir d'un plant minuscule.

Cause du bonheur ou du malheur, le karma peut être fixe ou non fixe. Une pratique assidue constitue l'un des éléments qui permet de créer un karma immuable. Pour faire de l'état de bouddha un élément fixe du karma, il faut atteindre régulièrement la boddhéité provisoire par la pratique quotidienne de *gongyo* et de *daimoku* tout au long de l'existence. Quand le karma immuable résultant de ces pratiques s'inscrit profondément dans la vie, l'être humain habite dans un monde de bonheur éternel transcendant vie et mort.

L'année dernière, aux cours d'été, nous avons étudié des passages du *Kanjin No Honzon Sho (Traité sur le véritable objet de culte),* révélant que selon la théorie des dix états la vie change constamment. Jamais elle ne se fixe dans la quiétude. Que l'on abandonne le monde du *Gohonzon* et la récitation de *daimoku,* et la boddhéité disparaît aussitôt. Même si un état de vie résulte d'années de dévotion et que l'on a occupé de hautes responsabilités dans notre mouvement, à l'instant même où l'on se sépare du *Gohonzon* ou cesse de réciter *daimoku,* la boddhéité s'arrête, tout comme le courant électrique cesse de circuler lorsqu'on éteint la lumière.

Mais une vie entière consacrée à la pratique bouddhique fait de l'état de bouddha la clé de l'existence individuelle. Un voyage de mille lieues commence par un seul pas. Je crois qu'on peut donc présenter ainsi la théorie d'*issho jobutsu* : l'accumulation d'instants de boddhéité provisoire chez un homme ordinaire établit fermement la boddhéité comme l'état dominant de sa vie.

Dans le dixième chapitre du Sûtra du Lotus (*Hosshihon*), on trouve ce passage : « *Sachez que ces gens sont libres de naître là où ils le désirent.* » Voici le commentaire de Nichiren Daishonin : « *Ce passage signifie que la boddhéité n'existe nulle part ailleurs que dans nos esprits obscurcis. Quand la vie et la mort dans les neuf états atteignent leur véritable et immuable nature, elles ne connaissent plus de limites. Réciter* Nam Myoho Renge Kyo *ouvre une liberté sans limites.* » L'expression « nos esprits obscurcis » fait référence à la complexité des neuf états. L'état de bouddha – qui correspond à la compréhension de la vraie nature de toute chose – ne peut exister en dehors des neuf états. Autrement dit, l'illumination ne les exclut pas. « Quand la vie et la mort dans les neuf états atteignent leur véritable et immuable nature, elles ne connaissent plus de limites » signifie que, illuminée par le *Gohonzon,* la vie dans les neuf états peut se libérer totalement, engendrant des activités sans limites.

Mais la vie dans les neuf états change sans cesse. Comment peut-elle alors être totalement libre ? Cette liberté absolue est possible parce qu'elle est solidement établie dans l'état de bouddha. En cessant d'être contrôlée et agitée par les neuf états, elle peut parvenir à les dominer en toute indépendance. Ainsi maîtrisés, les neuf états quittent eux-mêmes l'obscurité de l'illusion. En se manifestant à la lumière de la Loi mystique, loi de l'univers, ils brillent alors de l'éclat de la vie pure. Cette vaste vie existe à l'intérieur même de notre chair de simples mortels. On récite donc *Nam Myoho Renge Kyo* pour mettre à nu et révéler cette vie.

Dans les très nombreuses explications sur l'atteinte de la boddhéité contenues dans le *Gosho*, il est constamment dit que le véritable éveil consiste à ouvrir le palais de notre propre vie et à révéler l'ultime vérité qui s'y trouve enchâssée. On appelle cette vie ultime boddhéité. Nichiren Daishonin ne nous apprend pas à chercher des formes idéales dans un lieu lointain. Ce que nous recherchons se trouve en nous-mêmes, au milieu des réalités de l'existence humaine. S'éveiller à cela équivaut à la boddhéité. Au contraire, l'ignorer et s'imaginer que l'état idéal se trouve dans l'avenir représente la condition de l'homme ordinaire, en proie à l'obscurité fondamentale.

Ouvrir le palais de notre vie pour manifester notre véritable moi et développer au mieux nos capacités constitue le but ultime de la foi. Mais la boddhéité ne résulte pas de l'atteinte d'un état de vie bien spécifique. Agir constamment sur la base de l'état de bouddha et contrôler librement les neuf autres états tout en vivant dans notre société en proie à la détresse, voilà, je crois, ce qu'est la boddhéité.

Mais vous êtes tous jeunes et nourrissez beaucoup d'espoirs et d'idéaux pour l'avenir. Lorsque je vous explique que l'état de bouddha existe en vous tels que vous êtes maintenant, cela ne signifie pas qu'il faut accepter avec résignation la situation actuelle. Cependant, même les idéaux pour l'avenir ne doivent pas être coupés de la réalité présente. Ne fuyez pas. Gardez vos yeux sur la réalité, prenez le monde à bras-le-corps et travaillez en toute autonomie à le réformer. Vos espoirs doivent prendre source dans des transformations incessantes et des activités créatrices. En suivant cette voie, vous développerez des vies d'une grande valeur. Gardez cela à l'esprit dans vos actions pour le bien de la société et de la civilisation et au cours du combat personnel de votre révolution humaine.

Plus profondément encore, ce principe bouddhique constitue la base d'une révolution constamment en marche pour l'éternité. N'oubliez jamais que le plus grand bonheur, la plénitude suprême n'existent que dans une vie autonome en état de défi permanent.

Nombreux sont ceux qui ont tendance à croire que le bonheur s'obtient en atteignant un idéal. Bon nombre d'entre vous partagent peut-être cette vision. Cependant, je crois plutôt qu'il est dans la nature humaine de ressentir un sentiment de vide et de désespoir lorsque, l'idéal atteint, on ne voit rien pour le remplacer. Je nourris pour vous d'autres espoirs. Puissiez-vous rester fermement fidèles au grand principe de la Loi bouddhique afin de mener des vies vigoureuses dans un processus constant de développement et de croissance.

L'état de bouddha, source de l'énergie créatrice

Je voudrais maintenant aborder une question très délicate : comment définir la nature de la vie dans l'état de bouddha ?

Cette question paraît d'autant plus épineuse que les autres états – enfer, avidité, animalité, etc. – sont facilement compréhensibles parce qu'ils se présentent directement dans la vie quotidienne. Mais l'état de bouddha est différent. Comme je viens de le dire, il constitue la base des neuf autres états qu'il peut donc contrôler librement. J'oserai ajouter qu'il représente la source fondamentale d'énergie pour la création des valeurs. Dans le *Sanju Hiden Sho (Traité sur les trois grandes lois ésotériques),* Nichikan Shonin (1665-1726) dit : « *Le sûtra Kegon est un enseignement de mort ; le Sûtra du Lotus est un enseignement de vie.* » Puis plus profondément il affirme que même « *cet enseignement (le sûtra Kegon) devient porteur de vie entre les mains des croyants du Sûtra du Lotus* ». Ces remarques expriment en dernier lieu cette vérité que le Sûtra du Lotus est une philosophie régénérant tous les êtres. Le sens profond du bouddhisme est de nous amener à faire un usage créatif de tout, aussi bien pour notre propre vie que pour celle des autres. Dans le *Hokkekyo Daimoku Sho (Traité sur le daimoku du Sûtra du Lotus, Gosho Zenshu*, p. 940), Nichiren Daishonin donne trois sens au mot *myo* (mystique). L'un d'eux est faire revivre. Autrement dit, par son vigoureux pouvoir créateur, la Loi mystique permet aux êtres humains de renaître.

Tsunesaburo Makiguchi, premier président de la Soka Gakkai, explora toutes sortes de philosophie avant d'en arriver au bouddhisme de Nichiren Daishonin. Dès ses origines, la Soka Gakkai a eu pour vocation de stimuler chacun à créer des valeurs. Et cela rejoint bien l'enseignement ultime de Nichiren Daishonin. On peut certes exprimer cette idée de différentes façons. Mais il me semble qu'à notre époque, alors que la pression d'une civilisation entièrement tournée vers la science menace de détruire l'humanité, nous avons avant tout besoin de ce qu'il est convenu d'appeler le « pouvoir créateur ».

Dans son livre *Ningen o Kaeru (Changer l'humanité),* Akio Moribe, penseur japonais de premier plan, dit : « *Le Japon connaît peut-être aujourd'hui un isolement psychologique caractérisé par la diminution progressive du pouvoir créateur à l'intérieur de chaque être humain. Ce pouvoir ainsi refoulé menace d'engendrer une gigantesque explosion qui ne prendra pas la forme d'une révolution politique ou d'un coup d'État militaire comme ce fut le cas récemment dans plusieurs pays sous-développés. Non, ce sera une révolution humaine où l'on verra les masses donner libre cours à leur talent créateur. Émergera alors un peuple de plus grande envergure, un peuple qui n'aura plus la tentation de copier les autres. Ce ne sont pas les désirs de confort et de sécurité, caractéristiques, selon Nietzsche, de l'esprit du chameau, qui constituent la vraie raison de vivre et la vraie valeur de la vie humaine, mais la créativité et un constant défi lancé à l'inconnu.* »

Je voudrais attirer votre attention sur ce commentaire de Moribe. Selon lui, les Japonais d'aujourd'hui luttent pour une révolution humaine qui leur permette d'exprimer leurs talents. Certains ne verront peut-être là qu'un point de vue minoritaire, mais je suis convaincu que tous les hommes de bon sens le partagent, même s'ils ne le disent pas toujours. Par ailleurs, adopter le comportement indiqué dans cette réflexion peut seul amener une renaissance de notre société. En dernière analyse, la philosophie de la Loi mystique – en termes plus concrets, le Dai-Gohonzon – peut seule mener clairement à une telle renaissance.

Une société créatrice

Si nous admettons qu'un constant processus de création de valeurs constitue le but de la foi religieuse au niveau individuel, comment décrire la société que nous nous efforçons de bâtir, la société de *kosen rufu* ? J'ai déjà précédemment abordé cette question sous divers angles et continuerai à le faire dans l'avenir. En deux mots, cependant, je pense pouvoir appeler cette société « la société créatrice ». Tout le monde pourra y vivre d'une manière authentiquement humaine et s'améliorer constamment. Nous ne luttons pas pour créer une société insipide, sèche, figée dans le formalisme, mais un monde qui permette de développer la créativité à l'infini. Telle est, j'en suis convaincu, l'image que revêtira la société de *kosen rufu*.

Dans le passé, les hommes ont forgé des utopies, travaillant à leur réalisation. Aujourd'hui encore, certains veulent sacrifier le présent au profit d'un avenir rayonnant. Bien que les rêves utopiques aient certainement aidé les peuples opprimés, la société idéale prônée par le bouddhisme ne figure pas parmi eux. D'autant qu'à la lumière des enseignements bouddhiques il est clair que l'humanité ne recherche pas un schéma utopique. En fait, dans nos sociétés standardisées, le peuple est victime d'une forte oppression. Notre âge est marqué par la souffrance des peuples dans de telles sociétés. Les hippies qui, fleur aux lèvres, ont abandonné tout ce que leur offrait notre monde surcontrôlé et exprimé la nostalgie d'une vie primitive constituaient une force d'accusation contre l'excessive standardisation de notre civilisation. Pour chacun, l'important est de jouer un rôle significatif et de faire plein usage de son pouvoir créateur. En résumé, la conquête individuelle de la boddhéité fait appel à l'état de bouddha inhérent à notre vie qui se trouve alors transformée en une riche et incessante source d'énergie créatrice pour une société meilleure. Permettre à chacun de développer cette énergie et de la manifester dans la société, tels sont les buts des activités de la Soka Gakkai.

Le concept d'inséparabilité de l'homme et de son environnement (*esho funi*) représente un de nos principes de base. Nos actions pour *kosen rufu* – la propagation universelle de notre foi – sont dirigées vers la création d'un environnement où chacun puisse donner un champ maximal à sa force créatrice. *Kosen rufu* est le moyen utilisé pour diriger toutes les forces créatrices vers la société. L'atteinte de la boddhéité et la propagation de notre foi à travers le monde constituent le processus d'une révolution infinie aux niveaux individuel, social, et culturel. Pour y parvenir, il faut constamment se nourrir à la source originelle de la vie, la Loi mystique.

J'espère que vous n'oublierez jamais cela et poursuivrez tous votre entraînement bouddhique quotidien, ainsi que votre travail pour le Soka Gakkai et la réalisation de *kosen rufu*. Le *Gosho* dit : « *La vie a une fin. Pourtant, ne soyez pas avare de la vôtre. Votre but ultime doit être la terre de bouddha.* » (*Gosho Zenshu,* p. 955.) Voilà qui exprime notre vision de l'humanité. Gardez toujours ces paroles d'or à l'esprit tout en poursuivant votre courageux combat avec toujours plus de force et de souplesse.

LES PORTE-DRAPEAUX DE LA PHILOSOPHIE DE LA VIE

Discours prononcé à la quatorzième réunion générale du département des Étudiants de la Soka Gakkai, Tokyo, le 11 mars 1973.

Des systèmes intellectuels pour le bien de l'humanité

J'aimerais dire quelques mots sur l'attitude à adopter durant les études. Je suis sûr que votre travail vous prend à tous beaucoup de temps. Il doit en être ainsi. Nous ne voulons pas que les membres du département des Étudiants échouent et redoublent. Après tout, votre famille, la société en général, et notre époque attendent que vous obteniez des diplômes vous permettant de prendre une part active en première ligne de nos activités. Aimez les matières que vous étudiez : elles représentent un riche héritage, fruit du travail acharné de grands esprits, et se lient subtilement entre elles pour former un système intellectuel raffiné. Cependant, vous devez savoir que, quel que soit le degré de systématisation atteint, toutes les connaissances ont été extraites par la raison humaine du rythme du cosmos et de la vie universelle. L'étude doit donc servir à élucider tous les rouages de la vie et de la société pour favoriser le bonheur des hommes. Bien que notre bagage intellectuel ne soit pas équivalent à l'activité de la vie universelle, nous comprendrons la noblesse du savoir et découvrirons la possibilité d'utiliser l'énergie de nos connaissances pour un plus grand développement de la vie si nous les percevons à la lumière de la philosophie bouddhique.

Il ne s'agit pas seulement d'accepter le savoir dispensé. Vous devez l'assimiler, incarner les systèmes intellectuels avec lesquels vous entrez en contact. Sinon, vous maîtriserez un savoir mort au lieu d'un savoir éclatant de vie. On peut cependant se demander : comment incarner le savoir ? Le bouddhisme le permet, et c'est là une de ses plus importantes contributions. Si vous ne luttez pas sincèrement pour bâtir votre personnalité selon ces principes, vous ne serez pas dignes d'appartenir au département des Étudiants et ne ferez jamais partie de la catégorie des intellectuels qui utilisent savoir et culture pour le bien de l'humanité.

Trouver le vrai savoir parmi le peuple

Si je puis me permettre une courte digression, j'aimerais vous raconter l'expérience d'un médecin de campagne que j'ai entendue récemment à la radio. Cet homme avait projeté de travailler dans un institut de recherche, mais sa situation de famille l'avait contraint à devenir médecin de campagne, ce qui d'abord le frustra profondément. Cependant, par la suite, après avoir appris que le contact direct avec les êtres humains était une expérience de la plus haute valeur, il se mit à considérer son métier avec respect et affection. Il disait : « *Les êtres humains doivent avoir un cœur ouvert et franc ; il ne faut pas trop se laisser influencer par les apparences extérieures. Je veux être un médecin capable de gagner l'affection et la confiance de ses patients, et de toujours mériter cette confiance.*

« *Je ne peux plus maintenant travailler dans un grand hôpital où l'on ne voit les patients que pendant les heures de consultation pour les oublier jusqu'à leur prochaine visite. Les médecins qui exercent là rentrent chez eux tous les soirs. Moi, je suis tout le temps avec mes malades. Ma famille partage leurs peines et leurs joies. Cette expérience me donne une raison de vivre. Un médecin n'est vraiment en mesure de jouer son rôle que lorsqu'il connaît parfaitement ses patients et leurs familles.*

« *Quand des étudiants en médecine viennent me demander conseil pour leur avenir, je leur dis qu'ils doivent soit entrer dans un institut de recherche et se vouer intensément à l'étude, soit devenir médecin de campagne. Telle est la meilleure façon de vivre et de travailler en tant que médecin.*

« *De par la nature de mon métier, je suis souvent présent au moment de la mort. J'ai été frappé par la grande diversité des approches de la mort. Certaines personnes souffrent et résistent jusqu'à leur dernier souffle. D'autres ne sentent pas arriver la fin. La médecine moderne a recours à des produits sophistiqués qui prolongent parfois la vie plus longtemps qu'autrefois ; le cerveau étant détruit en premier, il en résulte que le malade n'a pas conscience de mourir. D'autres encore, ayant le sentiment d'avoir bien accompli l'ouvrage de leur vie, s'en vont paisiblement. J'ai constaté que la façon dont une personne aborde ses derniers instants révèle avec précision si elle a mené ou non une vie épanouie. Ayant conscience de cela, j'ai décidé de faire le maximum, sans ménager mes forces, tout au long de ma vie.* »

L'expérience de ce médecin de campagne, fier de son métier et apprenant la vie au milieu de ses malades, me montre que le meilleur mode d'existence et la plus grande sagesse résident parmi les hommes ordinaires. Chacun de nous suivra probablement un chemin différent. Mais, quels que soient votre avenir et la position que vous occuperez, vous ne devez jamais cesser de vous considérer comme des hommes ordinaires. J'espère que vous marcherez toujours aux côtés des vieillards et des malheureux le long du chemin qui fera de vous de grands savants dans la connaissance de l'homme grâce à une étude sincère et pleine de bienveillance. N'oubliez pas que même la gloire, les décorations, les honneurs, le pouvoir ou la richesse laissent dans la détresse la plus totale ceux dont les vies ont été obscures et fausses. Qu'importe les apparences extérieures, celui qui vit toute sa vie conformément à ses idées peut être certain qu'un chant de triomphe s'élèvera à sa dernière heure.

J'ai entendu dire qu'au moment de la mort tous les éléments de notre vie défilent soudain dans notre esprit. Si ce flot d'images peut obscurcir le cœur d'une personne, éveiller des larmes de regrets, il permet aussi à une autre de faire face à la mort avec joie et plénitude. Une telle personne aura vécu en accord avec les buts les plus élevés des êtres humains. Sa victoire prouve que, de son vivant, elle est allée de l'avant avec courage et que ses actions ont apporté une réelle contribution au monde et à l'univers.

L'altruisme équivaut à l'auto-perfectionnement

Quelle est donc la source de cette marée de joie qui baigne la personne ayant mené une vie victorieuse et dont la mort est aussi une victoire ? D'après le philosophe français Henri

Bergson, la joie est création – plus précisément création de vie. Son livre « *l'Énergie spirituelle* » décrit de façon magnifique la relation entre joie et créativité. Il en ressort essentiellement que plus une vie est créatrice, plus elle déborde de joie. Cette joie peut même libérer un grand flot d'émotions.

Si l'on entend par création le fait d'amener à la vie quelque chose de précédemment inexistant, créer de la vie signifie produire une nouvelle vie. Cet acte élargit la dimension de soi-même et des autres, enrichissant la vie universelle dans sa totalité.

Notre univers représente la matrice et la mère nourricière de la vie. C'est lui qui a donné naissance à toutes les entités de notre planète. La vie dont nous jouissons à présent représente un trésor résultant de l'action créatrice illimitée qui constitue en soi la grande vie universelle. Les êtres humains participent à cette suprême action créatrice. Ainsi, les savants découvrent des vérités dont on tire des systèmes intellectuels. Les artistes créent de la beauté. Voilà deux sortes de métiers qui participent, en prodiguant de la joie, à la suprême action créatrice de l'univers.

Dans le même livre, Bergson précise que, si la victoire dans n'importe quel domaine s'affirme comme une action créatrice, la raison d'être de l'existence humaine elle-même est la créativité à laquelle chacun participe, et non pas seulement les savants ou les artistes. C'est la création du moi par le moi, le fait de réaliser beaucoup à partir de peu, d'extraire quelque chose de rien, et d'enrichir continuellement le monde. Grâce à ce type d'efforts, la personnalité humaine se développe.

Bergson définit donc une action créatrice à laquelle tous les êtres humains peuvent participer : la création du moi par le moi. En tant que bouddhistes, nous voulons ouvrir constamment la route vers la révolution et la perfection de soi. Le bouddhisme trouve la voie du développement humain dans la vie des foules anonymes. En d'autres termes, d'un point de vue bouddhique, créer le moi par le moi revient à partager les peines et les joies des autres et à lutter pour renforcer la force vitale de notre entourage. Les actions altruistes mènent à l'auto-perfection. Le bouddhisme révèle clairement que ce que nous appelons altruisme constitue la puissante source de la création de la vie.

Il est dit dans le *Ongi kuden* que le bonheur signifie partager la joie avec les autres (*Gosho Zenshu, p. 761*). La vraie joie suscite le bonheur et nous incite à nous engager dans des activités créatrices avec les autres. Vous pourrez tous créer de la vie lorsque vous déciderez – et vous commencez d'ailleurs à le faire – d'utiliser tout votre savoir pour le bien des hommes ordinaires. Dès lors, très naturellement, vous étudierez chaque sujet de façon à appliquer vos connaissances pour le bien général. De plus, j'espère que vous consacrerez toute votre vie à la mission d'aider les autres à faire jaillir du plus profond d'eux-mêmes la force et la joie de la vie.

Une foi courageuse

Durant mon séjour en France, l'année dernière, un jeune homme m'a raconté la captivante histoire d'un journal appelé *le Canard enchaîné*. Ce titre, apparemment vulgaire, pourrait laisser penser qu'il s'agit là d'un journal sans grand intérêt, mais on m'a expliqué que le canard, dont le coin-coin continuel semble exprimer de permanentes récriminations, est sans pouvoir lorsqu'il est enchaîné. *Le Canard enchaîné* circule à cinq cent mille exemplaires. La courageuse politique menée depuis sa création lui a fait jouer un rôle historique vital ; et aujourd'hui encore, dans notre société, il apparaît comme une sorte de conscience pour l'Europe. Ne tolérant aucune falsification, il persiste à ne publier que la vérité. Ce qui donne une autorité considérable à ses articles même les plus brefs.

La manchette du journal porte la devise suivante : « *La liberté de la presse ne s'use que si l'on s'en sert.* » Acheteurs et lecteurs apprécient cette tradition de liberté de la presse. Et nombreux sont ceux qui se flattent d'être de vieux lecteurs du *Canard enchaîné*. La passion de ce journal pour la liberté persiste encore aujourd'hui ; d'un ton toujours très largement anti-gouvernemental, il résiste à toutes les tentatives de destruction. Et l'on trouve parmi ses bienfaiteurs anonymes des membres des organes centraux du pouvoir. Ses articles révèlent parfois des informations non officielles sur le gouvernement et le monde des affaires. Une fois la nouvelle parue dans *le Canard enchaîné*, officiels et hommes d'affaires ne peuvent plus endiguer la fuite. Malgré le caractère négatif de l'expression *le Canard enchaîné*, ce journal est donc remarquable parce qu'il livre la vérité aux lecteurs et tient ce rôle avec fierté. On ne trouve dans ses pages aucune publicité, son financement repose entièrement sur des souscriptions volontaires.

Cette fascinante et émouvante histoire me fait penser à la façon de vivre des membres du département de la Jeunesse de la Soka Gakkai. Autour de vous peuvent surgir le mépris et même l'oppression, vous n'en continuez pas moins à proclamer la vérité de la philosophie de la vie et à agir sur la base de la foi, accomplissant ainsi votre mission. Tels doivent être les jeunes bouddhistes à la croyance sincère.

Le combat de la foi représente la grande bataille de la jeunesse ; ce n'est qu'en le gagnant que vous pourrez construire un nouveau siècle. Un célèbre passage du *Kaimoku Sho (Traité qui ouvre les yeux)* dit : « *Pour conclure, que les divinités bouddhiques m'abandonnent, que toutes les difficultés m'accablent, je suis prêt à donner ma vie... Même s'il m'arrive toutes sortes de grands malheurs, à moins que mes enseignements ne soient détruits par des sages, je n'utiliserai pas leurs enseignements. Quant aux difficultés autres que celle-là, elles ne sont que poussière au vent.* » (*Gosho Zenshu*, p. 232.) Ce passage révèle la grande mission qui vous est confiée.

Un sentier jonché d'épines s'étend devant nous. Même si je tombe en chemin, des milliers d'entre vous reprendront la bannière de la philosophie de la vie et poursuivront le combat. Si je ne vous confiais pas cette mission, ma vie n'aurait aucun sens. Ici, aujourd'hui, je mets entre vos mains l'avenir de la Soka Gakkai et la réalisation de *kosen rufu*.

Une éducation centrée sur la foi

Comme je l'ai souvent dit, je veux que chacun de vous acquiert la culture la plus large possible. Selon le *Ongi Kuden*, le neuvième chapitre du *Fahuawenju* dit : « *Croire sans aucun doute est la foi ; voir clairement est la compréhension.* » (*Gosho Zenshu*, p. 725.) Cela signifie évidemment que la foi consiste à croire, sans aucun doute, dans le *Gohonzon*. Mais cela va plus loin : il faut aussi comprendre, c'est-à-dire avoir une vision claire des principes du *Gohonzon,* de la philosophie de la vie, des principes et du pouvoir de la Loi. C'est à ce niveau-là que l'éducation joue un rôle essentiel.

Un autre passage du *Ongi Kuden* ajoute : « *Le sixième chapitre du Fahuawenju dit : "Les hommes de capacité moyenne détruisent d'abord tous leurs doutes et entrent sur la voie du Mahayana en entendant les paraboles du Bouddha. Voilà ce qu'on appelle la foi. Poursuivant plus loin, ils mettent véritablement en pratique les enseignements du Mahayana. C'est ce que l'on appelle la compréhension."* » (*Gosho Zenshu*, p. 725.) Pour chasser le doute et comprendre correctement la signification essentielle de la Loi mystique, il faut avoir la foi. Mais pour mettre vraiment les enseignements en pratique, la compréhension est nécessaire. En bref, ce passage enseigne que la vraie pratique bouddhique exige une étude centrée sur la foi.

Le désir de progresser est si fort chez les jeunes gens qu'on pourrait presque le considérer comme le propre de la jeunesse. Dans un livre intitulé *Gakumon no Susume (Encouragement à l'étude),* le célèbre éducateur japonais Yukichi Fukuzawa (1835-1901) dit : « *Personne ne naît noble ou roturier, riche ou pauvre. Seuls ceux qui ont appris des choses en étudiant avec ferveur deviennent nobles et riches. Ceux qui n'ont pas cette attitude deviennent pauvres et roturiers.* » Cette interprétation de Fukuzawa peut s'appliquer à notre étude et à notre croyance. Vous pratiquez le bouddhisme, la plus grande philosophie du monde. Si vous parvenez à une véritable maîtrise de ses enseignements, vous n'acquerrez pas seulement richesse et noblesse, mais deviendrez des hommes remarquables et dignes du plus grand respect.

Approfondissez le bouddhisme tout en dévorant un maximum de connaissances. Faute de quoi on ne vous respectera pas et vous ne pourrez jamais devenir des responsables influents. Dans l'histoire récente, la science est devenue prépondérante et la politique a fait ombrage à la philosophie. D'où la déplorable détresse spirituelle et l'inhumanité de notre société. Il n'existe donc qu'une seule solution : que la philosophie se place au-dessus de la science et de la politique pour les guider. Notre propre salut dépend de la force que nous pourrons insuffler à la philosophie.

Je conclurai en vous souhaitant une excellente santé et en accompagnant de mes vœux les plus sincères votre courageux combat. Permettez-moi enfin de vous offrir ce passage de *Gosho* : « *Mon souhait est que mes disciples, comme les fils du roi lion, ne se laissent jamais intimider par une horde de loups.* » (*Gosho Zenshu*, p. 158.)

ÊTRE CRÉATIF

Discours prononcé à l'occasion de la troisième cérémonie d'ouverture de l'université Soka, à Hachioji, Tokyo, le 9 avril 1973.

Cette université vous appartient. Elle ne doit pas être une tour d'ivoire retranchée de la société. Il faut qu'elle soit au contraire une citadelle d'espoir recélant des possibilités infinies pour l'avènement d'une nouvelle ère de l'histoire. J'aimerais que vous ayez ce regard sur l'université. Ne perdez jamais de vue la nécessité de vous consacrer corps et âme au bonheur de l'humanité.

J'aimerais aujourd'hui examiner l'influence exercée par l'université d'un point de vue historique. Je n'ai cependant pas l'intention de développer une théorie abstraite et hermétique sur le rôle de l'université, n'étant pas qualifié pour traiter d'un tel sujet qui me paraît, du reste, d'un intérêt limité. Je me contenterai donc de vous montrer, à travers quelques exemples, comment l'université – ou, plus largement, le savoir dans son ensemble – a constitué une force irrésistible au cours de l'histoire.

Émergence de l'université en Occident

Vous savez tous qu'aux XVe et XVIe siècles l'Europe connut un éveil culturel appelé Renaissance. À cette époque, l'esprit humaniste longtemps ensommeillé s'éveilla pour inspirer en peinture, sculpture, littérature, et dans tous les arts, une longue série d'œuvres à la gloire de l'Homme. L'Europe salua alors une aube nouvelle. Je ne suis sûrement pas le seul à sentir une cristallisation de la joie humaine dans les créations artistiques de la Renaissance.

Cette période importante de l'histoire européenne ne marque pas simplement une révolution accidentelle dans l'art et la littérature. Ce chemin avait été préparé par un mouvement de fond dans la culture européenne. Ce mouvement prit la forme d'une renaissance du savoir au XIIe siècle qui, quoique peu connu, n'en a pas moins autant d'importance que la Renaissance des XVe et XVIe siècles. Du reste, les historiens sensibles au phénomène appellent ce mouvement la « Renaissance du XIIe siècle ». C'est à cette époque qu'apparut l'université de type européen.

Au Moyen Âge, l'enseignement supérieur se limitait aux sept « arts libéraux » : la grammaire latine, la rhétorique, la logique, l'arithmétique, l'astronomie, la géométrie et la musique, que l'on étudiait obligatoirement à la lumière de la Bible pour comprendre les lois naturelles de Dieu et promulguer des lois laïques, supports du régime monarchique. Ainsi, on appliquait l'arithmétique et l'astronomie à l'histoire de l'église, et la musique aux rituels religieux. Les autres branches du savoir trouvaient leurs champs d'exercice dans le droit et la politique.

C'est autour du XIIe siècle qu'on ajouta à ces matières – surtout en Espagne et en Italie – les mathématiques, la géographie et le droit, empruntés au monde islamique. Une partie de ce savoir, hérité de la Grèce et de la Rome antiques, avait été oublié dans l'Europe médiévale. D'autres connaissances furent rapportées d'Inde et d'Orient par des musulmans et des marchands italiens. L'acquisition de cet héritage très ancien – quoique nouveau en Europe – provoqua une irrésistible tendance à absorber, accumuler et systématiser toujours plus de connaissances.

Des jeunes gens en mal d'érudition brisèrent leurs liens avec les écoles monastiques et partirent à la recherche de nouveaux répertoires. On pourrait dire que les métiers de l'enseignement naquirent en réponse à leur quête, avec la formation à Paris et à Bologne de corps organisés d'étudiants et d'enseignants. C'est alors qu'émergea l'université européenne.

Le mot « université » provient du latin *universitas* qui

signifie, entre autres, société, guilde, groupement de personnes. En d'autres termes, l'université fut d'abord un groupe uni d'étudiants et d'enseignants, n'impliquant pas nécessairement l'existence de bâtiments ou d'un système éducatif. Tout est parti des liens créés par des personnes entre elles. L'Université de Paris se trouva largement à l'origine de la recherche et de la réorganisation théologiques. L'Université de Bologne se concentra sur le droit. Ces deux institutions furent à la source d'une réforme de la doctrine cléricale traditionnelle et d'un savoir rationnel, toujours plus moderne, destiné à fournir des règles au nouveau style de transactions commerciales en plein essor à l'époque.

La nécessité d'un profond héritage philosophique

L'humanisme s'affirma comme le noyau spirituel de la quête du savoir. Je crois que le développement de la bourgeoisie et la vigueur croissante du commerce rendirent possible l'émergence d'une classe intellectuelle chapeautée par l'université et échappant à l'aristocratie. Cette classe créa un cadre propice à la Renaissance. Une étude attentive de la condition humaine, combinée à une soif de savoir liée à la recherche de la vérité, stimula graduellement une renaissance des arts qui devinrent un panégyrique de l'homme. La Renaissance n'aurait pas modifié le cours de l'histoire si elle n'avait été qu'un mouvement superficiel dans la littérature et les arts. Produit de l'époque, elle reposa sur la prise de conscience de soi par l'être humain libéré des entraves de l'ancienne société et soutenu par une profonde assurance scolastique.

On voit bien l'effet du savoir nouveau dans l'œuvre de Léonard de Vinci. La perspective employée dans ses tableaux est basée sur la connaissance de la géométrie, et l'étude de l'anatomie ainsi que la pratique des dissections lui fournirent des informations pour ses dessins élaborés d'êtres humains et d'animaux.

Si l'on s'interroge sur l'influence du XIIe siècle, on se rend compte que c'est cette accumulation de science et de savoir qui rendit possible les œuvres brillantes attribuées à la

Renaissance. On peut donc en conclure que les éléments dotés du pouvoir d'influencer l'histoire résultent de la pensée humaine et du courant de la vie. Pour fleurir, se développer, obtenir une large influence, une civilisation doit avoir à sa base un profond héritage philosophique. Sinon, elle ne peut produire aucun génie. Du reste, même si elle en produisait, ils ne trouveraient aucun cadre pour exprimer leurs talents. De plus, une structure sociale bâtie sur la seule éthique du pouvoir ne peut pas influencer profondément la vie humaine ni s'inscrire dans les annales comme un brillant exemple.

Les êtres humains ont souvent tendance à ne retenir que les produits de l'histoire glorieux mais superficiels. Ils copient des styles, respectent des traditions établies, et tentent de les utiliser comme principes de base de leurs actions tout en ignorant les causes plus profondes qui permirent d'aussi brillantes réalisations. Je crois que l'échec à percevoir plus profondément les phénomènes historiques explique l'échec des tentatives passées de réforme. Une action ne visant qu'à l'atteinte d'un but immédiat apparaît finalement oisive et futile.

L'université : courant de base de la civilisation

L'université est dépositaire de l'héritage intellectuel. La qualité et la portée de la recherche et de l'éducation pratiquées en son sein peuvent déterminer le destin d'une nation, d'une société, voire d'une civilisation tout entière. Là où le savoir prospère, le peuple prospère. Les anciennes civilisations démontrent la vérité de telles constatations. À son apogée, le monde islamique possédait de nombreux centres d'érudition, tout comme l'Inde à l'âge d'or du bouddhisme. Ainsi, la très ancienne université bouddhique indienne de Nalanda, qui s'étendait sur une superficie de plusieurs dizaines de kilomètres carrés, date de plus de mille deux cents ans. Elle atteignit son zénith entre les Ve et VIIe siècles. Plus grande que les universités modernes et bien plus ancienne que les universités d'Europe, Nalanda fut un centre spirituel, non seulement pour l'Inde mais aussi pour tout l'Orient. On sait que beaucoup de Chinois y ont fait leurs études. En mettant au jour plusieurs salles d'étude et dortoirs, des recherches archéologiques récentes firent clairement apparaître qu'à une époque Nalanda pouvait accueillir pas moins de dix mille étudiants. Le moine chinois Hsuan Tsang (600-664), qui se rendit à Nalanda, rapporta ses impressions dans le *Ta T'ang Hsi Yu Chi (Grand récit de la visite de T'ang dans des pays occidentaux)*. Les fouilles récentes ont confirmé d'une manière inattendue la véracité de ce récit. Nalanda développa et propagea les principes du bouddhisme Mahayana pendant des siècles, jusqu'à sa destruction finale lors de l'invasion musulmane.

On peut retracer le courant d'influence de cette université dans le flot des enseignements bouddhiques allant d'Inde en Chine, puis au Japon. Lorsque je pense aux milliers de moines qui, jadis, discutaient avec conviction du bouddhisme, débattant des points importants, puis retournant avec leur savoir dans leur pays d'origine pour qu'il y soit concrètement appliqué, je suis persuadé que Nalanda a vraiment représenté une source de la culture spirituelle orientale et mérite à ce titre le respect du monde entier. Je voudrais que vous soyez tous convaincus que en approfondissant et en propageant les aspects profonds de votre savoir, vous-mêmes pouvez être à la source d'une culture tout aussi influente. Ayez la ferme conviction que les courants profonds de la mer sont plus forts et plus précieux que les jolis remous à la surface de l'eau.

L'humanisme, base du savoir dans les institutions antiques

Le respect de l'humanité doit être la base de tous les centres d'éducation. J'ai déjà montré que l'humanisme servait de fondement aux universités de la Renaissance, mais on peut en dire de même des institutions antiques qui ne peuvent être exactement décrites comme des universités au sens moderne. L'Académie de Platon, dans le bocage d'Akadomos, constitue un exemple de pointe. Dans l'Athènes de cette époque, les sophistes avaient acquis une influence considérable par leur rhétorique et leur approche professionnelle purement pragmatique de l'enseignement – ils ne transmettaient aux étudiants que le savoir nécessaire pour se faire une bonne situation dans la société. Socrate, qui se consacrait à un idéal de recherche de la vérité, s'opposa aux sophistes. En se confrontant au crépuscule du monde grec, il tenta de réformer Athènes sur la base d'une philosophie vouée à la compréhension de la véritable nature humaine. Voilà pourquoi il prit position contre les philosophes dont l'enseignement pragmatique entraînait une dépendance envers les systèmes. De plus, il s'efforça de prodiguer un enseignement d'une valeur éternelle. Pour lui, le marché, le coin de la rue, le banquet, tous les lieux où les êtres humains se rassemblaient étaient des endroits appropriés pour transmettre ses convictions à la jeunesse et combattre ce qu'il considérait comme des pratiques pédagogiques corrompues. Il entreprit de vrais dialogues et enseigna dans ce que l'on pourrait appeler une université sans bâtiment.

Platon fonda son académie en tant qu'héritier de la philosophie de Socrate. Il établit donc un lieu spécifique, mais le genre d'éducation dispensé là correspondait à l'humanisme prôné par Socrate. Dans l'Athènes de cette époque, on avait coutume d'utiliser le temps du repas pour discuter de toutes sortes d'affaires. Platon appliqua cette coutume à l'enseignement. De plus, il mena de vigoureux symposiums sur des sujets philosophiques et humanistes durant ces promenades avec les étudiants.

Les dialogues entre étudiants et enseignants reflétaient l'attitude de recherche de la vérité adoptée par Platon et ses disciples. L'Académie était fière de ce qu'enseignants et étudiants se proposent ensemble d'atteindre une vérité. Malgré de strictes conditions d'admission, comportant certains critères élitistes, l'institution reposait sur une foi dans la liberté et un désir de réformer la société par la philosophie. Hommes et femmes étudiaient ensemble, et l'école faisait preuve de vigilance contre toute tentative d'atteinte à la liberté de l'Académie de la part des autorités séculaires. Instituée environ quatre cents ans avant Jésus-Christ et fonctionnant pendant environ neuf siècles jusqu'à ce qu'un empereur romain ordonne sa fermeture, l'Académie joua un rôle majeur dans l'éducation spirituelle occidentale et, par ses méthodes de dialogue et de recherche concertée de la vérité, exerça une grande influence dans l'histoire.

La méthode d'enseignement de Shakyamuni, bouddha historique, représente un exemple encore plus ancien de l'utilisation profonde du dialogue. Shakyamuni employait le procédé des questions-réponses pour transmettre aux autres le contenu de son illumination sur les lois fondamentales gouvernant l'humanité et l'univers. Presque tous les sûtras sont rédigés sous forme de dialogues par lesquels Shakyamuni entre en contact direct avec la souffrance humaine et révèle la vérité sur sa propre illumination. Par la suite, on a compilé de vastes pans de la doctrine bouddhique, mais il ne faut jamais perdre de vue que le contact humain menant au raffinement du caractère et à la recherche de la vérité demeure la base de tout.

Que la Renaissance ait prôné un retour à la connaissance grecque donne une idée de la grande influence exercée par l'Académie de Platon. De même, les enseignements humanistes de Shakyamuni ont laissé leur empreinte sur presque toute l'histoire de l'Orient. Je crois que le pouvoir permettant d'exercer une telle influence est conféré par cet objectif essentiel : baser tous les efforts sur une quête de la vérité humaine et clarifier le fond de la nature de l'homme pour inspirer un raffinement moral. Tout apprentissage ou recherche de la vérité dépourvu de racines humanistes se condamne à être abstrait, futile, superficiel et stérile.

À présent, le monde court le danger de perdre de vue les fondements de la nature humaine. J'espère que chacun de vous tirera fierté du rôle pionnier d'une éducation pouvant guider les hommes sur la route du progrès historique et que vous suivrez le chemin de la culture et de la quête de la vérité dans l'espoir d'amener une véritable réforme humaniste de la société.

Une plus grande liberté spirituelle

Après ces réflexions sur la nature de l'université, j'aimerais vous demander d'être créatifs. Le nom de notre établissement – Université Soka – signifie université pour la création des valeurs. Cela veut dire que le but spirituel majeur de cette université est de créer les valeurs saines nécessaires à la société. De telles valeurs doivent être soit offertes, soit rendues à la société. Par conséquent, chaque étudiant ici doit cultiver ses capacités créatrices pour s'efforcer de contribuer à un avenir plus riche.

Une idée peut être brillante sans être nécessairement créatrice. Mais la seule production d'idées brillantes exige une base de culture générale très solide. Faire œuvre de création dans les domaines de l'érudition et du savoir requiert bien plus d'efforts encore. On pourrait comparer cela au sommet d'une montagne qui ne peut exister sans des fondations larges, profondes et fermes.

L'université représente le lieu adéquat pour établir de telles fondations. Malheureusement, bien que la plupart des universités bénéficient aujourd'hui de conditions leur permettant d'appliquer une telle politique, elles négligent généralement de diriger leur enseignement vers le but ultime de l'épanouissement humain. On n'y entraîne pas les étudiants à développer une personnalité créatrice. Je veux que l'université Soka soit différente. Elle doit devenir une institution débordant de vitalité et apporter de l'air frais à la société.

Un sol riche est nécessaire au développement de la créativité. D'où le rôle essentiel de la liberté spirituelle. L'autonomie de pensée et le travail créatif ne peuvent exister dans un contexte d'oppression ou de corruption. Ce n'est que lorsque l'esprit est libre d'explorer de vastes étendues que peut se développer une pensée d'une créativité inépuisable.

Il ne faut toutefois pas confondre liberté spirituelle et laxisme. Seule la conjugaison d'une vaste liberté et d'un haut degré d'auto-discipline permet un véritable développement. La liberté spirituelle ne signifie donc pas qu'on puisse penser et agir totalement au gré de nos désirs. Je la conçois plutôt comme un moyen de développer un point de vue très large grâce au dialogue pour parvenir à une pénétration élevée de la nature des choses. Dans l'Académie de Platon aussi bien que dans l'antique université bouddhique de Nalanda, régnait la liberté. Mais on y affrontait aussi la réalité. La pensée y était créatrice. Voilà précisément pourquoi l'Académie et Nalanda ont produit de riches héritages spirituels.

En bref, le développement de la liberté spirituelle se fait au prix d'un entraînement strict. Oxford et Cambridge sont des universités privées à la pointe de la recherche qui ont formé de grands savants passés à la postérité. Or, on applique aujourd'hui dans ces deux écoles un système pédagogique aussi strict qu'au Moyen Âge. Cependant, les étudiants y bénéficient d'un haut niveau de liberté pour se développer spirituellement et se préparer à agir dans la société.

Quelle est donc la source d'énergie permettant à l'homme d'accroître sa liberté spirituelle et d'élargir le champ de ses activités ? Soulever cette question nous ramène inévitablement au problème plus fondamental de la véritable nature de l'homme et à la philosophie qui fait naître, grandir et s'épanouir le potentiel humain.

Souvenez-vous que toutes les institutions dont je viens de parler reposaient sur l'humanisme. Le vrai développement du savoir, les riches floraisons culturelles relèvent d'une observation directe et d'un effort pour développer vie et humanité. Et c'est là la clé de la créativité. J'espère donc que l'université Soka tendra toujours vers un perfectionnement du savoir humaniste et un accomplissement scolastique. Je souhaite que chacun de vous avance dans ses études et dans la quête de la vérité jusqu'à devenir la source puissante d'un grand courant de réformes dans la société. Et je vous propose de vous déterminer à devenir des êtres humains créatifs dignes du nom de l'université Soka, université pour la création de valeurs. Sa tradition déjà brillante pourra alors grandir et s'élever, revitalisant ainsi l'éducation universitaire du Japon, actuellement en situation de chaos.

Fierté et dévotion

Je voudrais à présent aborder un autre sujet. L'année dernière, au cours d'un voyage fructueux en Angleterre, j'ai pu échanger des propos enthousiastes avec le célèbre historien Arnold J. Toynbee, sur des thèmes très variés, incluant l'histoire, la philosophie, l'art, la science et l'éducation. À notre première rencontre, je fus surpris par la façon dont M. Toynbee et sa femme me saluèrent. « *Je suis très honoré que vous ayez visité Oxford, mon université* », me dit-il. Et son épouse me tint des propos semblables à propos de Cambridge. Je m'étais certes rendu en Angleterre à l'invitation de ces deux universités, mais je ne m'attendais pas à être reçu de cette façon par M. et Mme Toynbee. Cette entrée en matière me révéla cependant leur fierté et leur dévotion envers Oxford et Cambridge.

Au Japon, les universités d'État bénéficient généralement de plus de prestige que les universités privées. Mais, aux États-Unis et en Europe, c'est souvent le contraire ; ainsi, Oxford, Cambridge et Harvard sont toutes des institutions privées. Les diplômés de telles écoles sont généralement très fiers de leur université d'origine et lui restent dévoués. Lorsqu'ils réussissent dans leur carrière, ils envoient des sommes considérables à leur ancien Collège, permettant ainsi d'améliorer les équipements et les services. Ne croyez cependant pas que je dis cela pour que vous vous hâtiez d'être célèbres afin d'envoyer des contributions à l'université Soka.

Même si, en leur qualité d'établissements éducatifs, elles jouent un rôle public, les universités privées ne dépendent pas du gouvernement. Fondamentalement libres, elles peuvent chercher à former des hommes et à réaliser leurs performances éducatives pour l'accomplissement de leurs propres articles de foi. En raison de leur autonomie, les universités privées ont pour seuls atouts ceux qui opèrent et étudient en leur sein. En ce sens, elles diffèrent des écoles publiques. À l'origine, le concept d'université recouvrait des institutions privées. L'université émergea spontanément et ne fut pas créée pour servir les intérêts de l'État.

Je veux que chacun de vous joue son rôle dans la création et le perfectionnement de l'université Soka. Ne considérez pas votre formation ici comme une simple accumulation de savoir. N'attendez pas de l'université un visa pour une bonne situation. Pendant la durée de vos études, ayez des dialogues pleins de vitalité avec vos professeurs et contribuez au développement d'une université vibrante et chaleureuse. Vous avez beaucoup à faire dans ce processus créatif parce que l'université Soka, de par sa nouveauté, ne possède pas encore de tradition pédagogique très ancrée. Je vous observerai et serai toujours prêt à vous offrir mon aide si je puis vous être utile.

Lorsque vous aurez quitté l'université Soka, continuez à y penser avec fierté. Veillez sur elle, ayez à cœur de lui offrir un soutien enthousiaste. Peut-être est-il un peu prématuré de parler de diplôme à de nouveaux étudiants, mais je veux que vous compreniez bien le fond de mon cœur : je désire vous voir toujours et en tout lieu fiers de votre école ; j'aimerais que vous éprouviez le type de sentiments dont témoignèrent M. et Mme Toynbee lorsqu'ils me remercièrent d'avoir visité leurs universités d'origine.

Cette université sera la vôtre, vous la construirez entièrement par vous-mêmes. Soyez-en fiers et éprouvez de la reconnaissance envers ceux qui l'admirent. En tant que fondateur de l'université Soka, je serais comblé s'il en était ainsi.

Une nouvelle renaissance

En un sens, la civilisation moderne se trouve à un tournant. L'humanité peut-elle survivre ? Telle est la question inquiétante qui s'impose à nous. La menace que les armements font peser contre la paix et une foi erronée dans un certain type de progrès semblent propulser l'humanité dans une marche de mort. Que faut-il faire – que pouvons-nous faire ? – pour permettre à l'humanité de survivre ? Des savants éclairés débattent maintenant assidûment de cette question.

J'affirme que, dans une telle époque, nous avons besoin d'une nouvelle renaissance de l'humanité. Je n'entends pas par là que les êtres humains constituent le centre de l'univers ou soient omnipotents. La renaissance à laquelle je pense doit leur permettre de vivre en harmonie avec toutes les autres créatures vivantes. Nous devons cesser d'être au service des machines et servir de nouveau les êtres humains. Cette renaissance doit nous aider à trouver le moyen d'accomplir cela.

Elle doit être une néo-renaissance, exigeant des renaissances simultanées et immédiates dans les domaines de la philosophie et du savoir. Sans aucun doute, si les êtres humains vouent leur attention à un nouveau désir de connaissances et adoptent une vision à long terme de leur condition, apparaîtra une nouvelle philosophie permettant la survie de l'homme. Une telle philosophie ne se contentera pas de rendre la survie possible, mais parrainera aussi la construction d'une nouvelle civilisation à la gloire de l'humanité. L'université Soka aura rempli son rôle si elle peut contribuer substantiellement à l'atteinte de cet objectif.

Voilà une tâche peu aisée. On ne peut tirer de conclusions claires à court terme. À l'évidence, la création de cette nouvelle civilisation requiert de nombreux débats obstinés et rigoureux, ainsi qu'une détermination à long terme. Mais si toutes les personnes associées à l'université Soka aujourd'hui et toutes celles qui s'associeront à elle dans l'avenir – partageant sans aucun doute la même opinion – coopèrent dans un esprit commun, notre but peut être atteint. Vivez pleinement et richement votre vie d'étudiant, non seulement en tant que représentants de cette institution mais aussi comme ses honorables fondateurs et créateurs. Que votre expérience ici vous serve de tremplin pour une vie plus riche après l'obtention de vos diplômes.

À partir de maintenant, je me consacrerai principalement à l'éducation, car je veux établir de solides fondations dans ce domaine pour les trois décennies suivant ma mort. Mener les êtres humains du XXIe siècle vers la paix et le bonheur constitue mon unique préoccupation. Aussi voudrais-je vous demander d'accepter la responsabilité de l'avenir de l'humanité. Du fond du cœur, j'invite nos professeurs à user de toute leur force pour faire de nos étudiants des êtres humains de qualité. Permettez-moi de conclure ces réflexions en exprimant mon espoir et ma fierté à l'idée du rôle que l'université Soka jouera pour l'avenir de l'humanité.

PHILOSOPHIE SCOLASTIQUE ET CIVILISATION MODERNE

Discours prononcé au second festival Takiyama de l'université Soka, Hachioji, Tokyo, le 13 juillet 1973.

Lors de la cérémonie d'ouverture du 9 avril, je vous ai fait part de mes réflexions sur l'origine de l'université Soka, en vous parlant de l'esprit de la Renaissance qui servit de base au développement de la civilisation moderne. Je vous avais alors expliqué que l'étonnante floraison de la Renaissance ne résultait pas d'une soudaine mutation, mais du courant inévitable de l'époque et d'une progression constante des hommes, quoique invisible, durant les temps qui avaient précédé. Les bourgeons de cette floraison s'étaient formés dans l'hiver de ce Moyen Âge que l'on appelle souvent l'âge obscur.

À présent, les arbres qui entourent cette université sont couverts de nouvelles feuilles vertes. Les bourgeons qui ont permis l'apparition de ces feuilles ne se sont pas développés brusquement au printemps. Leur venue a été soigneusement préparée pendant le dur froid de l'hiver. La véritable origine de l'éclosion se trouve en hiver, mais les arbres ne laissent apparaître leur nouveau feuillage qu'au printemps. On peut tenir un propos similaire sur la vie humaine. Les efforts quotidiens invisibles que chacun de nous faisons maintenant, alors que cette université n'est qu'au tout début de sa croissance, nos nombreux tâtonnements, préparent une brillante floraison de la culture mondiale.

On pense souvent que la philosophie scolastique n'est pas productive. J'aimerais en débattre aujourd'hui afin de montrer qu'elle représente aussi une période d'éclosion durable pour le bien de la civilisation à venir. Je crois en effet qu'une compréhension solide des événements qui ont marqué les périodes de transition rapides dans l'histoire du passé constitue la clé pour l'histoire du futur.

Naissance et arrière-plan de la philosophie scolastique

On appelle scolastique la philosophie qui s'épanouit en Europe aux XIIe et XIIIe siècles. Le mot « Schola », qui fait référence aux écoles attachées aux monastères de l'époque, se trouve, comme vous le savez tous, à l'origine du mot anglais « school ». Souvent considérée comme une simple philosophie officielle, la scolastique était parfois appelée la servante de la théologie, parce qu'elle défendait l'autorité des doctrines chrétiennes. Indéniablement, les philosophes et les penseurs dits « scolastiques » s'évertuèrent à justifier la foi dans les enseignements bibliques.

Voilà pourquoi la philosophie médiévale européenne en général, incluant la scolastique, en est venue à être considérée comme une vallée sombre entre les brillants sommets de la Rome et de la Grèce antiques et ceux de la Renaissance. Cette interprétation, qui nous vient des philosophes rationalistes modernes, est-elle correcte ? À notre époque où l'impasse du rationalisme annonce le début d'un nouvel âge, quelle valeur pouvons-nous accorder à la scolastique ? C'est à cette question que je vais à présent m'efforcer de répondre.

Tout d'abord, nous devons prendre en considération le contexte historique et social qui a vu la naissance et le développement de la scolastique. On peut distinguer deux grandes étapes dans la philosophie médiévale européenne. La première, comprise entre le Ier siècle de l'ère chrétienne et les VIIIe et IXe siècles, connut l'émergence de la philosophie patristique, appelée ainsi en l'honneur des Pères de l'Église qui laissèrent des explications écrites des enseignements du christianisme. Cette phase vit le christianisme s'étendre d'abord dans tout l'empire romain pour, après la chute de cet empire, gagner les tribus germaines qui faisaient alors leur première apparition majeure sur la scène de l'histoire. En d'autres termes, dans cette période initiale, l'Église se distingua par ses activités missionnaires. Le premier devoir des Pères de l'Église, au centre de leur activité missionnaire, consistait à systématiser les enseignements chrétiens et à les adapter aux modes de pensée traditionnels des Romains et des tribus germaines. Au cours de cette période, on mit donc l'accent sur le développement de la foi à une vaste échelle. Parmi les plus remarquables Pères de l'Église, on pourrait citer sainte Justine, Tertullien, Origène, et saint Augustin qui acquit la notoriété d'un philosophe universel. Dans la phrase bien connue considérée comme le cœur de la philosophie de Tertullien – « C'est impossible, donc je crois » –, on peut voir une cristallisation de la philosophie patristique, défenseur de la foi absolue. Et, dans « la Cité de Dieu », saint Augustin donne à la réglementation de l'église catholique une fondation idéologique en enseignant que, la cité de Dieu se manifestant sur terre, elle durerait éternellement, même après la chute de Rome, cité de l'Homme.

Une fois le christianisme fermement établi dans toute l'Europe, l'âge de la philosophie patristique arriva à son terme. La période comprise entre le IXe siècle et la Renaissance correspond à l'âge de la scolastique. On peut analyser les causes de l'émergence de cette philosophie sous de nombreux angles. Mais nous ne retiendrons ici que quelques éléments importants : l'unification de la société germaine sous Charlemagne, l'arrêt des forces islamiques, la renaissance carolingienne, et ce que l'on appelle aujourd'hui le développement des arts et de la culture. Les écoles religieuses et monastiques que j'ai désignées tout à l'heure sous le nom de « Schola » furent instituées avec l'appui de Charlemagne. La période d'activités missionnaires et de développement, marquée par une floraison de l'art et de la littérature, céda la place à une époque d'approfondissement et de mise en forme des doctrines chrétiennes. Saint Augustin et d'autres Pères avaient déjà peaufiné les doctrines de base. Il s'agissait maintenant d'en prouver la validité, de les relier entre elles, et de les systématiser.

L'Europe médiévale hérita des sept arts libéraux de la Grèce et de la Rome antiques – grammaire, rhétorique, dialectique, arithmétique, géométrie, astronomie, et musique. Comment relier ces sept arts à la théologie ? Tel fut le problème auquel s'attaquèrent les érudits de la période précédant la Renaissance. La philosophie aristotélicienne par le biais de contacts avec la société islamique exerça une grande influence. Il apparut alors essentiel de ne pas se préoccuper seulement des sciences prises individuellement, mais aussi de problèmes humains fondamentaux, tels que les rapports entre la raison et les révélations de la Bible, l'intellect et la foi, la philosophie et la théologie.

Séparer l'intellect et la raison de la foi

Le mouvement scolastique compta notamment, comme personnalités éminentes, Jean Érigène Scot, au IXe siècle ; saint Anselme et saint Abélard au XIe siècle ; Albertus Magnus, saint Thomas d'Aquin et Duns Scot de la fin du XIIe au XIIIe siècle ; enfin, citons Roger Bacon, précurseur des sciences naturelles modernes à la fin du XIIIe siècle. Je n'ai pas l'intention de détailler ici un par un les aspects majeurs des quatre siècles d'histoire de cette philosophie. Je voudrais plutôt en extraire quelques enseignements fondamentaux et, en y ajoutant quelques réflexions, examiner le courant général de son développement d'un point de vue moderne.

Né en Irlande, Érigène passa sa vie adulte en France ; on l'appelle tantôt le premier Père de la scolastique, tantôt le Charlemagne de ce mouvement, parce qu'il établit les fondations de la philosophie scolastique du Moyen Âge européen au moment même où le grand empereur instituait les bases de la politique médiévale. On peut résumer ainsi l'essentiel de la philosophie d'Érigène : la vraie religion est la vrai philosophie ; et réciproquement, la vraie philosophie est la vrai religion ; la philosophie rejette donc le scepticisme en matière de religion. Une telle attitude pourrait certainement s'appliquer aussi au bouddhisme. En tout cas, l'assertion d'Érigène révèle clairement l'intention scolastique fondamentale : affirmer l'unité de la religion et de la philosophie, de la foi et de la raison, et prouver le bien-fondé de cette conviction.

Reconnaissons qu'une telle démarche limita considérablement la philosophie scolastique en l'obligeant à fournir une preuve intellectuelle et rationnelle de la foi. Elle fut donc réellement la servante de la théologie. Le caractère absolu de la foi s'affirma comme une base fondamentale pour tous les philosophes scolastiques, et notamment pour saint Anselme qui disait : « Je crois parce que je ne sais pas. »

Saint Thomas d'Aquin et Duns Scot

Des glissements subtils produisirent néanmoins des nuances avec le passage du temps, comme l'atteste cette citation de saint Thomas d'Aquin : « *La foi, dans les limites que la raison peut appréhender, doit absolument être en accord avec la théologie. Mais la raison n'accède pas nécessairement à tout ce qui constitue la sphère de la foi. Il s'ensuit donc que dans tous les domaines inacessibles à la raison on ne peut saisir la vérité que par la foi.* » Voilà une prise de position qui marque un subtil glissement par rapport au point de vue initialement adopté par la scolastique selon lequel foi et raison ne font qu'un. Et l'on peut voir là un premier pas en direction du scepticisme envers le christianisme.

À l'époque de Duns Scot, on sépare déjà clairement raison et foi. D'où son affirmation : « *Rien ne limite la volonté divine. Elle est libre. Elle transcende la raison. La raison ne peut donc ni percevoir ni découvrir ses fondements. La théologie n'appartient pas au domaine de la raison mais seulement à celui de l'action.* »

Quoique cette évolution n'ait pas ébranlé la foi des philosophes scolastiques, elle conféra à la raison un rôle bien spécifique en la libérant de son asservissement à la foi et aux doctrines théologiques. La raison favorisa alors le développement de la philosophie moderne et l'éclosion du savoir, engendrant finalement des contradictions dans les doctrines de l'Église qui ébranlèrent jusqu'aux enseignements eux-mêmes. On peut donc dire en ce sens que la philosophie scolastique est la terre nourricière de notre époque et du monde actuel.

La culture propre au Moyen Âge

On vient donc de voir que la philosophie scolastique n'a pas seulement été la servante de la théologie et le symbole de l'âge obscur mais peut être perçue comme le point de départ du monde moderne. Une étude plus approfondie révèle que, par ce seul trait, la scolastique représente aussi une période illustre marquée par l'éclat d'une grande culture.

J'ai dit tout à l'heure que ce sont les philosophes rationalistes modernes qui ont décrit le Moyen Âge européen comme une époque d'obscurantisme entre l'Antiquité et les temps modernes. Une telle prise de position paraît cependant non appropriée : le Moyen Âge a en fait produit une culture bien spécifique, qui n'est en rien inférieure aux cultures antique et moderne. Et de ce point de vue on peut interpréter la civilisation moderne comme caractéristique d'une période de confusion et de déshumanisation causée par le déclin de la civilisation médiévale chrétienne.

En fait, le véritable âge obscur européen commença au Ier siècle, avec la chute de l'Empire romain, et dura jusqu'au IXe ou Xe siècle. Les grandes migrations germaines, la destruction de l'ordre social, l'arrêt du commerce, caractérisèrent en effet cette période. Une époque de pillages et de massacres mérite bien l'appellation d'âge obscur. Mais, du IXe au Xe siècle, on parvint à une stabilité sociale, les hommes se tournèrent hardiment vers des activités productives, et le courant vers la création d'une nouvelle culture commença à prendre de l'élan. Tout cela coïncide avec la naissance de la philosophie scolastique.

C'est aussi pendant l'âge scolastique que l'on érigea les églises et cathédrales que l'on peut encore voir aujourd'hui dans bien des villes européennes. Notre-Dame de Paris, les cathédrales de Chartres et de Cologne constituent autant de monuments à la gloire de la civilisation médiévale dont la réalisation n'est pas due aux autorités politiques. Ils proviennent de l'application des techniques et de la richesse rassemblées et mises au service de la foi religieuse. Ces monuments ne constituent-ils pas aujourd'hui les symboles des villes européennes, de l'histoire de leurs peuples et de la civilisation européenne en général ? On pourrait certes citer des monuments parisiens aussi remarquables que Notre-Dame d'un point de vue architectural, notamment le Louvre, l'Arc de triomphe, la tour Eiffel. Mais ce ne sont là que des vestiges de la gloire des monarques ou des membres des classes privilégiées. En tant que cristallisation d'une culture, soutenue par le cœur et l'esprit des citoyens ordinaires, ils sont loin d'approcher Notre-Dame.

Tout comme les cathédrales, modèles élancés de l'architecture gothique, constituent des symboles matériels de la culture florissante du Moyen Âge, la scolastique symbolise en elle-même l'esprit élevé de cette époque. La floraison du savoir donna naissance à une multitude de centres d'éducation comme ceux de Paris, Bologne, Oxford et Cambridge, où enseignants et étudiants se rassemblèrent pour former des universités. En fait, l'université d'aujourd'hui est un héritage de l'âge scolastique.

À la lumière du savoir moderne, on peut évidemment juger les sujets d'étude des philosophes scolastiques – et donc ce qu'ils enseignaient dans les universités – assez naïfs, voire erronés. Ils croyaient notamment que le savoir ne provenait pas de l'observation mais se trouvait dans les écrits de philosophes antiques tels que Platon, Aristote, et Euclide. Ils s'engageaient aussi dans de subtiles démonstrations pour ordonner le savoir, prouver la validité des doctrines théologiques, et organiser leurs connaissances. Pour cette raison, on les appela les « adeptes de la philosophie compliquée ». Néanmoins, même en admettant ces erreurs, on ne peut que reconnaître l'importante contribution de la scolastique à un niveau plus fondamental.

Les apports de la philosophie scolastique

Tout d'abord, et c'est là son apport essentiel, la scolastique constitua un guide clair de comportement dans la vie. Un guide établi sur la base d'une vision du monde complète et détaillée. Le philosophe espagnol Ortega y Gasset, dans son livre « Mission de l'Université », traite de ce point d'une façon particulièrement intéressante. « *Ce que l'on appelle aujourd'hui*

" culture générale " recouvre une réalité bien distincte de celle du Moyen Âge. La culture générale n'était pas seulement un simple vernis pour l'esprit ou une façon d'entraîner son caractère. Elle désignait au contraire le système d'idées, à propos du monde et de l'humanité, que possédaient les hommes de cette époque. Elle constituait par conséquent un répertoire de convictions qui devenait un guide effectif pour l'existence. »

Bien que cet extrait traite de la culture générale dans le cadre universitaire, sa portée dépasse la simple perspective scolaire, car il constitue une importante déclaration sur la nature de base du type de culture que les êtres humains devraient posséder. Ce que l'on appelle culture possède aujourd'hui un contenu très vague correspondant à ce que Ortega y Gasset appelle un « vernis pour l'esprit » ou au mieux « une façon d'entraîner son caractère ». Mais la véritable culture consiste en un « système d'idées, à propos du monde et de l'humanité » (ou de l'existence humaine) qui permet à une personne de se guider elle-même à partir de sa vie intérieure.

Dans un autre extrait, Ortega y Gasset dit : « *La vie est un chaos, une jungle confuse où l'homme est égaré. Mais son esprit se rebelle contre cet état de choses : il s'évertue à trouver des "routes", des "chemins" dans les taillis, qui prennent la forme d'idées claires et fermes sur l'univers, de convictions positives sur la nature des choses. L'ensemble, ou le système, de ces idées, constitue la culture au vrai sens du terme. Voilà qui définit précisément l'opposé d'un vernis superficiel. La culture sauve la vie humaine du désastre. Elle permet à l'homme de mener une existence qui soit plus qu'une tragédie sans signification ou une disgrâce intime.* »

Au Moyen Âge, la scolastique fut la source de ce type de culture. Son rôle n'a donc pas seulement consisté à préparer l'essor de la connaissance dans le monde moderne. Mais, si je la considère comme un sommet de la civilisation du Moyen Âge, c'est aussi parce qu'elle fut la source du type de culture décrit par Ortega y Gasset. Bien qu'il soit important pour une culture de préparer l'avenir, l'essentiel de son rôle me semble devoir tenir dans la contribution qu'elle apporte au présent et au développement des hommes de son temps.

Mais il est vrai que la scolastique ne s'attacha pas délibérément à l'amélioration de l'homme. Comme je le disais au début de ce discours, elle visait en fait à utiliser la raison pour cautionner la foi, à unifier les branches du savoir sous la tutelle de la théologie, et à renforcer ainsi le pouvoir de la foi chrétienne et des doctrines de l'Église. Cependant, la scolastique eut pour effet de faire fusionner l'hébraïsme et l'hellénisme, dont l'Europe avait hérité séparément de l'Antiquité, de les incarner en elle-même pour forger véritablement l'Europe et une vision de l'humanité authentiquement européenne.

Un prototype de civilisation venu d'Europe

D'un point de vue historique, la scolastique joua un rôle important en marquant le passage d'une culture méditerranéenne à une culture européenne. Les conditions politiques et économiques d'un tel changement avaient été évidemment réunies antérieurement. Mais dans les domaines intellectuel et spirituel, c'est durant l'âge de la scolastique que l'Europe se détacha de sa dépendance envers la civilisation méditerranéenne.

Depuis ses origines jusqu'au XIIIe ou IXe siècle, le christianisme eut pour scène principale d'activités le monde antique situé autour du bassin méditerranéen. Les premiers centres religieux s'appelaient Alexandrie, Cappadoce, et Rome. Saint Augustin naquit et œuvra à Hippone, dans l'ancienne Numidie, qui appartient maintenant à l'Algérie.

L'expansion de la sphère d'influence de l'islam aux VIIIe et IXe siècles mit un terme à la suprématie culturelle de la civilisation méditerranéenne. Les adeptes de l'islam s'assurèrent le contrôle de la Méditerranée, et le christianisme fut réduit au silence à l'intérieur même de l'Europe. Plus tard, Charlemagne réalisa l'unification du monde germanique et, même si son territoire fit l'objet d'un morcellement politique après sa mort, il continua cependant à aller dans le sens de l'unité culturelle.

Malgré bien des vicissitudes, incluant la Renaissance, la Réforme, et le nationalisme moderne, la civilisation européenne s'est développée et disséminée dans le monde entier jusqu'à devenir ce que l'on peut appeler la civilisation d'aujourd'hui. Laquelle s'est constituée dans ses lignes essentielles aux XIIe et XIIIe siècles, à l'âge de la scolastique. Celle-ci constitue donc le modèle spirituel de base de la civilisation européenne moderne. Par ailleurs, que des foyers de culture tels que Paris, Oxford et Cambridge – tous centres d'étude scolastique – continuent d'exercer une influence fondamentale indique que le courant spirituel originel de cette philosophie n'a pas cessé de couler.

Mais les nombreux développements historiques issus de la scolastique ont parfois revêtu des formes grossières et cruelles et atteignent aujourd'hui un terme tragique. La perte de l'humanité et la dénaturation de la civilisation symbolisées par la pollution de l'environnement sont évidentes aux yeux de tous. L'université, autrefois source d'énergie créatrice en matière de culture, est au bord de la faillite. Et l'on peut dire sans exagération que l'université traditionnelle est en passe de perdre sa position de leader dans le domaine de l'étude et du développement humain.

Nous nous trouvons à un tournant entre deux époques où la renaissance de l'université s'avère nécessaire. La forme que cette université peut prendre est sans doute d'intérêt secondaire. Mais il est vital qu'elle s'appuie sur une nouvelle philosophie, et voit la floraison d'une scolastique moderne, dans le meilleur sens du terme. Cette nouvelle philosophie de revitalisation de l'homme doit reposer sur la vraie religion et être centrée sur la foi véritable, celle qui unit les sphères du savoir, de la raison, des émotions, des désirs et aspirations et donne à chacune sa place appropriée. Il nous faut construire une culture digne de ce nom qui établira clairement la place de l'homme au sein de la vie universelle et tracera un chemin lumineux dans la dense et chaotique forêt d'aujourd'hui.

Cette université doit rassembler les êtres humains déterminés à trouver la philosophie nécessaire et à la mettre concrètement en pratique. Ce sont les hommes et les idées, non les bâtiments et les équipements, qui font l'université. Une université au sens le plus fort du terme, c'est-à-dire un lieu où se réunissent les hommes dotés d'une philosophie capable d'ordonner le chaos de la vie, un puissant noyau d'énergie qui détermine l'époque et crée la culture.

La scolastique s'est aujourd'hui effondrée, la religion sur laquelle elle reposait ayant perdu son pouvoir. Jamais dans l'histoire l'esprit religieux n'a autant fait défaut qu'à notre époque ; jamais l'homme n'a eu à ce point besoin de salut. Voilà la réalité que nous devons affronter, avec laquelle nous devons vivre. Soyons conscients que notre plus pressant devoir aujourd'hui consiste à établir une philosophie qui puisse résoudre les problèmes et nous guider au sein du contexte actuel, et à fonder une nouvelle religion comme source de cette philosophie. Quelle peut donc être la mission d'une université amenée à porter avec fierté la responsabilité de l'avenir ? J'aimerais conclure mon intervention sur cette question, fermement convaincu que chacun d'entre vous a déjà la réponse en son cœur.

PORTEZ L'ÉTENDARD DE LA PAIX

Discours prononcé à la cinquième réunion générale des étudiants de la NSA (Nichiren Shoshu Soka Gakkai des États-Unis), Hachioji, Tokyo, le 9 octobre 1973.

Tout d'abord, permettez-moi de vous féliciter sincèrement pour cette cinquième réunion générale des étudiants de la NSA qui se tient en cette saison d'automne féconde où la nature japonaise est au sommet de sa luxuriance et de sa beauté. Plus qu'un simple rassemblement d'étudiants du Japon et des États-Unis, cette réunion a pour sens – et en fait symbolise – l'unité des hommes qui se consacrent à la Loi mystique, sagesse suprême du monde, et à l'avenir de l'humanité. Transcendant les considérations de nationalité et de race, cette réunion de jeunes érudits bouddhistes, événement sans doute sans précédent dans les trois mille ans d'histoire de cette religion, est pleine de promesses. Voilà pourquoi, en exprimant mon profond respect à tous les participants ici présents, j'aimerais vous confier mes espoirs pour l'avenir du monde et de l'humanité.

Comme je l'ai déjà souvent fait dans le passé, je voudrais une nouvelle fois vous donner des indications utiles pour votre avenir et le restant de votre vie. Ce qui m'amènera à parler de la nature même du XXIe siècle ou, plus précisément, du combat que nous devons mener pour construire ce XXIe siècle. Je suis convaincu qu'il sera le siècle de la vie. On y verra la philosophie de la vie, devenue source de toutes les autres philosophies, révolutionner les êtres humains de l'intérieur. On y concrétisera le respect de l'humanité dans tous les domaines, on fera de la sagesse humaine le support ultime. Des hommes sensibles commencent à prendre conscience que, sans une telle sagesse, on ne peut se développer davantage et que la survie même de l'humanité est en jeu.

Le XXe siècle a vu le monde contrôlé par la lutte entre communisme et capitalisme, mais ces deux philosophies et conceptions de l'humanité ne s'expriment qu'en termes économiques et sociaux. Comme vous le savez, les préjugés et la haine causés par le conflit entre ces deux idéologies incomplètes ont conduit à la déshumanisation et à la destruction de l'environnement de notre civilisation. L'homme réclame maintenant un support spirituel plus profond et plus élevé que le communisme et le capitalisme. Je suis convaincu que seul un mode de pensée fondé sur la philosophie de la vie peut répondre à cette demande.

Vous qui vous êtes engagés fermement dans la philosophie de la vie de Nichiren Daishonin êtes les pionniers du XXIe siècle. Du fond du cœur, j'espère que vous lutterez pour construire de nouveaux idéaux basés sur cette philosophie dans les domaines qui seront les vôtres.

Le savoir constitue essentiellement un système appliqué à différents domaines et construit sur la base de lois qu'une longue accumulation de connaissances a permis de découvrir. Il a émergé de la sagesse humaine en rapport avec la vie quotidienne. Dans son sens le plus vrai, il se trouve donc profondément enraciné dans la vie quotidienne au sein de laquelle il a grandi et s'est épanoui, et entretient avec elle des relations intimes. En d'autres termes, le savoir représente plus que la simple connaissance : il est la sagesse. Cependant, à cause de la croissance explosive de la société industrielle, de la compartimentation et de la spécialisation qui l'ont accompagnée, il a délaissé l'étude de l'homme et de la sagesse humaine jusqu'à ne plus exister que dans l'intérêt de la connaissance. Ainsi, le savoir moderne s'avère impuissant face aux maux de notre civilisation tels que la menace des armes nucléaires, la destruction de l'environnement, et la corruption spirituelle. En fait, c'est la quête de la connaissance pour la connaissance qui est à l'origine de ces maux.

Voici donc venu le temps de la renaissance du savoir ; il faut retrouver la conscience de sa mission originelle. Jean-Jacques Rousseau disait que, dans la multitude des domaines de la connaissance humaine, celle que l'homme a de lui-même, quoique la plus utile, reste la moins avancée. Un tel propos est toujours pertinent à notre époque. Je pense que le bouddhisme offre l'explication la plus claire de la nature humaine ; inspiré par la sagesse de cette religion, le savoir peut retrouver son rôle qui est d'étudier la sagesse. Il n'existe pas d'autre moyen de sortir du labyrinthe dans lequel se trouve le savoir moderne. Une culture d'un type plus élevé peut alors nous guider dans la construction du siècle prochain en tant que siècle de la vie.

L'éducation, qui consiste à cueillir les fruits du savoir, est également le support sur lequel ce dernier repose. Dans ce domaine aussi, je voudrais proposer la création d'une organisation internationale pour la coopération éducative, génératrice de forteresses spirituelles de paix à l'intérieur du cœur des hommes.

En Occident, le pouvoir est traditionnellement divisé en trois secteurs, le législatif, le judiciaire et l'exécutif. Il y a longtemps que j'insiste pour qu'on ajoute un quatrième secteur indépendant : l'éducatif. L'éducation joue en effet un rôle essentiel, celui de cultiver l'individu. De plus, c'est à elle qu'incombe la responsabilité d'enseigner à chaque homme le respect absolu de la vie. Elle ne doit donc pas vivre sous la tutelle du pouvoir politique. Et si l'on a certes créé l'UNESCO pour le bien de la coopération internationale dans les domaines éducatif, scientifique et culturel, bien que cette organisation ait pour idéal de construire la paix, on ne peut nier que, dans sa structure actuelle qui donne le pouvoir aux nations, elle soit, comme les Nations unies elles-mêmes, sujette à de considérables influences politiques. Je crois donc nécessaire d'établir de toute urgence un secteur éducatif indépendant et de créer une organisation éducative orientée vers la paix à l'échelle mondiale. Une telle organisation doit être libre de tout contrôle politique.

J'espère que vous tous qui appartenez au système éducatif, en tant qu'enseignants, parents et proches jouant ce rôle à domicile, étudiants de facultés ou de lycées, ou éducateurs expérimentés, contribuerez à construire cette organisation internationale pour la coopération éducative en vue de l'établissement de la paix mondiale et d'une coopération harmonieuse à l'échelle de la planète. Par ailleurs, j'attends de chacun de vous, membres du département des Étudiants – et je m'adresse là aux membres japonais, bien sûr, mais aussi plus particulièrement aux membres américains –, que vous soyez les leaders de ce mouvement.

En tant qu'étudiants dotés de grandes connaissances, d'émotions pures, et possédant l'enthousiasme de la jeunesse, vous devez porter l'étendard de la construction de la paix. J'ai jugé opportun de vous parler aujourd'hui d'une organisation internationale pour la coopération éducative, parce que je suis convaincu que c'est vous qui en assumerez la responsabilité. Je vous demande à présent du fond du cœur de faire le premier pas significatif dans cette direction et d'utiliser votre sagesse pour l'abolition de la guerre et l'élimination de la violence, vous qui êtes les ambassadeurs de la paix chargés de construire le nouveau siècle.

LA FAMILLE MONDIALE

Discours prononcé à la dixième réunion générale de la NSA (Nichiren Shoshu Soka Gakkai des États-Unis), Taiseki-ji, Fujinomiya, le 11 octobre 1973.

Je suis heureux de participer aujourd'hui à cette réunion avec des citoyens venus des États-Unis, nation fière de sa liberté et de son indépendance. Socrate disait autrefois qu'il n'était ni athénien, ni grec, mais citoyen du monde. J'ai moi aussi fortement conscience d'être un citoyen du monde. J'ai échangé des poignées de main et engagé des conversations avec des gens de bien des pays. J'ai observé chez tous les mêmes vérités humaines. Dans les yeux de tous – Européens, Africains, Asiatiques et Américains –, j'ai vu les mêmes larmes et la même lumière. J'ai l'intention de poursuivre mes voyages autour du monde jusqu'à ma mort, parce que je crois que nous n'avons pas tant besoin de négociations politiques entre nations que de négociations de vie à vie entre individus.

Je veux que cette conférence annonce la naissance d'une famille mondiale. Durant les trois mille ans d'histoire du bouddhisme, on n'a probablement jamais rien vu qui égale ce rassemblement de trois mille citoyens des États-Unis, ici, au pied du mont Fuji. Je souhaite déclarer à toute l'humanité que c'est un événement sans précédent et une page sublime de la glorieuse histoire à venir.

On peut dire que la naissance des États-Unis modifia l'histoire du monde. Des hommes de toutes origines, fuyant l'oppression politique, quittèrent leur pays natal en quête d'une terre idéale sur le continent américain. Leur chemin fut difficile. Bien des pages de leur histoire sont tachées de sang et marquées par la sueur de la lutte.

La bataille pour l'indépendance des États-Unis en 1776 fut plus qu'une révolution politique. Elle s'affirma comme un combat pour assurer l'égalité entre les êtres et leur droit inné à la liberté. En rompant avec l'absolutisme et le féodalisme, elle exerça ensuite une influence considérable sur la Révolution française, modifiant ainsi l'histoire du monde. Et bien que j'entende dire aujourd'hui que les États-Unis se trouvent confrontés à bien des difficultés, comme l'exprime la formule de David Riesman, « la pauvreté dans l'abondance », je suis convaincu qu'un noble et précieux esprit d'indépendance et de liberté vit encore au fond du cœur de tous les citoyens américains.

J'aimerais que vous preniez conscience que le bouddhisme représente une source d'énergie infinie pour un esprit libre. De nombreux jeunes gens, fortement perturbés par l'époque moderne, ont retrouvé leur vitalité grâce à cette force spirituelle revivifiant le désert urbain d'aujourd'hui.

Le bouddhisme de Nichiren Daishonin n'est pas la propriété exclusive des Japonais, des Américains, des Anglais, des Français, ou de tout autre peuple. C'est le joyau contenu dans la vie de chaque personne, le bouddhisme destiné à chaque être humain, quel que soit l'endroit où il se trouve. Mais, naturellement, les adeptes du bouddhisme contribuent au bien-être de leurs sociétés et nations respectives, chacun selon ses propres moyens et capacités.

Des hommes de races diverses se sont rassemblés pour constituer les États-Unis. J'espère que l'Amérique, en s'appuyant sur une religion mondiale, prouvera qu'il est juste de poursuivre un idéal de bonheur, d'égalité et de liberté au XXIe siècle.

Une religion vraiment digne de ce nom doit être l'alliée des personnes qui souffrent, quelles que soient leur nationalité ou leur race. On peut lire dans le *Gosho* : « ... *Une personne a atteint la boddhéité et, à sa suite, tout le monde peut également atteindre la boddhéité.* » (*Gosho Zenshu*, p. 564.) Tous les hommes sont égaux en tant qu'êtres humains. Et je sens dans la démocratie américaine un esprit en accord avec celui du bouddhisme. Peut-être parce que le bouddhisme de Nichiren Daishonin, de par sa nature essentielle, s'adresse aussi bien à l'Orient qu'à l'Occident. J'espère donc que cette conférence marquera pour vous tous, mes amis américains, l'aube d'un nouveau chapitre de l'histoire humaine et que, avec l'« esprit pionnier » de la Loi mystique, vous formerez une grande famille en combattant pour le bonheur de l'humanité et du monde, et la cause de la paix.

UNIR L'HUMANITÉ À L'ÉCHELLE MONDIALE

Discours prononcé à la trente-sixième réunion générale de la Soka Gakkai, Osaka, le 16 décembre 1973.

Notre société se trouve aujourd'hui à la croisée des chemins. Le temps est venu d'abandonner la foi dans le matérialisme et la croissance économique pour croire à l'humanité et à la vie. Voilà pourquoi nous avons décidé d'appeler 1974 « année de la société ». Je suis convaincu que l'année de la société de la Soka Gakkai peut montrer la voie des valeurs humaines essentielles.

La situation du monde en 1974

Nous devons maintenant faire face à de sombres perspectives. La crise pétrolière, provoquée par le conflit entre Israël et les nations arabes, et l'aggravation du mal déjà chronique que représente l'inflation menacent le monde d'une dépression comparable à celle de 1929 en partie responsable de la Seconde Guerre mondiale. Presque tous ceux qui ont réfléchi à ce problème s'entendent pour dire que le Japon sera sévèrement touché par la dépression de 1974, en particulier parce qu'il a besoin d'importer son pétrole et la plupart de ses matières premières. Si la crise pétrolière continue d'empirer, dès le printemps 1974, l'économie japonaise se trouvera gravement bouleversée. Durant ces dernières années, le taux de croissance de l'économie japonaise s'est maintenu aux alentours de dix pour cent. Mais maintenant certains prévoient un taux de croissance économique nul, voire même, dans le pire des cas, une récession économique pour l'année à venir. Le Japon doit donc être prêt à résister au plus grave revers financier depuis la fin de la Seconde Guerre mondiale. Ayant tout misé sur une économie de croissance, notre pays doit se préparer à affronter une crise d'ampleur nationale. Cependant, ce seront les gens ordinaires et les petites et moyennes entreprises qui essuieront le gros de la tempête.

Des signes de troubles sérieux se manifestent déjà. De grands commerces spéculent sans scrupule sur certaines marchandises, les prix commencent à monter anormalement, les consommateurs stockent frénétiquement des produits de base de crainte qu'ils ne viennent à manquer, des petites et moyennes entreprises font faillite, et l'on voit des gens ruinés avoir recours au suicide familial comme seul moyen de sortir d'une situation désespérée. L'air cruel et sauvage qui enveloppe le Japon rappelle la sombre période de la Seconde Guerre mondiale et des années d'immédiat après-guerre.

La crise de 1929 joua un rôle significatif dans le déclenchement de la Seconde Guerre mondiale. On dit souvent que l'histoire se répète. Et la possibilité que la situation économique actuelle provoque une nouvelle guerre constitue une de mes plus grandes sources d'inquiétude. Les feux de la guerre ne sont pas encore éteints au Moyen-Orient. Les problèmes relationnels entre la Chine et l'URSS n'ont toujours pas été résolus. La tension se poursuit en Amérique latine et dans les pays d'Asie voisins du Japon. 1974 sera à l'évidence, tant sur le plan politique que sur le plan économique, une année-test.

Certaines personnes, inquiètes et pessimistes, affirment que le Japon a suivi jusqu'à présent une voie erronée et qu'aucune mesure ne peut alléger la crise. Le Japon récolte maintenant le fruit de son avidité tournée exclusivement vers son propre équilibre et sa prospérité. Tout est en régression, et nul rempart ne nous protège de la vague des troubles qui menace de s'abattre sur nos têtes.

D'autres considèrent que les responsables du Japon ont à tort concentré toute leur attention sur la prospérité économique et se sont montrés indifférents au bien-être des autres nations et de leurs peuples. Un penseur d'un autre pays, dont je respecte profondément l'opinion, déplore ce qu'il appelle l'isolationnisme spirituel caractéristique du Japon. Je partage cette vision de l'attitude japonaise et insiste sur le fait que, si notre nation veut jouer un rôle significatif dans la société internationale, elle doit s'extraire d'un tel isolationnisme.

Cela ne signifie pas qu'il faille négliger les difficultés d'ordre économique ; mais je suis convaincu que les plus grands problèmes auxquels nous soyons confrontés mettent en jeu des questions fondamentales telles que la nature de l'humanité, la meilleure façon de vivre pour les êtres humains, et la contribution que le Japon peut apporter au bien-être des autres peuples du monde. On pourrait penser que traiter de ces aspects maintenant revient à contourner le vrai problème, mais je crois au contraire que tout espoir d'amélioration dans les autres domaines passe d'abord par la résolution de telles questions.

La nécessité de changer fondamentalement d'attitude

L'histoire du progrès humain est marquée par une série de changements dans les modes de pensée. L'humanité a constamment recherché de nouveaux buts, tremplin pour un plus grand développement. La théorie grecque de Ptolémée, qui affirmait que la terre était statique et que le ciel tournait autour, a ouvert la voie à la théorie copernicienne d'une terre en mouvement. Et au XXe siècle, l'émergence de la théorie d'Einstein sur la relativité a considérablement changé notre façon de voir.

Des changements aussi majeurs ne se sont cependant pas produits sans rencontrer d'oppositions. Les êtres humains ont tendance à se figer dans des schémas auxquels ils s'accoutument. Des habitudes de pensée et d'action s'enracinent alors profondément jusqu'à devenir une force réactionnaire empêchant toute exploration de voies nouvelles. Et cela vaut à la fois pour les individus et pour la société.

Le peuple japonais est habitué depuis longtemps à un schéma de pensée très solidement ancré ; il ne voit le monde qu'à partir de son propre point de vue. Il est vrai que la plupart des individus se mettent ainsi au centre du monde et ne voient les autres qu'à travers leurs propres yeux. Mais il importe cependant d'essayer de se regarder avec les yeux des autres. L'individu doit avoir conscience que le monde n'est pas centré sur lui, tout comme il apprit autrefois que le système solaire n'est pas centré sur la terre.

Cela peut s'appliquer aussi aux nations. Jamais dans son histoire le Japon n'a eu autant besoin de changer sa vision des choses. Il doit impérativement cesser de ne se voir qu'à travers ses seuls yeux et tenter de découvrir comment les autres peuples et nations le perçoivent. Il s'agit donc de transformer fondamentalement notre façon d'approcher tous les phénomènes. Car ce sont des aberrations dans l'approche fondamentale de la vie qui ont conduit le Japon à la situation désespérée d'aujourd'hui. À qui la faute si la nation est actuellement en proie à un mélange confus d'égoïsmes en conflits ? Certains ne vivent que pour leurs propres privilèges et avantages ou pour ceux des clans et factions auxquels ils appartiennent. En ne poursuivant que le gain économique, quelques-uns de nos concitoyens se sont attiré le mépris des nations avec lesquelles ils traitent. Des professeurs préoccupés par leur seule réputation académique ridiculisent les hommes ordinaires. De prétendus critiques utilisent leurs plus belles phrases pour faire leur propre éloge. Ceux qui se considèrent comme membres d'un groupe d'élite, quel qu'il soit, tirent injustement profit de ceux qui sont extérieurs à ce groupe privilégié. Il est maintenant temps d'élever un miroir devant le peuple japonais afin de lui permettre de se réexaminer.

Jamais autant qu'aujourd'hui les responsables et le peuple de cette nation n'ont eu à réorienter d'urgence leur approche fondamentale vers une juste vision des choses. Mais cela ne peut résulter d'une réflexion ou de changements superficiels dans la façon d'approcher les affaires concrètes. C'est la force de vie qui soutient toute la pensée humaine ; il faut donc changer fondamentalement notre attitude envers cette force-là. L'homme moderne a avant tout besoin d'un retour à la philosophie de la vie qui constitue le noyau du bouddhisme.

Protéger les droits de tous les peuples

Plus que la crise économique, c'est l'effrayante ressemblance entre l'état actuel des choses et le contexte entourant la fin de la République de Weimar d'où émergea le nazisme qui me préoccupe le plus actuellement.

Bien que de nombreux aspects du nazisme méritent d'être très sévèrement critiqués, sa plus grande faute tint peut-être dans la façon dont il bafoua la liberté spirituelle et l'absolue dignité de la vie des hommes qui ne partageaient pas ou rejetaient les opinions nazies. À chaque fois que l'occasion se présente, je rappelle à tous ceux avec qui j'entre en contact que le respect de la dignité humaine et de la liberté spirituelle constitue depuis l'origine le cœur et la mission du bouddhisme. La crise de notre époque s'accentuant, nous devons réaffirmer comme un article essentiel de notre foi cette détermination à soutenir la liberté spirituelle, la dignité de l'homme et la vraie démocratie. À cette fin, voici quelques mesures concrètes.

Tout d'abord, nous devons nous consacrer davantage à la protection de l'actuelle constitution japonaise, et tout particulièrement de l'Article 9, qui interdit toute action militaire et rejette le droit de belligérance. J'ai l'intention de mettre l'accent sur ce point, particulièrement pour les départements de la Jeunesse et des Étudiants.

La seconde mesure est en rapport avec la liberté spirituelle. Nous devons évidemment faire tout notre possible pour assurer notre propre liberté de religion et de croyance. Mais en plus, s'il apparaît que les autorités essayent d'utiliser la violence pour voler à d'autres leur liberté spirituelle, même si les philosophies et croyances des peuples concernés diffèrent des nôtres, nous devons leur offrir toute la protection possible au nom de la dignité humaine. Parce qu'il s'agit là d'un principe immuable du bouddhisme, j'insiste sur le fait que nous devons accorder notre protection à ceux qui n'ont pas la même religion que nous et même à ceux qui rejettent la religion dans son ensemble. Je veux graver en chacun de vous la conviction que cette attitude de protection fait partie de notre mission en cette aube de l'« année de la société ».

Dans le premier chapitre du *Rissho Ankoku Ron (Traité sur la pacification du pays par l'établissement de la Loi correcte)*, *Nichiren Daishonin tient un propos qui s'applique de manière surprenante à notre époque : « Quand un pays connaît des troubles, ce sont d'abord les esprits qui montrent des signes de désordre. Et parce que les esprits sont faussés, le peuple du pays tout entier est troublé.* » (*Gosho Zenshu*, p. 19.) Comme le montre ce passage, il faut, en période de troubles, se mettre à l'écoute d'une grande philosophie à l'histoire vénérable. Dans le *Ongi Kuden*, autre écrit de Nichiren Daishonin, « les esprits démoniaques » sont présentés comme des êtres qui ôtent toute humanité à la vie, et nous privent de bonne fortune. En d'autres termes, ils représentent les forces qui, chez l'homme, détruisent la vie elle-même et nous enlèvent le bonheur. En langage moderne, elles représentent la nature démoniaque de la vie. Et il faut entendre par démoniaque l'état dans lequel l'homme se trouve lorsqu'il est totalement sous le contrôle de son propre ego. Quand la nature démoniaque d'une vie humaine se déchaîne, cette vie représente la condition décrite par l'expression « les mauvais esprits en émoi ».

Le mot « pays » dans le titre peut évidemment être pris au sens littéral, mais sa signification est aussi très proche de celle du mot « société ». À chaque fois que l'unité totale qui devrait exister entre l'homme et son environnement naturel est perturbée, on peut voir, à la racine du problème, l'opération de l'ego humain ou, plus fondamentalement, l'opération de la nature démoniaque de la vie. Et cette perturbation a pour effet de plonger tous les êtres dans le trouble ; le pays entier va vers la destruction. Dans la société actuelle, les esprits démoniaques s'agitent de plus en plus violemment. Et l'on ne peut soulager la détresse du pays si les êtres humains ne perçoivent pas leur existence et leurs fonctions dans la nature essentielle de la vie.

Un forum de l'humanité

Dans nos villes surpeuplées, des grands espaces où les êtres humains puissent se détendre sont certainement souhaitables.

Mais on ne peut les créer sans d'audacieux programmes de réaménagement urbain. De plus, cette tâche relève du domaine politique. En tant qu'individus, nous ne pouvons pas entreprendre de projets de réaménagement urbain à vaste échelle pour donner à l'homme moderne des lieux concrets de détente et de repos, mais nous pouvons générer une ambiance de coopération et d'unité entre les hommes. De tels lieux généreraient le même climat de détente et de stimulation qu'autrefois les plazas, les squares et les forums, dans la vie quotidienne de l'homme, et c'est pourquoi je les appelle « forum de l'humanité ».

Au Japon, les gens n'ont pas l'habitude des forums et des places. Et il ne fait aucun doute que, d'un point de vue pratique, ils considéreraient comme pur gâchis la démolition d'immeubles pour libérer des espaces qui ne seraient pas destinés à des projets de construction ou au développement des transports pouvant soulager la pression dans des villes surpeuplées.

Mais d'un point de vue occidental, la place, qui constitue apparemment un espace inutile, a longtemps joué un rôle important dans la vie urbaine. Ainsi, l'agora apparaissait indispensable dans la cité de la Grèce antique, car les citoyens se réunissaient là pour mener des transactions commerciales, se détendre, et débattre de toutes sortes de questions. On pourrait dire la même chose des forums des villes romaines. De même, dans les villes européennes du Moyen Âge, on construisait toujours autour d'une place les églises et les bâtiments officiels qui constituaient le cœur de la vie citadine.

De par la multitude des fonctions concrètes qu'ils desservent, places et forums deviennent un noyau ; il s'y développe un sens de l'unité parmi les hommes qui s'y rendent dans un esprit d'indépendance, d'égalité, et de liberté. Un esprit qui, par exemple, aida les Grecs à résister à l'Empire perse, dont les citoyens n'étaient rien d'autre que les esclaves d'un système autocratique, parties insignifiantes d'un tout. Les Grecs étaient fiers de leur liberté, inspirée par l'agora, cette place au centre de leur vie quotidienne.

Ce propos peut aussi s'appliquer d'une certaine façon aux villes européennes du Moyen Âge. Lorsqu'on pense à cette époque, on ne prend généralement en considération que l'aspect fermé du système féodal. Mais il ne faut pas oublier que des contrats entre individus libres constituaient la base même de ce système. Et ce furent les espaces urbains, particulièrement les places, qui libérèrent les hommes des éléments plus restreignants du système et les aidèrent à développer une société libre. Des personnes dotées d'une conscience de liberté, d'indépendance et d'égalité, dirigèrent les cités médiévales ; la place apparut en réponse au besoin d'un lieu où les citoyens puissent communiquer. Si les places contribuèrent indéniablement à cultiver l'esprit humain, l'essentiel reste donc que c'est l'esprit de l'homme qui a généré les places.

Voyons maintenant le cas du Japon. On trouve apparemment dans l'histoire de ce pays des équivalents à la place européenne. Ainsi, les villes situées dans la proximité immédiate des temples et lieux de pèlerinage, représentaient autrefois des zones sacrées où les hommes se rassemblaient. On pourrait considérer comme des places les riches plantations autour des entrées principales des temples et autres lieux de culte, ou les grands espaces libres devant les palais et châteaux. Les immenses jardins intérieurs et extérieurs du sanctuaire Meiji à Tokyo en sont un bel exemple. Mais, comme le fit justement remarquer un critique d'art, de tels lieux diffèrent fondamentalement de la place de type européen. Ils représentent des espaces intermédiaires entre les endroits dits séculaires et les lieux considérés comme sacrés. Leur fonction est d'inspirer un sentiment de solennité à ceux qui s'y rassemblent. Là, les hommes sont censés chasser de leur esprit et de leur cœur les impuretés du monde séculier.

Il ne faut pas que le Forum de l'Humanité, place spirituelle où tous les hommes peuvent se retrouver en paix, soit ainsi coupé de la réalité. Nous devons développer un forum – c'est-à-dire une atmosphère spirituelle – où l'on se rassemble pour débattre des questions fondamentales, se réjouir, se détendre en toute indépendance, librement, et sur un pied d'égalité. Oui, notre forum doit être pour l'homme un hâvre de paix et de régénération. Aujourd'hui, le pouvoir politique s'accroît, et les êtres humains sont condamnés à n'être que des matricules dans une société bureaucratique. Même en Europe d'où nous vient l'idée de forums, moteurs de la vie sociale, les places se réduisent à de simples espaces formels.

Je considère donc urgent de redonner sa place au forum par une attitude spirituelle qui exalte la liberté, la coopération, et la chaleur humaine. Contrairement aux agoras des cités grecques, aux forums romains, ou aux places médiévales, le Forum de l'Humanité serait illimité dans le temps et l'espace. Il s'étendrait à tous les êtres humains.

Je crois donc que l'homme d'aujourd'hui a un besoin urgent de réveiller la compassion envers ses semblables inhérente à sa vie. J'ai lu un jour un document illustrant bien le type de sentiment qu'il faut mettre en valeur. Ce document vient de Pologne où, paraît-il, pendant plusieurs siècles, tout était écrit en latin. Découvert dans une abbaye, il constitue le premier document répertorié en polonais vernaculaire. Datant du XIIIe siècle, il rapporte les propos d'un paysan qui observe sa femme au travail, dans un moulin à blé. « *Laisse-moi faire. Je peux bien broyer un peu le grain, moi aussi. Va donc te reposer un peu.* » Ces propos tout simples ont traversé le temps pour nous montrer la chaleur et la compassion que nous devons éprouver les uns pour les autres. Et je crois que nous pouvons trouver ce sentiment dans le bouddhisme. En fait, quand tous les êtres humains auront acquis leur véritable humanité – ce fort amour des autres qui donne son vrai sens au bouddhisme –, le Forum de l'Humanité verra le jour dans un nombre toujours croissant de pays et s'étendra au monde entier.

Donner naissance à une humanité unie spirituellement, concrétisant cette assemblée d'hommes libres que les anciens Grecs avaient le sentiment d'avoir développé, voilà ce que nous devons accomplir. Nous, qui sommes baignés par l'eau fraîche et revitalisante de la foi dans la philosophie de la vie deviendrons, j'en suis convaincu, les précurseurs de ce mouvement. Je veux que chacun d'entre vous – et je suis sûr que vous partagez avec moi ce désir – aille de l'avant en tant que pionnier pour la construction d'un Forum de l'Humanité, où paix et vie atteignent leur plénitude.

Loi bouddhique et société

Dans le *Hakumai Ippyo Gosho (Sur le don de riz)*, un passage explique la relation entre Loi bouddhique et société. « *Comparant ces phrases à une citation du sixième volume du Sûtra du Lotus " Rien de ce qui concerne la vie et le travail n'est en quoi que ce soit différent de la réalité ultime ", Miao-lo le Grand enseigne que les deux premiers sûtras, bien que très profonds, restent superficiels lorsqu'on les compare au Sûtra du Lotus. Alors qu'ils établissent une relation entre les affaires profanes et la loi bouddhique, le sûtra du Lotus explique que les affaires profanes, en définitive, sont le bouddhisme.* » Tous les autres sûtras affirment que le monde séculier et la Loi bouddhique doivent être pensés séparément et que le bouddhisme se trouve dans les profondeurs de la loi de la société. En d'autres termes, le bouddhisme est la base de la société. Cependant, dans le Sûtra du Lotus, société et bouddhisme apparaissent comme une seule et même entité : la société est le bouddhisme. Le Sûtra du Lotus, enseignement ultime du bouddhisme, ne se contente donc pas d'affirmer le lien étroit entre bouddhisme et société : il établit que tous deux ne font qu'un.

Je voudrais maintenant parler des quatre souffrances inhérentes à la vie – naissance, vieillesse, maladie et mort – du point de vue de l'unité du bouddhisme et de la société. Vous n'ignorez pas que le bouddhisme vise essentiellement à affronter et à dépasser les souffrances causées par la naissance, la tristesse de vieillir, la douleur de la maladie, et la peur de la mort. Shakyamuni quitta le palais de son père pour affronter les quatre souffrances qui appartiennent de façon essentielle et inéluctable à la vie.

Cependant, les êtres humains détournent complètement les yeux de la réalité des quatre souffrances poursuivant les mirages de la gloire, de la richesse, et du pouvoir. Si une personne ne résout pas le problème de la nature transitoire et de l'instabilité de sa propre vie, toute la gloire et le pouvoir obtenus, aussi éblouissants soient-ils, ne reposent que sur du sable et sont voués à disparaître un jour sans laisser de traces. Car tout cela n'est qu'illusion. Mais quelle solution le bouddhisme propose-t-il au problème des quatre souffrances ? Le bouddhisme Hinayana enseigne que l'on doit reconduire sa vie à l'état de *ku* (vacuité), se libérant ainsi du cycle de l'existence éphémère, de la naissance, du vieillissement, de la maladie et de la mort, pour, de cette façon, gagner un état appelé Nirvana.

Selon le bouddhisme Mahayana, il existe au contraire un élément constant au cœur même de l'inconstance de la transmigration. Tout au fond de la vie elle-même, le Mahayana découvre un royaume non soumis à l'éphémère de la vie et de la mort, un royaume immuable et indestructible.

Appliqués concrètement, les enseignements du Hinayana mènent au rejet du monde réel. Le Mahayana – surtout tel qu'il est exprimé dans le Sûtra du Lotus – accepte la réalité telle qu'elle est. En percevant et en manifestant la source de la vie dans la réalité, le Sûtra du Lotus nous libère de l'assujettissement à une succession de naissances et de morts sans lien entre elles ; établit une humanité inébranlable et authentique, libérée de la transmigration ; donne une constance à tous les efforts humains. Plus qu'aucun autre enseignement, le Sûtra du Lotus affronte directement la réalité et fournit une philosophie révolutionnaire pour l'amélioration de cette réalité.

Seul le Sûtra du Lotus me semble offrir une telle philosophie. En voici la raison. Bien que les autres sûtras proposent une révolution constructive de la réalité, ils s'avèrent incapables d'établir clairement la philosophie nécessaire à un remodelage de la vie humaine. Or, il s'agit là de la clé de tout le problème. La révolution fondamentale reposant sur la philosophie de la vie trouve une réalité constante profonde à l'intérieur même de l'inconstance et du changement de la transmigration. Cette réalité immuable est la Loi de *Nam Myoho Renge Kyo*. Le Sûtra du Lotus établit clairement que ceux qui luttent pour l'illumination par l'étude et l'action atteindront la boddhéité et que chacun des dix états de vie contient en lui-même les neuf autres. Quand les neuf états – c'est-à-dire tous les états, sauf l'état de bouddha – perçoivent la Loi mystique inhérente à eux-mêmes, ils transcendent les souffrances de la naissance, de la vieillesse, de la maladie et de la mort, et deviennent immuables. En langage figuratif, je pourrais comparer cela au soleil qui, en s'élevant au-dessus de l'horizon de l'inconstance, change un triste monde de ténèbres en un monde étincelant où dansent des vagues d'or et d'argent.

Plus simplement encore : la foi que nous partageons n'existe pas en dehors de la vraie société humaine et ne vise pas l'atteinte d'un royaume transcendant lumineux. Non, notre foi n'a rien à voir avec cela. Notre philosophie lui permet de briller dans la boue et la poussière de la société humaine bien réelle.

Les fruits de la société humaine – culture, activités sociales, économie, politique, et éducation – deviendront de précieuses manifestations de la vie humaine s'ils tirent leur force de la philosophie du Sûtra du Lotus. Le lotus de la Loi ne brille pas dans un quelconque paradis lointain. Il plonge profondément ses racines dans le sol de notre monde réel et fleurit à profusion ici, là où nous sommes. Le vrai bouddhisme n'essaie pas d'éluder les questions de la naissance, de la vieillesse, de la maladie et de la mort. Il se confronte à ces problèmes et permet aux êtres humains de gagner le statut de professeurs de vie culturelle et sociale.

Lorsque société et culture vont à l'encontre des désirs et des devoirs dignes de l'humanité, elles ne peuvent plus protéger la vie humaine comme elles le devraient. Et l'effet des quatre souffrances s'en trouve intensifié. En de telles circonstances, la société et la culture sombrent dans un autoritarisme et un formalisme oppressants. C'est alors que la sagesse et la compassion bouddhiques ont pour mission de revitaliser et de révolutionner la société.

Dans le *Gosho,* Nichiren Daishonin compare le bouddhisme au corps et la société à l'ombre. Quand le corps se penche, l'ombre fait de même. Voilà pour donner une idée de la décision personnelle que nous devrions prendre, en tant que bouddhistes, si nous voulons accomplir notre tâche et régénérer la société actuelle. Du fond du cœur, je vous demande de combattre pour la réalisation de cette tâche avec sagesse et persévérance sans jamais vous décourager.

Nous ne pouvons accorder aucun crédit à ceux qui se laissent ballotter par les vagues rugissantes de la société telles des herbes sans racine. Soyons bien conscients que les seules personnes de valeur sont celles qui ont les pieds sur terre et agissent par conviction, avec sincérité et un grand sens des responsabilités.

L'importance d'un foyer heureux

La famille constitue la cellule de base reliant l'individu à la société ; elle inclut en effet la plupart des fonctions sociales – éducation, économie, politique, et divers éléments culturels. Protéger et cultiver le foyer, s'assurer qu'il est toujours un lieu de bonheur durable et de pureté sont des façons de témoigner de la vraie nature du bouddhisme dans la société. La réussite des foyers contribue à la réforme de la société. À l'inverse, si le foyer n'apparaît pas comme une forteresse spirituelle, les principes bouddhiques ne se manifesteront pas à l'extérieur.

En insistant sur l'importance du foyer, je n'entends pas rejoindre le courant, populaire au Japon, selon lequel chacun ne doit se sentir concerné que par ses propres affaires domestiques. Non, je souhaite plutôt que le foyer se développe comme une entité ouverte capable d'avoir des effets positifs sur la société. Il constitue en effet le point de jonction entre l'organisation sociale et l'individu ; mais ce n'est que lorsqu'il est paisible et agréable qu'il peut apporter une contribution positive à la société, laquelle peut alors à son tour se développer sur la base de fondations fermes.

Une révolution différente

N'oublions pas que notre mouvement vise une révolution religieuse comme le monde n'en a encore jamais connu. Évidemment, on ne compte plus les mouvements révolutionnaires dans l'histoire. À chaque fois ou presque, une équipe dirigeante de révolutionnaires professionnels s'est octroyé le contrôle des activités, tandis que les masses en retrait leur prêtaient leur soutien moral et financier.

Le plus souvent, les révolutions ont été accomplies à l'intérieur d'une double structure. Les dirigeants, soutenus matériellement par des gens plus ou moins inactifs, sacrifiaient leur vie privée et se consacraient tous les jours, vingt-quatre heures sur vingt-quatre, à la révolution. Quoique ses dirigeants l'aient présentée comme un mouvement de masse des classes laborieuses, la révolution communiste se conforma indéniablement à la structure double classique, avec un groupe de révolutionnaires professionnels qui assumaient la direction et prenaient les initiatives de son déroulement.

On trouve un phénomène semblable dans le domaine religieux. Ainsi des missionnaires chrétiens qui se livrent à leurs tâches de missionnaire, tandis que les hommes de leurs pays d'origine les soutiennent financièrement. Dans le bouddhisme aussi, il était chose courante de voir des moines abandonner leur foyer pour propager la foi avec le soutien matériel des laïcs.

Ce système a eu pour conséquence, entre autres, de séparer les dirigeants révolutionnaires des masses. Les dirigeants ne vivant et n'œuvrant que pour la révolution, on pourrait dire, de manière imagée, qu'ils se retrouvèrent coupés du vrai monde de l'expérience ; leurs théories rencontraient alors difficilement les émotions et les idées émanant de la vie quotidienne des hommes. De telles théories connaissent souvent l'un de ces deux destins : soit elles débouchent simplement sur des plans vides, dépourvus de toute signification, purement théoriques, ou elles tournent à l'idéalisme sauvage. Dans l'un ou l'autre cas, leur mise en pratique tend à les radicaliser et elles causent alors souvent de grandes effusions de sang. Certains dirigeants révolutionnaires ont préféré aller jusqu'à l'anéantissement plutôt que de voir l'honneur de leur cause terni. Nous avons connu de tels révolutionnaires ; la raison profonde de leurs actions provient d'une tendance inhérente à la double structure.

La révolution pacifiste prônée par la Nichiren Shoshu refuse et rejette la double structure. Nous devons développer un mouvement révolutionnaire qui fasse un usage significatif du temps libre des hommes. Car par une telle approche nous pouvons provoquer une révolution réaliste intimement liée aux actes de la vie quotidienne. Contrairement aux révolutionnaires professionnels classiques, nous ne sacrifions pas nos façons de vivre à la cause de notre mouvement. Mais nous faisons à la fois de notre travail et de notre foyer l'objet de notre attention et la scène de nos activités.

Voilà une des raisons pour lesquelles nous attachons tant d'importance à notre foyer et à notre lieu de travail. Et cela s'accorde avec la nature profonde du bouddhisme de Nichiren Daishonin, formulé pour le bien des hommes ordinaires. Continuer à transmettre à d'autres le sens de notre foi ne nous oblige donc pas à adopter – et je dirais même que nous devons nous garder d'adopter – l'attitude détachée du révolutionnaire professionnel. Nous devons saisir que si nous n'attachons pas l'attention nécessaire au foyer et à la vie familiale, au travail et au lieu de travail, nous ne pourrons accomplir notre tâche révolutionnaire. Mais si nous faisons de nos foyers et de nos lieux de travail de solides forteresses à partir desquelles mener à bien notre noble mission avec sang-froid et dévotion, nous perfectionnerons le système de notre mouvement, phénomène unique dans l'histoire du monde.

Du fond du cœur, je vous demande de vivre chaque jour avec le sourire et la détermination de faire de votre foyer un hâvre de paix, véritable point de départ de nos efforts à tous pour l'accomplissement de notre mission. Je souhaite que la construction d'un foyer paisible et heureux devienne un des buts permanents de la Soka Gakkai et que chaque membre de notre organisation consacre un maximum d'efforts pour faire de son foyer une preuve inébranlable du pouvoir et de la valeur de notre foi.

Unir l'humanité à l'échelle mondiale

Notre pensée doit s'ouvrir à des domaines de plus en plus larges. Nous partons de l'individu, puis passons à la famille et à la petite société qui l'entoure. De là, nous devons inclure les membres de la société géographique, historique et culturelle dans laquelle nous vivons – pour nous, la société japonaise. Mais il ne faut pas en rester là. Nous devons ouvrir notre horizon jusqu'à la famille humaine.

L'humanité est une, mais recèle une immense diversité, ce qui nous donne la chance de faire un bon usage de nos différences en élargissant notre champ de vision tout en établissant fermement notre humanité commune. Quelles que soient nos différences de langues, d'aspects physiques, de façons d'être, de coutumes ou de traditions culturelles, nous avons bien notre humanité en commun. Dans l'année à venir, il nous faudra combattre pour une société consciente que nous sommes tous citoyens du monde. J'espère en ce sens que ladite « année de la société » sera marquée par une plus grande compréhension mutuelle et des échanges positifs entre peuples aux modes de vie différents. Car il me paraît indispensable d'utiliser cette année pour répandre notre message de paix parmi les autres nations.

Nous avons déjà accompli quelques pas dans cette direction. Dans bien des régions du globe, les organisations de la Nichiren Shoshu offrent une gamme d'activités étonnante. En mai 1973 a été créé l'Institut européen de la Nichiren Shoshu ; en août, la Ligue de la Nichiren Shoshu pan-américaine ; le 13 décembre, le Conseil culturel bouddhiste de l'Asie du Sud-Est. En réponse à cette progression, nous avons changé le nom originel de Centre général international en Centre général de la Nichiren Shoshu internationale. De plus, nous projetons de créer une organisation chargée de promouvoir la paix mondiale, qui portera le nom provisoire de Centre international de la Nichiren Shoshu. Corps indépendant, ce Centre aidera nos organisations à se développer dans de nombreux domaines.

Toutes nos organisations se trouvent à des stades de croissance différents selon les pays. Mais les différences de nature tiennent surtout aux divers motifs d'adoption du bouddhisme, aux caractéristiques nationales et ethniques. Il en résulte qu'aucun organe central ne peut faire valoir ses directives ou maintenir un contrôle sur tous ces groupes. Chacun doit avancer indépendamment à partir de l'enthousiasme et du sens des responsabilités de ses membres. Respecter la nature propre aux divers peuples fait partie de l'esprit de propagation universelle de notre foi. Et ce qui est valable pour les organisations à l'étranger l'est aussi pour les organisations locales japonaises. Le Centre international de la Nichiren Shoshu devrait lui-même faire du respect de l'indépendance des organisations d'autres pays un de ses principes fondamentaux et devrait lutter pour encourager et soutenir cette indépendance.

Pour l'heure, ces organisations comptent cependant trop peu de membres individuellement pour s'engager dans de grandes activités. En ce sens, en tant qu'organisation sœur, la Soka Gakkai du Japon doit les aider à se développer le plus possible.

Vous savez tous que dans bien des parties du monde nos amis se consacrent intensément à leur foi religieuse avec un sens très vif de leur mission et de leur responsabilité dans la propagation de la foi. En général, les Japonais, de par leur nature insulaire, ont tendance à ne se préoccuper que d'eux-mêmes. Mais le bouddhisme de Nichiren Daishonin est destiné au monde entier. Nous devons donc adopter un point de vue mondial et reconnaître notre appartenance à la famille humaine tout en combattant pour ouvrir notre cœur et devenir des personnes à dimension internationale qui contribuent au bonheur de l'humanité et à la création à l'échelle planétaire d'une république véritablement humaine.

J'aimerais maintenant parler de la partie *Jigage* du chapitre *Juryo* du Sûtra du Lotus que nous récitons matin et soir. Le *Ongi kuden*, compilation des enseignements oraux sur le Sûtra du Lotus que Nichiren Daishonin dispensa à ses proches disciples, contient une explication de ce passage. Nichiren Daishonin affirme que la liberté est inhérente à notre vie, de par sa véritable nature ; et que notre vie est identique à la vie universelle. Un autre passage du *Ongi kuden* nous dit que la vie universelle se manifeste en nous sous la forme de la nature de bouddha. En d'autres termes, l'univers est la vie, son fonctionnement représente la pulsation de la vie qui, en chaque être humain, équivaut à l'immense pouvoir de la vie universelle. Laquelle est la Loi qui pénètre à la fois chacun de nous et tout l'univers.

Victor Hugo a dit que, si le ciel est plus vaste que la mer, le cœur humain l'est encore plus. Le bouddhisme fait un pas de plus en affirmant que le cœur humain – c'est-à-dire la vie à l'intérieur de chaque homme – est aussi vaste que tout l'univers. Vu de l'extérieur, le vaisseau physique de notre vie n'apparaît guère que comme une embarcation de faible envergure. Mais, si l'on éclaire l'intérieur, on peut vraiment découvrir ce qu'est notre vie : quelque chose qui s'étend au-delà du royaume de la conscience dans l'immensité du monde subconscient.

Les spécialistes reconnaissent maintenant que la vie contenue dans l'être humain ne fait qu'une avec celle des plantes et des autres animaux. Voici déjà près de trois mille ans que le bouddhisme a perçu cette identité entre la vie de l'homme et la vie de tous les phénomènes. D'un point de vue individuel, le bouddhisme ne vise qu'à permettre à chacun de manifester la vie qu'il partage avec l'univers. Sans aucun doute, il n'existe pas d'autre moyen pour rectifier les erreurs de notre civilisation et élever ses aspirations que d'éclairer puissamment cette dimension de vie sans limites, propulsant ainsi la philosophie bouddhique sur le devant de la scène.

Forger l'avenir aujourd'hui

J'ai rencontré récemment l'éminent biochimiste et philosophe américain René Dubos. Nous avons eu une conversation passionnante sur bon nombre de points, incluant la transmigration et la nature de la vie humaine. J'ai demandé à M. Dubos quel serait selon lui le destin du communisme, du capitalisme et du nationalisme au XXIe siècle et laquelle de ces idéologies constituait à ses yeux la voie idéale pour le salut de l'humanité.

Ma question lui parut difficile et, après m'avoir fait part de ses réflexions, il déclara que les idéologies de ce type avaient déjà perdu leur pouvoir créatif. Selon lui en effet, elles sont devenues autocratiques en ce sens qu'elles considèrent tout d'un point de vue conflictuel et ne s'attaquent qu'aux aspects politiques et économiques de la nature humaine. M. Dubos croit qu'il est maintenant temps de s'attacher aux aspirations humaines essentielles et universelles. Il ajouta que notre tâche au XXIe siècle consisterait à réexaminer l'humanité en tant que source de ces aspirations et à réorganiser notre système social de manière à pouvoir les satisfaire. Et il exprima son assentiment lorsque je déclarai que le XXIe siècle devait être un âge de profond respect de la vie. Et nous sommes tombés d'accord pour considérer que les hommes doivent retourner à la source de leur humanité, point de départ d'un nouveau développement.

Il faut que le XXIe siècle s'ouvre sur le combat sincère pour l'amélioration de l'homme. Nous devons nous mettre à la tâche, fermement convaincus que les générations à venir feront l'éloge de notre travail. Des temps difficiles menacent la construction d'une société réaliste. Mais je veux que chacun de vous manifeste le trésor inhérent à sa vie en récitant fidèlement *daimoku*. De plus, j'aimerais que vous fassiez de votre vie quotidienne une forteresse de foi et que vous trouviez votre voie au sein des difficultés actuelles en faisant appel au formidable pouvoir de votre vie.

Dans le *Sado Gosho*, Nichiren Daishonin dit : « *Un homme arrogant est terrassé par la peur lorsqu'il est confronté à un puissant ennemi, exactement comme cet Ashura orgueilleux qui rapetissa et se cacha dans une fleur de lotus, sur le lac Munetchi, lorsque Taishaku lui fit des remontrances.* » (*Gosho Zenshu*, p. 957.) Ce passage révèle que l'homme orgueilleux, lorsqu'il rencontre un puissant ennemi, recule invariablement et tente de s'entourer d'un mince filet de protection. Mais, pour peu qu'adviennent des temps encore plus durs, le mur s'affaisse et tombe – comme la colère de Shura – dans un lac d'eau glacé. Et l'on voit alors une vie de rêve oisif se briser pour se changer en une vie de misère. Celui qui, avec une bravoure constante, suit le chemin d'une foi inébranlable est le véritable monarque du genre humain. Un tel monarque n'a pas besoin de couronne, de gloire extérieure, de fastes ou de pouvoir. Il n'a pas besoin de théories ou de plans vides. Car aucun de ces éléments ne révèle la lumière qui brille au tréfonds de l'esprit humain. Nous savons tous combien la société peut ternir et ravager toutes les formes de vie. Ce n'est pas d'aujourd'hui que des railleries envieuses font souffrir les hommes intègres. Mais aussi noire que soit l'obscurité du mal, elle peut être dissipée grâce au brillant miroir de la Loi bouddhique. Je vous demande à tous de vivre courageusement avec une grande confiance dans notre mission de propagation universelle du bouddhisme orthodoxe. Joignez-vous à moi pour brandir la bannière de l'humanité et consacrer 1974 à préparer la voie pour un nouveau siècle de l'homme.

VOUS AVEZ LA RESPONSABILITÉ DE L'AVENIR

Discours prononcé à la vingt-deuxième réunion générale du département de la Jeunesse de la Soka Gakkai, Kita-Kyushu, le 20 janvier 1974

Les années de jeunesse semblent passer très vite. Du fond du cœur, je vous demande d'utiliser au mieux votre jeunesse en portant notre foi à tous les peuples du monde. Lors de la trente-sixième réunion générale de la Sokka Gakkai, qui s'est tenue le 16 décembre 1973 au Nakanoshima Central Public Hall d'Osaka, j'ai dit que l'année 1974 serait appelée « année de la société » et qu'elle marquerait le départ de la propagation de notre foi à l'échelle planétaire. Afin d'expliquer comment ce mouvement doit se développer, j'aimerais commencer mon discours par quelques réflexions sur la situation à l'étranger.

Combattons ensemble pour apporter la foi à tous les hommes

Le bouddhisme de Nichiren Daishonin est actuellement présent dans plus de cinquante nations représentant toutes les parties du monde, à l'exception de la sphère communiste. Mais je sais bien que ce sont les États-Unis qui, parmi toutes nos organisations, regroupent le plus de membres et s'engagent avec le plus de joie dans notre tâche religieuse. Le 11 octobre 1973, trois mille membres de ce pays se rassemblèrent au temple principal Taiseki-ji, dans la préfecture de Shizuoka. Une telle réunion revêt une signification très particulière pour nous et pour la croissance de notre mouvement.

En 1279, Nichiren Daishonin donna au monde le Dai-Gohonzon afin qu'il serve d'objet fondamental de vénération à toute l'humanité. Les participants de la réunion d'octobre étaient certes tous les citoyens d'une seule et même nation. Mais il y a sept cents ans, quand Nichiren Daishonin nous donna le Dai-Gohonzon, les ancêtres de ces membres habitaient un peu partout, en Europe, en Asie, et en Afrique. Voilà pourquoi une assemblée de citoyens américains représente plus qu'une congrégation de membres de la Nichiren Shoshu d'un seul pays. Elle équivaut à une cérémonie religieuse pour toute l'humanité. Et prouve ainsi la justesse de la prophétie faite il y a des siècles selon laquelle le bouddhisme orthodoxe se répandrait dans toutes les parties du monde.

Dans le *Kangyo Hachiman Sho (Remontrances à Hachiman)* et dans le *Kenbutsu Mirai Ki (Sur les prédictions du Bouddha),* Nichiren Daishonin disait que le vrai bouddhisme serait propagé en direction de l'ouest ; autrement dit, du Japon vers la Chine, puis de la Chine vers l'Inde, et de là vers le reste du monde. On peut penser que la remarquable floraison des groupes de la Nichiren Shoshu américaine – situés à l'est du Japon – contredisent cette prédiction, mais je ne le crois pas ; ce phénomène me semble au contraire revêtir une profonde signification d'un point de vue bouddhique.

N'oublions pas que, à l'époque de Nichiren Daishonin, on ne connaissait pas le continent américain. Des hommes vivaient certes déjà là-bas. Des peuples mongoloïdes, qui avaient effectué la traversée à partir de l'Asie par le détroit de Béring, y avaient développé des cultures d'un niveau élevé ; vers l'an 1000 de l'ère chrétienne, des Norvégiens visitèrent des parties de la côte est de l'Amérique du Nord. Mais dans la sphère culturelle européenne, on ignorait l'existence des habitants du continent américain.

Puis en 1492 – soit environ deux siècles après la mort de Nichiren Daishonin –, Christophe Colomb découvrit le Nouveau Monde ; depuis cette époque, des hommes d'Europe, d'Afrique et d'Asie s'y rendirent pour vivre et travailler ensemble. Nombreux sont les motifs et causes qui amenèrent ces êtres en Amérique. Certains, ne pouvant tolérer l'oppression qui régnait dans l'Ancien Monde, y recherchèrent une liberté économique ou spirituelle. D'autres furent emmenés là contre leur volonté, victimes de cruels marchands d'esclaves. Quoi qu'il en soit, toutes ces personnes vécurent ensemble et, tout en maintenant certains éléments de leur propre culture, construisirent la société et la nation appelées aujourd'hui les États-Unis. C'est la nature composite de cette société qui me semble profondément significative d'un point de vue bouddhique.

Je suis convaincu que les précoces et rapides progrès de la Nichiren Shoshu sur le continent américain – qui constitue de fait une version concentrée du monde entier de par la nature éclectique de ses habitants – prouvent que le bouddhisme de Nichiren Daishonin, bouddhisme du soleil, deviendra la croyance des hommes du monde entier et se développera jusqu'à s'affirmer comme la vraie religion universelle.

Lors de la trente-sixième réunion générale annuelle, j'ai fait part de mon intention de voyager autant que possible à l'étranger cette année en espérant encourager ainsi nos amis membres de la Nichiren Shoshu, stimuler les échanges culturels entre les peuples, et établir des fondations pour une plus grande propagation de notre foi. Comme première étape de ce programme, à la fin janvier, j'ai l'intention de me rendre à Hong-Kong et dans les pays d'Asie voisins. Le bouddhisme de la Nichiren Shoshu est destiné au monde entier et tous les peuples ont également droit à la compassion de Nichiren Daishonin. Aussi faut-il agir rapidement pour éviter de perdre du temps. C'est pourquoi, en raison de mes responsabilités envers les pratiquants du monde entier, je devrai m'éloigner un moment du Japon. Pendant mon absence, je confie à vos soins le bien-être de nos membres.

Je voudrais maintenant parler un peu de la société actuelle. Sur ce plan, le *Rissho Ankoku Ron (Traité sur la pacification du pays par l'établissement du bouddhisme orthodoxe)* constitue l'enseignement essentiel et le plus complet que nous ait laissé Nichiren Daishonin. À lui seul, le titre résume son ardent désir de voir tous les hommes prendre conscience de la nature de bouddha inhérente à leur vie, réaliser la paix dans la société et installer le bonheur dans leur vie. Dans l'introduction de cet ouvrage, un passage dit : « *Un voyageur nouvellement arrivé se lamentait ainsi auprès de son hôte : "Depuis plusieurs années, des désordres inhabituels dans les cieux et des événements étranges sur terre se produisent, la famine et la peste se déclarent et se répandent dans le pays tout entier. Les bœufs et les chevaux gisent morts dans les rues et les squelettes encombrent les rues. Plus de la moitié de la population a déjà été frappée et dans chaque famille il y a des deuils à déplorer".* » Il y a quelques mois, alors qu'un parfum de prospérité emplissait l'air, nombreux étaient ceux qui considéraient probablement ce passage comme un simple témoignage sur une situation lointaine. Mais, plus récemment, les media se sont fait l'écho de nouvelles qui rappellent des tragédies plus anciennes.

L'inflation constitue un problème particulièrement grave. Un article récemment paru dans le journal de langue japonaise, *Asahi Shimbun*, a mis le doigt sur la cause possible de ce fléau, à savoir que la soudaine flambée des prix au Japon pourrait bien relever d'une sorte de dérèglement suicidaire provenant du milieu des affaires. L'article poursuivait en soulignant qu'on ne pouvait résoudre le problème en critiquant ce phénomène ou le milieu particulier qui l'a engendré. Car il résulte au fond de la dévotion à la seule poursuite du profit. Laquelle produit un effet de panique chez les consommateurs et la thésaurisation des produits par les distributeurs qui espèrent ainsi faire encore monter les prix. En conclusion, l'article appelait à l'union des consommateurs.

Quelles que soient les statistiques examinées, il apparaît clairement que la montée des prix de ces dernières semaines est sans commune mesure avec la pénurie des matières et des biens de consommation. L'avidité, les intérêts égoïstes se sont imbriqués pour produire la situation actuelle qui révèle en elle-même le bas niveau spirituel des chefs d'entreprise. En d'autres termes, le mal inflationniste est à l'évidence lié à la condition spirituelle des hommes. Et si l'avidité conduit à un aussi triste état les affaires du pays, on peut être certain qu'elle est également sensible dans les entreprises japonaises à l'étranger. Que les Japonais suscitent des réactions défavorables dans les pays d'Asie voisins ne peut en ce sens qu'effrayer. Et l'on prédit pour un avenir proche des problèmes avec l'Amérique du Sud.

Une réforme spirituelle de notre société apparaît donc

extrêmement urgente. J'ai déjà dit que le développement d'un esprit de coopération amicale à l'échelle mondiale, prenant en compte la liberté d'action, constitue un de nos buts pour l'« année de la société ». J'ai appelé symboliquement cela le « Forum de l'Humanité ». La réalisation de ce forum et de la révolution humaine à l'échelle individuelle doit aller de pair avec la réforme spirituelle de la société. Pour nous, la réunion de discussion représente la base sur laquelle doit reposer chacune de nos pensées et de nos actions liées à ce but. Nous devons donc combattre pour améliorer nos réunions de discussion afin de les rendre plus efficaces. Je compte sur vous pour accomplir cela avec un esprit d'engagement dans un combat de la plus haute valeur.

Les troubles auxquels nous sommes aujourd'hui confrontés – inflation, incendies, accidents de la circulation, pénurie de certaines denrées alimentaires, sécheresse et autres – se rangent dans la catégorie des calamités. Voici ce que disait à ce propos, dans son commentaire sur le *Rissho Ankoku Ron*, Nichikan Shonin, vingt-sixième grand patriarche de la Nichiren Shoshu :

« *Je vais maintenant vous parler brièvement des trois causes de calamités selon l'enseignement bouddhique fondamental. La première est l'influence du karma de tous les hommes. Ce qui revient à dire que le mauvais karma, qui naît avec l'individu, provoque les calamités. La deuxième cause concerne les souverains qui n'assument pas leur rôle spécifique en s'appuyant sur la raison. Autrement dit, quand les souverains adoptent une attitude peu claire et tournent le dos aux enseignements et à la raison, intervient la sanction des divinités bouddhiques. Laquelle se manifeste par des calamités... La troisième cause est la calomnie de la vraie Loi. Comme il est dit dans quatre sûtras (le* Kongo-myokyo, *le* Daishikkyo, *le* Ninnokyo, *et le* Yakushikyo*), les hommes ordinaires et les souverains provoquent des désastres qui sont la conséquence de cet acte. Il faut absolument prendre conscience que le mauvais karma lié à la première cause conduit à calomnier la vraie Loi. La deuxième cause révèle que tourner le dos aux lois du monde séculier revient aussi à se détourner de la Loi bouddhique. Et rejeter la vérité fondamentale de la Loi bouddhique conduit à calomnier cette Loi. À l'inverse, une profonde connaissance de la loi mondaine mène au bouddhisme.*

Si l'on s'éveille à ces trois causes de calamités, tous nos troubles peuvent être résolus. »

En termes généraux, je commenterai cela ainsi : il existe trois causes de calamités. L'une est le karma des existences précédentes que tous les hommes introduisent dans ce monde. Elle rend nécessaire la révolution humaine et la transformation du destin en différentes périodes. La deuxième cause est le non-respect par les dirigeants politiques de leur rôle véritable et leur façon immorale de gouverner, sans compassion pour le peuple. La troisième est la tentative de détruire le bouddhisme ou le rejet du bouddhisme en tant qu'enseignement et support spirituel suprême valable à toutes les époques.

La première cause de calamités concerne le peuple lui-même ; la deuxième, les chefs d'État ; la troisième à la fois le peuple et les chefs d'État, soit l'ensemble de la société. De plus, les deux premières causes mènent inévitablement à la troisième. Le commentaire de Nichikan Shonin sur le *Rissho Ankoku Ron* met donc l'accent sur l'opposition à la Loi bouddhique comme cause originelle des calamités.

Récemment, lors d'une réunion du département des Femmes, j'ai appelé à faire tout ce qui était en notre pouvoir pour éviter d'attirer sur nous les désastres. Avoir recours à la médecine et faire ainsi disparaître les symptômes ne suffit pas pour guérir véritablement une maladie. De même, ne traiter que les effets et les causes immédiates des désastres ne peut résoudre les problèmes qui se présentent. Si nous échouons à trouver la cause profonde des troubles et ne traitons que leurs aspects superficiels, les désastres ne cesseront pas. Le *Rissho Ankoku Ron* nous prévient que nous devons extirper la cause fondamentale de nos troubles. D'où son importance. Je voudrais transmettre ce message vital non seulement à vous, présents aujourd'hui, mais aussi à tous les Japonais et à tous les peuples du monde. Pour réaliser cela, j'aurai besoin de votre aide.

La faiblesse de la culture occidentale : le matérialisme et l'avidité

Dans le commentaire de Nichikan Shonin sur le *Rissho Ankoku Ron*, on trouve le passage suivant : « *Le cœur de l'homme change avec le temps. Selon le " Classique aux mille caractères ", " lorsqu'on protège la vérité et que l'on poursuit résolument un but, nos intentions changent. L'homme ordinaire se transforme selon ce qu'on lui enseigne. Qu'il rencontre le bien et il devient bon. Mais s'il rencontre le mal, il devient mauvais. Le cœur humain est instable, sa volonté varie au gré des circonstances. Chuang Tzu disait que l'homme ordinaire, quoique physiquement limité, recherche pourtant l'infini. En bref, le cœur humain n'est jamais stable".* »

Ce passage sur l'« homme ordinaire » enseigne que la nature humaine dépend très largement de l'influence de l'éducation, des coutumes, des mœurs et de l'environnement social. Il suggère par ailleurs qu'il est essentiel que les êtres humains soient éduqués toute leur vie selon les enseignements de la bonne Loi. La Soka Gakkai est une sorte d'université vouée à cultiver les bons aspects de l'humanité. En ce sens, nous tous, membres qui avons consacré notre vie à cette organisation, bénéficions de la protection des divinités bouddhiques.

La propriété et l'argent sont nécessaires au soutien de l'existence des individus et des familles et permettent l'enrichissement de la société et du monde. Pour ces aspects de la vie humaine, la production, la distribution et l'accumulation de biens et de richesses sont indispensables. S'absorber dans ces choses au point d'en oublier la vraie nature du cœur humain constitue cependant une déviation par rapport à la voie correcte. Depuis la révolution industrielle, la culture occidentale s'est concentrée sur l'élaboration et le développement des aspects économiques et matériels de la vie. Le refus de voir plus loin constitue le plus grand point faible de cette culture.

Une société qui a tant sacrifié pour la richesse matérielle qu'elle en a oublié le cœur et les meilleures aspirations de l'être humain dégénère et devient sans compassion, doctrinaire, ignorante, et ultra-conservatrice. On ne peut alors trouver les solutions fondamentales au problème des calamités. Si nous défendons la vérité avec résolution, nous pouvons créer la paix et la prospérité. La vérité dont il est question doit être noble et élevée.

Se libérer du karma

Notre grande vérité – qu'il nous faut protéger avant tout – concerne l'éthique et les meilleurs aspects de la nature humaine. Mais nous devons protéger essentiellement la vérité de la vie elle-même, à savoir que nous ne formons qu'un avec l'univers et que la moindre pensée d'un homme ordinaire contient la totalité de la vie universelle. Tel est le grand principe de la Loi mystique ; le protéger nous permettra de trouver résolument le sens de notre propre vie tout en créant une société ayant une raison d'être. On peut lire dans le *Kaimoku Sho (Traité qui ouvre les yeux)* : « *En ce moment, moi, Nichiren, suis l'homme le plus fortuné du Japon. J'ai consacré ma vie au Sûtra du Lotus et mon nom sera transmis aux générations à venir.* »

Vous êtes pour la plupart encore trop jeunes pour connaître la richesse matérielle mais soyez absolument convaincus que votre richesse réside dans votre mission pour l'avenir. D'autant que, en qualité de membres de la famille de Nichiren Daishonin, vous avez des cœurs pleins de résolution. Que cela reste votre plus grande source de fierté tandis que vous combattrez avec moi afin de réaliser cette année une reconstruction significative pour l'humanité.

J'aimerais maintenant dire un mot au département des Jeunes Femmes. Ne devenez pas les jouets du destin. Dans le passé – et peut-être encore aujourd'hui –, de nombreuses jeunes femmes ont souffert à cause de leur karma, mais celles qui servent la Loi mystique ont la possibilité de se libérer des liens du karma. Une fois cette libération réalisée, tout ne dépend plus que de vos efforts et de votre persévérance.

On peut changer son karma en l'affrontant ouvertement. À l'inverse, il génère des troubles lorsqu'on l'étouffe. Une particularité géologique des pays du Nord illustre bien mon propos : en hiver, dans les froides plaines du Nord, de petits monticules se développent lentement dans des endroits où, lorsqu'il fait plus chaud, la terre est plate. Ce dramatique changement topographique – qui constitue à l'évidence un obstacle à la construction de fondations architecturales satisfaisantes – poussa les géologues à enquêter sur la nature et la raison de ces monticules, et voici ce qu'ils apprirent : l'eau souterraine est privée d'issue lorsque le sol gèle en hiver. Elle se déplace alors à l'intérieur de la terre jusqu'à trouver des endroits fragiles dans la croûte de la surface. Là, elle s'accumule et fait lever la terre. C'est ainsi que se forment de petits monticules en des endroits où, par temps chaud, la terre est à niveau égal.

On peut dire symboliquement que le karma humain se trouve sous le sol de la vie. Si nous laissons geler notre cœur et notre esprit, notre karma privé d'issue cherchera nos points les plus faibles et apparaîtra brusquement, faisant ainsi obstacle à la réalisation de nos plans et espoirs. Nos vies, alors détournées de leurs cours, se retrouveront sur des voies qui mènent à la souffrance plutôt qu'au bonheur. Des « monticules » créent ainsi des troubles et sapent à la base la montagne de notre bonheur qui finit par s'effondrer.

Cependant, comme le souligne Nichiren Daishonin dans le *Tenju-Kyoju Homon (Sur l'allègement des rétributions karmiques),* nous pouvons transformer nos vies par la pratique bouddhique, c'est-à-dire par la foi et la récitation de *daimoku*, évitant ainsi de devenir victimes du karma.

Aussi, tant que vous êtes encore jeunes, vous devez refuser de vous avouer vaincus devant les épreuves, les souffrances, ou les tentations. Avancez à grands pas sur la voie du destin et, dans votre intérêt, tracez votre propre chemin. Votre vie en ce monde est précieuse. Et j'espère de tout cœur que vous ouvrirez votre voie afin de rendre votre vie vraiment riche et pleine de bonne fortune.

Dans les activités de cette année, élargissez le cercle de vos amis et mettez plus l'accent sur les régions rurales et semi-rurales. Le temps a passé où toute notre attention et nos actions étaient centrées sur Tokyo. À partir de maintenant, la capitale et les autres districts doivent être traités sur un pied d'égalité. Les districts de province devraient peut-être même bénéficier de plus grands avantages culturels. Chacun de vous doit acquérir une compréhension ferme et précise de la région qui l'entoure et tenter d'y développer un programme d'activités plus efficace. Je veux vous voir étendre le royaume de l'amitié, renforcer vos liens de compréhension mutuelle avec les autres, et augmenter le lustre de votre sagesse jusqu'à devenir un type de personne dans laquelle toute la société ressente chaleur et confiance. Que vous réalisiez cela serait source d'une grande satisfaction pour moi.

Vous appartenez tous au XXIe siècle plus qu'à celui-ci. En l'an 2000, la majorité d'entre vous sera dans la cinquantaine, âge où les êtres humains sont assez mûrs pour agir avec indépendance chez eux ou à leur travail. Il se peut que beaucoup d'entre vous soient actuellement confrontés à des problèmes. Néanmoins, je suis certain que si vous allez de l'avant avec espoir, encouragés par la croyance en la révolution humaine, vous deviendrez tous des personnes mûres, au vrai sens du terme. Et dans toutes vos tentatives, je vous demande de toujours garder à l'esprit le mot « persévérance ».

Celui qui suit le chemin de la foi ne doit jamais perdre le sens de la justice. Selon les règles du monde séculier, il peut être parfois nécessaire de se compromettre en acceptant de mêler le bien au mal. Mais, lorsqu'une personne fait cela trop souvent et trop facilement, elle finit sans aucun doute par se ternir. Dans le monde de la foi, on ne peut accepter le mal, même lié au bien, parce que celui qui perd le sens de la justice devient un homme sans influence, noyé dans l'ombre et l'obscurité. Par contre, celui dont la foi est sincère deviendra inévitablement une personne de bien. Cependant, il ne suffit pas d'être bon de nature. Il vous faut aussi vous contrôler et vous discipliner dans de nombreux domaines. Pour cela, je vous demande de vous entraîner, chez vous, à votre travail, dans la Soka Gakkai, partout où vous vous trouvez. Changez ce qui est nécessaire pour vous entraîner et vous forcer à réaliser vos plans.

Certains d'entre vous trouvent peut-être ce propos sur la discipline un peu vieux jeu, mais je ne partage pas leur opinion. De nombreux jeunes gens qui parlent aujourd'hui de liberté de vie et d'action n'entendent trop souvent par là que le droit de s'amuser comme bon leur semble. Mais une personne qui a passé une année dans la frivolité ne se développe pas en tant qu'être humain. En agissant ainsi, elle n'élargit pas ses capacités et sa façon de voir. Celui qui ne peut pas s'entraîner et se discipliner peine sous un lourd fardeau.

Cela est vrai pour tous les modes de vie. Si vous avez du mal à acquérir de la discipline, il faut donc trouver le courage nécessaire en récitant *daimoku* avec persévérance. C'est ce que j'ai fait quand j'avais votre âge et tous les responsables aînés de la Soka Gakkai ont également affronté des difficultés similaires pour devenir les hommes forts qu'ils sont aujourd'hui.

Le principe selon lequel la tristesse dans la vie est liée, à travers l'illumination, à la révolution humaine et à l'atteinte de la boddhéité indique que nous devons faire preuve de courage et de discipline. Par là même, pour votre propre bien, je vous exhorte à devenir courageux et à trouver la force de mener à bien votre pratique bouddhique sans défaillance. Je réciterai *daimoku* en priant pour que chacun de vous grandisse et se développe au mieux de ses capacités. Et aussi pour que vous viviez votre jeunesse pleins d'espoir et en bonne santé.

LE RENOUVEAU INTÉRIEUR

Discours prononcé à la seizième réunion générale du département des Étudiants de la Soka Gakkai, au Nihon University Auditorium, Tokyo, le 3 mars 1974.

Ces derniers temps, j'ai eu bien des fois l'occasion de souligner que le Japon et le monde entier connaissent actuellement un certain nombre de sérieux problèmes. Parmi eux, la pollution, la diminution des ressources naturelles, l'explosion démographique, et le vide spirituel croissant, mettent en jeu le destin de l'humanité dans son ensemble. La crise économique plus immédiate, qui provient du choc pétrolier, se trouve très directement reliée aux crises fondamentales. Et à ces deux crises s'en ajoute une autre, celle d'une tendance au renouveau fasciste. À la fin de l'année dernière, à Osaka, lors de la trente-sixième réunion générale de la Soka Gakkai, j'ai affirmé avec insistance qu'une campagne pour la protection de la constitution pacifique du Japon constitue une des meilleures lignes d'action contre ce phénomène spécifique que représente la progression du fascisme.

Qu'est-ce que le fascisme ?

Le fascisme incluant beaucoup d'éléments, il n'est pas facile de répondre à cette question. Dans le cas de l'Allemagne nazie, un parti unique et un dictateur tout puissant contrôlèrent le gouvernement ; et l'on supprima impitoyablement la liberté de penser, de discourir, et de se réunir. Cette société réactionnaire et raciste trouva sa justification en utilisant le pouvoir militaire contre les autres nations afin de protéger ses propres finalités. Derrière cela, on découvre comme principe essentiel l'exaltation du pouvoir du groupe au détriment de l'individu. Dans l'Allemagne fasciste, on enterra l'individu dans le groupe au point de le forcer à annihiler son individualité.

Dans « la Fuite de la liberté », Éric Fromm a expliqué très clairement d'un point de vue psychanalytique le processus d'absorption et de destruction de l'individu par le groupe. Écrit alors que le nazisme était au sommet de son développement, ce livre soulève la question de savoir pourquoi les Allemands furent heureux d'accepter le pouvoir dictatorial d'Hitler et pourquoi, alors que la Constitution de Weimar leur donnait une forme idéale de démocratie, ils se tournèrent vers un système fasciste.

La réponse de Fromm est que les Allemands souffraient d'une maladie provenant d'un vide spirituel et d'une frustration décelable depuis le temps de la Réforme protestante. Cette maladie se manifesta comme un besoin de se soumettre aux autorités et s'exprima parfois sous la forme du nazisme ou fascisme, d'autres fois sous la forme du capitalisme.

Les hommes sont psychologiquement enclins à rechercher la stabilité spirituelle et l'épanouissement en se subordonnant au groupe. Ce qui est à un certain point inévitable puisque aucun être vivant – à plus forte raison l'homme, avec ses fonctions spirituelles hautement développées – ne peut exister dans l'isolement total. Cependant, la question importante reste de savoir si l'on respecte ou rejette l'identité et la personnalité de l'individu à l'intérieur du groupe. Est-ce que l'individu existe pour le bien du groupe, ou le groupe pour le bien de l'individu ?

Dans les civilisations antiques, on ne reconnaissait pratiquement aucune autonomie à l'individu. Il appartenait au groupe et n'avait aucun moyen de s'en séparer. Et cela, aussi bien sur le plan matériel et technologique que sur le terrain de la spiritualité. L'être humain était noyé dans un groupe qui se soumettait collectivement à l'autorité d'un chef, et tout le monde entrait dans le même cadre spirituel, soutenu par des mythes et des légendes racontant les actes héroïques des dieux et déesses.

Par contraste, les religions avancées – le christianisme,

l'islam, et plus particulièrement le bouddhisme – mirent l'accent sur le respect de l'individu. Christianisme et islam vénèrent un dieu éternel. En revanche, le bouddhisme enseigne une Loi éternelle et immuable, offrant à l'être humain le moyen d'échapper pour toujours à la souffrance et à l'impermanence des phénomènes présents. Ces religions mettent donc nécessairement l'accent sur l'individu et leurs doctrines insistent sur le respect de la vie humaine. Par sa progression du Hinayana au Mahayana provisoire, puis au Mahayana du Sûtra du Lotus, le bouddhisme établit clairement que l'état de bouddha existe à l'intérieur de tous les êtres vivants. Et cet état de bouddha représente une Loi éternelle et immuable qui donne une fondation indestructible au principe de respect de l'individu. Sur ce point, le bouddhisme évite l'illogisme propre au christianisme et à l'islam où Dieu, tout en étant considéré comme existant à l'intérieur de l'esprit humain, est souvent traité comme un être absolu et ineffable situé au-dessus et au-delà des hommes.

Le respect de l'individu développé et jusqu'à un certain point concrétisé par les religions avancées représente un antidote au fascisme, lequel s'appuie sur les lumières des religions anciennes qui portaient à son apogée le pouvoir d'un groupe susceptible de s'investir dans un individu particulier, pris comme représentation cultuelle du héros suprême.

Afin de toucher les Allemands jusqu'au fond de leurs âmes et ainsi de les contrôler, les nazis tentèrent de raviver la mythologie germaine préchrétienne. On dit aux hommes qu'ils appartenaient à une race supérieure, on les encouragea à écouter les opéras chauvins de Richard Wagner, et notamment la saga de l'héroïque Siegfried dans « l'Anneau du Nibelung ». Un tel message reçut un fort écho dans une Allemagne encore marquée par la Première Guerre mondiale.

Au Japon, durant la même période, des patriotes invétérés ont exhorté les hommes à retourner à la religion native prébouddhique, le shintoïsme, qui, dans sa forme moderne, patronné par l'État, considère l'empereur comme la personnification du divin. Et l'on apprit aux Japonais à sacrifier leur individualité pour le bien de l'ensemble de la nation. De même, en Italie, les fascistes firent jouer les héros et les dieux de la Rome préchrétienne pour persuader les Italiens de se fondre dans une identité raciale.

L'Histoire nous a enseigné la vraie nature du fascisme dont nous venons de voir un aspect : la revitalisation à des fins iniques des religions primitives. Pour combattre le fascisme, nous devons comprendre les principes fondamentaux des enseignements de la plus noble et de la plus parfaite religion, le bouddhisme. Qui possède en effet la force véritable et la responsabilité de résister au fascisme ? Dans mon esprit, sans aucun doute, c'est vous qui avez adhéré à la Loi suprême du Bouddha et pratiquez le bouddhisme.

De plus, pour résister au danger du fascisme et protéger la vie humaine, vous devez vous engager dans un combat déterminé contre la faiblesse et le vide spirituel qui enclenchèrent le mécanisme psychologique du fascisme en Allemagne, en Italie, et au Japon. Vous devez orienter votre désir de bonheur, ainsi que la force vitale et la sagesse jaillissant de votre vie intérieure, vers la grande tâche de propagation du bouddhisme, car c'est là le meilleur moyen pour déraciner la mauvaise herbe du fascisme et empêcher qu'il se développe de nouveau sur cette terre.

Universalisme et régionalisme

Un érudit que j'admire et respecte m'a dit un jour que l'histoire du Japon depuis le début de l'ère Meiji en 1868 n'a été qu'une série de changements cycliques qui le virent osciller entre un universalisme tourné vers le monde et un régionalisme orienté vers soi. Dans les deux premières décennies de l'ère Meiji, lorsque les chaînes de l'isolement qui avaient verrouillé le pays pendant deux siècles et demi furent brisées, on vit se développer un mouvement à tendance universaliste. Le gouvernement suivit une politique d'édification culturelle ; et les hommes réclamèrent avec force la démocratie, comme l'atteste le mouvement pour les droits civiques. De nouveaux dirigeants proposèrent le principe de souveraineté du peuple et luttèrent pour l'établissement d'élections régulières et d'un parlement unicaméral. Certains même se prononcèrent en faveur d'une politique républicaine plutôt que d'un État impérial.

Mais rapidement les hommes au pouvoir commencèrent à considérer ce mouvement comme dangereux et entreprirent de le supprimer. Les chefs contestataires se livrèrent alors à de molles transactions avec les autorités et le mouvement fut rapidement brisé. On pourrait certainement trouver bien des raisons à cet échec, mais l'une des plus importantes fut probablement l'absence de soutien populaire à la base. Une petite partie de la classe intellectuelle dirigeait les quelques membres de ce mouvement, et les dirigeants eux-mêmes n'avaient qu'une compréhension théorique de leurs buts. La philosophie de la liberté et de la démocratie n'était pas profondément enracinée en eux.

La constitution impériale de 1889 fut établie sur les ruines du mouvement démocratique. Elle servit de fondement légal à un État impérial auquel le shintoïsme apportait un support religieux. L'éducation fut employée pour faire pénétrer le système dans la vie de tous ; et l'on proclama un décret impérial sur l'éducation, basé sur les principes conservateurs du confucianisme. L'esprit d'universalisme qui avait prévalu un temps tourna rapidement en un nationalisme s'appuyant sur le shintoïsme ou, en d'autres termes, en un régionalisme façon japonaise.

Le régionalisme constitue une très grande force. Dans un passé plus lointain, il donna naissance à toutes sortes de croyances populaires et à une culture riche en variations locales. Après le milieu du XIXe siècle, on essaya de canaliser toutes les forces du régionalisme en faveur de l'État japonais et de l'État Shinto.

Mais pourquoi les hommes se tournèrent-ils vers le shintoïsme en particulier ? Il y eut peut-être là une réaction psychologique proprement japonaise, impliquant un revirement spectaculaire, des nobles principes de la démocratie vers les principes contraires. En tout cas, les Japonais, qu'ils soient de naissance noble ou roturière, s'unirent en une seule force spirituelle assez puissante pour leur permettre de gagner leurs guerres contre la Chine et la Russie, et de créer, au moins en apparence, une certaine prospérité.

Dans la deuxième décennie de ce siècle, le pendule oscilla

de nouveau, cette fois sous l'impulsion d'événements tels que la Révolution russe et la victoire des nations démocratiques dans la Première Guerre mondiale. Les partis politiques bénéficièrent d'un statut croissant dans le gouvernement, et un parti populaire, teinté de socialisme, apparut. On appela cette époque la « démocratie Taisho », du nom de l'empereur Taisho qui régna de 1912 à 1926. Le mot « culture » se trouvait alors sur toutes les lèvres. On appelait les villas « résidences culturelles » ; on qualifiait de « culturels » les nouveaux modes de vie, les salons intellectuels, et jusqu'aux ustensiles utilisés dans les cuisines modernes. La culture désignait le moderne par opposition au traditionnel, le confortable par opposition à l'austère. Le courant de l'ère Taisho fut peut-être superficiel, mais on peut y déceler néanmoins une certaine inclination à l'universalisme. Dans le même temps, l'impuissance générale et le vide spirituel permirent aux militaristes de tourner les aspirations du peuple vers le fascisme.

On peut voir de claires indications de la montée du fascisme dans un certain nombre d'incidents politiques, commençant par l'assassinat du Premier ministre Tsuyoshi Inokai le 15 mai 1932, et progressant jusqu'à la révolte de l'armée, le 26 février 1936. Le militarisme japonais se développa comme un cancer lorsque l'Incident de Mandchourie déboucha sur la guerre sino-japonaise, et celle-ci sur la guerre du Pacifique. On glorifia le shintoïsme, support spirituel et philosophique du militarisme, et les enfants savaient à peine marcher qu'on leur inculquait le décret impérial sur l'éducation. La majeure partie de la nation japonaise en vint alors à croire que le militarisme et le fascisme représentaient de belles manifestations de l'âme japonaise – l'esprit de Yamoto – qui constituaient l'héritage culturel du pays, et la nation se jeta avec ferveur dans le nationalisme.

La défaite de la Seconde Guerre mondiale détruisit le mythe de la protection infaillible des divinités. Suivit alors, non pas une simple oscillation du pendule, mais un total revirement. Tout le monde parla presque aussitôt des principes démocratiques ; et le Japon se vit attribuer une nouvelle constitution qui, contrairement à toutes les constitutions du passé, renonçait explicitement à la guerre.

La version japonaise de la démocratie s'est infiltrée dans les systèmes éducatif et social. Mais savoir jusqu'à quel point le principe d'universalisme est entré dans le cœur des Japonais est un autre problème. En fait, le mot « démocratique » paraît quelquefois vide de sens aujourd'hui. Nous entendons un flot de discours sur la dignité de la vie, le respect de l'individu, l'humanisme, la liberté et l'égalité, mais on fait souvent l'impasse sur l'esprit de la constitution pacifique. Les nuages obscurcissent notre ciel, des hommes d'affaires sans scrupule nous piétinent. On peut voir l'aspect agité de notre époque dans la récente vague de panique des consommateurs et l'intérêt public croissant pour les révélations sur les grosses fortunes. Et je ne peux m'empêcher de ressentir la frustration et la vacuité spirituelle qui se trouvent au fond du cœur de notre peuple.

Dans quel sens oscillera le pendule lorsque méfiance et incertitude prendront l'ascendant ? Comme je l'ai déjà fait remarquer, le Japon est encore dans une grande mesure isolé spirituellement du reste du monde. Nationalisme et régionalisme peuvent encore redresser la tête en s'appuyant sur une philosophie émotionnelle et anti-intellectuelle visant à raviver l'« esprit de Yamoto ». Voilà qui pourrait bien mener une nouvelle fois à la folie et au conflit.

Une telle conjecture n'est cependant pas inéluctable. De fait, je suis persuadé qu'il existe une autre voie, mais une seule autre voie : le bouddhisme, philosophie religieuse nourrissant l'universalisme des meilleurs aspects du régionalisme. Car l'universalisme en lui-même n'est rien d'autre qu'un concept. Pour qu'il revête sa pleine signification et sa valeur, il doit englober les qualités spécifiques du régionalisme. Le régionalisme, partie intrinsèque et indispensable de la vie réelle, est inhérent aux coutumes et façons de vivre développées à travers les siècles. Un universalisme ne laissant aucune place au régionalisme ou vie locale ne possède pas de véritables racines. Nous devons donc viser la fusion suprême du général et du particulier à un niveau plus élevé.

De nos jours, alors que le Japon, oscillant entre universalisme et régionalisme, vit une nouvelle quête de son identité, je propose une voie pour une Troisième Grande Renaissance. Cette voie est le bouddhisme ; un bouddhisme qui imprègne l'Orient, qui a survécu aux tempêtes de son histoire, prend fait et cause pour le vrai moi individuel et l'universalité de l'humanité, et donne à l'homme moderne un moyen d'échapper aux frustrations et au vide. Dans ce bouddhisme, je vois briller un nouvel avenir pour le Japon.

Élargir l'ego

J'aimerais maintenant aborder le sujet de l'élargissement de l'ego du point de vue de la conception de l'humanité de Nichiren Daishonin. Pour cela, je vais me référer à la relation entre le souverain de la vie *(shin-o),* et les manifestations de la vie *(shin-ju).* En termes simples, le souverain de la vie, axe principal de toute activité, règne à l'intérieur de nos cœurs tandis que les manifestations représentent les aspects dynamiques du mouvement et de l'action. Quand les manifestations s'accordent parfaitement avec le souverain, les hommes développent leurs potentialités les plus fortes et les plus universelles.

Historiquement, le bouddhisme concentra d'abord son attention sur l'ultime noyau, le souverain de la vie, qui fut finalement l'objet de la célèbre théorie des neuf consciences de T'ien-t'ai. Par la suite, Nichiren Daishonin expliqua que le souverain de la vie réside dans la Loi mystique à l'intérieur du grand ego et mit en avant l'idée que le « palais de la neuvième conscience, réalité immuable qui règne sur toutes les fonctions de la vie », se trouve à l'intérieur du corps de celui qui a reçu le *Gohonzon.*

Cette idée est développée dans le *Gosho* : *Réponse à la dame Nichinyo (Sur le véritable aspect du Gohonzon)* où l'on peut lire ceci : « *Inutile de chercher ce Gohonzon ailleurs... il est là, à même notre chair, dans notre poitrine, en nous êtres humains qui gardons le Sûtra du Lotus et récitons Nam Myoho Renge Kyo. On traduit encore cela pas l'expression "capitale où réside le roi du cœur, neuvième conscience et ultime réalité".* » (*Gosho Zenshu*, p. 1244.)

Pour expliquer cela, il nous faut rapprocher la théorie des neuf consciences de l'entité philosophiquement complexe appelée ego.

Le mot *ego* a souvent des connotations négatives, comme dans *égoïste* ou *égocentrique*. Mais cela correspond à ce que le bouddhisme appelle le petit ego, par opposition au grand ego ou ego véritable, lequel transcende le petit ego et s'élargit jusqu'à ne plus faire qu'un avec le grand océan de la vie. Toute la philosophie bouddhique est centrée sur l'idée qu'il faut briser la prison du petit ego pour parvenir au véritable moi, dont l'étendue est illimitée. La théorie des neuf consciences fut développée comme un moyen de parvenir à ce but. Elle représente un développement du principe dit de la « seule conscience » (en sanskrit : *vijnap-ti-matrata*) auquel Nichiren Daishonin, voyant là une explication de la vie dans sa totalité, donna un nouveau sens.

Shakyamuni et d'autres philosophes bouddhistes ont découvert que, si nous examinons l'ego selon une progression verticale de l'aspect extérieur au cœur, puis de la conscience aux niveaux plus profonds du subconscient, nous découvrons qu'il occupe un espace de vie de plus en plus large. À mon sens, on peut considérer la théorie des neuf consciences comme un développement de la philosophie de la vie selon un raisonnement précis qui part de ce principe originel.

Les six consciences

On trouve à la surface de l'existence spirituelle les consciences sensorielles – la vue, l'ouïe, l'odorat, le goût et le toucher. De nos jours, la civilisation matérialiste est dirigée vers l'élaboration à l'échelle mondiale d'un édifice basé sur le plaisir où les sens instinctifs, superficiels, sont constamment stimulés et satisfaits. Du point de vue de la théorie des dix états de vie, ces consciences-là sont caractérisées par un ego qui s'attarde dans les six états transmigratoires et dont la vie occupe un espace à la fois peu profond et étroitement éphémère. Cependant, au-dessus et par-delà les cinq sens, on trouve une activité spirituelle du type de celle impliquée dans la pensée et la formation de jugements ; en d'autres termes, les processus mentaux qui, en bouddhisme, constituent la sixième conscience. En utilisant cette conscience, les hommes peuvent s'élever au-dessus des six états transmigratoires et trouver une nouvelle vie où le moi occupe un espace bien plus large. Ils peuvent en particulier parvenir à cette étape intermédiaire que représente l'illumination partielle, caractéristique des septième et huitième états de vie, les états d'étude et d'absorption. À ce stade, ils restent cependant cernés par les six consciences ; et une tempête d'impulsions, de désirs, d'émotions, et de circonstances malheureuses peut aisément détruire leur béatitude. Le moi de la sixième conscience est donc plus vaste et plus extensible que celui des cinq premières mais, situé en deçà des impulsions inconscientes et des émotions s'étendant au-delà des six consciences, il ne parvient pas à briser les limites du petit ego.

Derrière la sixième conscience se trouve la septième, dite conscience *manas*. La pensée ou réflexion, les états de perception et de révélation, la caractérisent. Là, l'ego tente de trouver un ordre et une loi au sein des phénomènes transitoires du monde. Les grands esprits ou les grands artistes font l'expérience de l'éveil de cette septième conscience. Et l'intelligence qu'elle génère stimule la recherche des lois de la société, de l'histoire et de la nature.

Dans les états d'étude et d'absorption, malgré l'expérience de la septième conscience, le moi n'est pas libéré des pulsions et malheurs assaillant une vie dominée par l'ego. Bien au contraire, il se trouve là plus fortement confronté au danger de se satisfaire de sa condition. Il peut non seulement bloquer une plus grande ouverture, mais aussi s'enfouir dans l'obscurité d'un monde où le corps est mortifié et la sagesse déshumanisée. Il n'est d'ailleurs pas rare que des personnes dans cet état détruisent leur propre vie et celle des autres. Ceux qui, par la pratique du bouddhisme, peuvent dépasser les impulsions égoïstes et les machinations du destin vont au-delà de la septième conscience jusqu'à un royaume plus profond de la vie intérieure. Il s'agit de la huitième conscience, dite conscience *alaya*, où le moi s'approche de la source même de la vie universelle et parvient à un état dans lequel il ne fait plus qu'un avec le courant de la vie et de la mort qui s'écoule du passé au futur infini. Il acquiert là l'énergie de la compassion et un pouvoir de réflexion capable de soutenir n'importe quel être vivant. C'est le moi du bodhisattva.

La neuvième conscience

Cependant, même dans la huitième conscience, on trouve à la fois les éléments purs et souillés de la vie. L'énergie de la compassion, essence de la pureté, y côtoie toujours la pulsion égoïste tournée vers la destruction de la vie, soit l'antithèse de la pureté. Et le conflit entre ces deux extrêmes se poursuit à l'infini à l'intérieur de chaque être humain. La huitième conscience n'est donc pas le véritable souverain de la vie. Celui-ci réside dans la neuvième conscience, dite conscience *amala*, qui représente la pureté fondamentale, la fusion des forces génératrices de l'univers, le grand océan du véritable moi, l'harmonie suprême.

Le grand maître bouddhiste chinois T'ien-t'ai expérimenta en lui-même le « souverain de la vie ». Nichiren Daishonin, lui, s'éveilla à l'identité du « souverain de la vie » et de son moi intérieur et révéla à l'humanité un moyen concret, positif, grâce auquel tous les êtres humains peuvent parvenir à ce stade sublime de conscience. C'est là l'essence de notre foi.

Dans les deux millénaires correspondant aux jours de la Loi correcte et de la Loi formelle, le bouddhisme considéra le souverain de la vie d'un point de vue introspectif ; mais le bouddhisme de Nichiren Daishonin permet à la lumière de la neuvième conscience de se répandre entièrement en nous. Ainsi, nous pouvons affronter les tourbillons d'un monde rude et combattre pour la cause du bien. C'est une religion de la jeunesse, une philosophie de la révolution humaine, et un nouveau mouvement social pour notre siècle. La voie menant au souverain de la vie reste encore dans le domaine des enseignements théoriques ; mais le chemin qui va du souverain de la vie à la réalité, dans son sens universel, se situe dans le royaume du véritable enseignement. Voilà pourquoi, dans le *Ongi Kuden (Recueil des enseignements oraux),* Nichiren Daishonin associe le souverain de la vie à la vérité théorique, et ses manifestations à la vérité concrète. On trouve la même idée dans la *Réponse à la veuve du seigneur Ueno* où Nichiren Daishonin dit : « *Les mots d'un ancien sage : "Basez votre conviction sur la neuvième conscience et votre pratique sur les six consciences" sont en vérité très justes.* » (*Gosho Zenhu,* p. 1506.)

Pour nous, garder nos cœurs dans la neuvième conscience consiste à pratiquer *Gongyo* et *daimoku*. Et accomplir la pratique religieuse dans les six consciences revient à s'activer dans les six voies douloureuses et ardues où nous devons affronter les réalités de notre monde. Nous polir et nous améliorer, sauver les autres, voilà l'essence de notre pratique bouddhique. Même si le monde de la réalité n'est qu'un torrent boueux d'instincts égoïstes, nous ne devons pas perdre notre temps à rêver d'un monde meilleur. Nous devons avoir la capacité d'agir librement à la fois dans la neuvième et la sixième conscience, car c'est là le chemin brillant de notre révolution humaine. Matin et soir, mettez en avant le « souverain de la vie » devant le *Gohonzon*, miroir de la Loi, et le reste du temps consacrez votre jeunesse à l'amélioration du monde réel. Basez-vous fermement sur l'ultime religion et, avec une détermination inébranlable, voyagez librement dans les divers royaumes de la vie.

Socrate et Platon

Socrate se détache dans l'histoire humaine comme un géant de la philosophie mais ce fut son disciple, Platon, qui systématisa sa pensée pour le reste de l'humanité.

Lors de leur première rencontre, Platon devait avoir dix-huit ou vingt ans, soit à peu près votre âge aujourd'hui. Plein d'aplomb et de fierté, il se rendait à un concours où il avait l'intention de lire un poème dramatique de sa composition. Il rencontra alors par hasard Socrate devant un théâtre et fut si remué par les idées philosophiques de son aîné qu'il eut honte de sa propre œuvre et la détruisit. Dès lors, il étudia fidèlement sous sa férule pendant environ dix ans. Dix ans durant lesquels Socrate eut de nombreuses discussions avec le jeune homme ; son disciple le suivait partout. Lorsque les autorités d'Athènes accusèrent Socrate de divers crimes, Platon lui resta fidèle et offrit sa caution lors de son procès. D'après les termes d'un érudit, « *Platon resta un disciple inébranlable et un ami intime de Socrate jusqu'à sa mort. Et même ensuite, il garda à l'esprit l'image de son mentor et composa de nombreux dialogues, léguant ainsi à la postérité les propos et actions de son maître* ».

Socrate a choisi de préserver son intégrité en buvant la ciguë. Sa mort marqua le début du voyage de Platon dans les profondeurs intérieures de la philosophie. Où qu'il aille, la voix de Socrate continuait à vibrer dans son cœur. Et finalement, il parvint à compiler sa philosophie, à la développer, établissant alors l'un des grands courants philosophiques du monde.

La question de la réalité et de l'idéal – ce qui est et ce qui devrait être – représente un dilemme philosophique essentiel depuis toujours et le restera sans aucun doute aussi longtemps que la philosophie existera. Platon devint le grand philosophe de l'idéal – ce qui devrait être – et son disciple, Aristote, celui de la réalité – ce qui est. Toute l'humanité a bénéficié de la sagesse et du bien qui émergèrent de la relation de maître à disciple entre Socrate et Platon.

Plutôt que de mettre sa philosophie par écrit, Socrate la développa sous forme de dialogues que Platon transcrivit pour les générations futures. Il n'y aurait donc pas eu de Platon sans Socrate ; mais, réciproquement, sans Platon, Socrate n'aurait pas pu survivre et devenir le moteur de toute une ère philosophique.

De même, le Christ eut saint Paul ; Shakyamuni les Dix Grands Disciples ; T'ien-t'ai, Chang-an ; Dengyo, Gishin ; et le Bouddha des derniers jours de la Loi, Nichiren Daishonin, eut Nikko Shonin. Dans tous ces exemples, ce sont les disciples plus que les maîtres qui répandirent largement le courant d'une grande philosophie.

Vous, jeunes gens, êtes les Platon de la Soka Gakkai. En accord avec la grande vie que nous appelons Loi mystique, vous qui n'êtes encore que des pousses tendres et vertes, vous deviendrez de grands arbres robustes. Ainsi, la grande philosophie du vrai bouddhisme oriental se dressera comme une montagne devant les yeux admiratifs de toute l'humanité.

Le monde recherche actuellement une grande religion capable d'éclairer toute l'humanité. Et je ne parle pas seulement des membres de la Nichiren Shoshu mais bien de l'ensemble des hommes. Les divers intellectuels du monde avec qui j'ai discuté s'accordent tous pour reconnaître avec moi la nécessité d'une nouvelle religion pour le XXIe siècle. Peut-être est-il présomptueux de ma part, alors que je ne suis pas un érudit, de vouloir endosser la responsabilité de répandre ce message autour du monde, mais je le fais, persuadé que vous, mes disciples, emploierez votre savoir et votre sagesse à créer une ère nouvelle de paix véritable. Vous suivez le chemin des bodhisattvas sortis de la terre qui, selon la description du Sûtra du Lotus, jaillirent du sol. Puissiez-vous devenir des étoiles scintillantes dans le ciel. L'héritage culturel de l'humanité coule dans vos veines et grâce à votre détermination profonde (*ichinen*) se développera un nouveau monde de fraîcheur et de vie. S'il y a des mauvais jours – des jours de vent froid et d'amères gelées – considérez-les comme une occasion pour développer vos si précieuses vies intérieures. Persévérez avec joie, faites preuve de sagesse, de bravoure et d'intégrité, et vous surmonterez toutes les difficultés. Bien que nous vivions à une époque d'angoisse et de faiblesse, ceux d'entre vous qui ont de la force et du courage seront certainement reconnus et considérés comme les ambassadeurs de la culture au XXIe siècle.

VERS LE XXIe SIÈCLE

Discours prononcé à l'université de Californie, Los Angeles, le 1er avril 1974.

Je suis très fier que le président Charles E. Young et le vice-président Norman P. Miller m'aient invité à parler à l'université de Californie de Los Angeles, l'une des plus prestigieuses institutions des États-Unis. C'est en ami, et non pas en conférencier du haut de son estrade, que j'aimerais m'adresser à vous aujourd'hui. Je vous respecte et attends beaucoup de vous, hommes et femmes qui serez responsables des États-Unis et du monde entier à l'aube du XXIe siècle.

Arnold J. Toynbee, le célèbre historien et philosophe, se sent profondément concerné par le destin de l'humanité dans le siècle à venir. Ces dernières années, la longue série de dialogues que j'ai engagée avec ce grand homme a été pour moi source d'un grand enrichissement personnel et d'une intense stimulation intellectuelle. En deux occasions – mai 1972, puis mai 1973 –, j'ai rencontré M. Toynbee à Londres où nous avons abordé de nombreux thèmes importants. Et quand nous n'avons pas pu nous rencontrer physiquement, nous avons poursuivi notre dialogue par correspondance. Nous avons choisi la forme du dialogue pour nous pencher sur la civilisation moderne et les perspectives d'avenir, en raison de la valeur des contacts personnels qu'il suppose.

M. Toynbee pourrait constituer un excellent modèle de travailleur acharné pour vous qui êtes plus jeunes. Bien qu'il ait maintenant quatre-vingt-cinq ans, il se lève à sept heures moins le quart tous les matins. La plupart d'entre vous dormez encore à cette heure-là. Ou peut-être vous levez-vous pour aller aux toilettes et retournez-vous dormir. Mais M. Toynbee et sa femme ne vivent pas ainsi. Tous deux travaillant, ils font leur lit et préparent leur petit déjeuner. À neuf heures chaque matin, qu'il ait ou non une tâche spécifique à accomplir, M. Toynbee s'asseoit à son bureau, prêt à travailler. Lorsque je l'ai vu ainsi, la beauté de ses vieux jours m'a frappé. Certes, votre jeunesse est belle ; mais la vieillesse peut l'être aussi. Donnez à vos parents la chance de bien vieillir. Travaillez dur dans vos études, et ne leur causez pas d'inquiétude. Prenez la devise de M. Toynbee ; lui-même la tenait de l'empereur romain Lucius Septimus Severus. Un jour, peu avant sa mort, ce dirigeant zélé, quoique malade et forcé de diriger lui-même les opérations militaires dans le climat rigoureux du nord de l'Angleterre, donna à ses soldats comme devise journalière : *laboramus* (travaillons). M. Toynbee a fait de *laboramus* sa devise, et il travaille vraiment très dur. Tel est le secret de sa vitalité persistante et de sa détermination à poursuivre ses tâches. Combattre toute une vie durant avec des idées fortes, voilà l'ultime beauté de l'humanité. M. Toynbee possède ce type de beauté.

Nos conversations portèrent sur un grand nombre de sujets, incluant la civilisation, le phénomène de la vie, le savoir, l'éducation, la littérature, l'art, les sciences naturelles, les problèmes internationaux, la société, l'humanité, la condition féminine, etc. Notre première série de conversations dura plus de quarante heures. Et, à l'occasion de notre deuxième rencontre, en guise de salut, M. Toynbee m'adressa un regard sévère et me pressa de venir travailler aussitôt parce que nous aurions déjà dû être en train de parler pour le bien des hommes du XXIe siècle. M. Toynbee est fortement préoccupé par ce qui se passera sur terre après sa mort. Il tient beaucoup à laisser un message intellectuel aux plus jeunes d'entre nous. Son désir d'accomplir quelque chose pour l'avenir constitua la note dominante de nos dialogues ; et j'aimerais m'adresser à vous aujourd'hui en me dévouant au bonheur des générations futures avec autant d'intensité que celle que je reconnais en Arnold J. Toynbee.

Vers la fin de nos entretiens, quand je lui ai demandé quelques conseils pour les hommes du siècle à venir, M. Toynbee m'a dit qu'au XXe siècle l'engouement pour la technologie a conduit à l'empoisonnement de notre environnement et à la menace d'auto-destruction de toute l'humanité. Il poursuivit en affirmant que la maîtrise de soi peut seule permettre d'envisager une solution à la crise actuelle. Mais on ne peut atteindre cette maîtrise de soi en se consacrant à ses seuls désirs ou en pratiquant un ascétisme extrême. Les hommes du XXIe siècle doivent suivre la voie du milieu, la voie de la modération.

Cette solution à nos dilemmes me paraît d'autant plus judicieuse que la modération et la voie du milieu sont des éléments répandus dans le bouddhisme Mahayana qui représente le principal courant spirituel de l'Orient. J'entends par modération le mode de vie synthétisant matérialisme et spiritualité.

Oui, la voie de la modération peut seule répondre à la crise actuelle de la civilisation ; mais, pour suivre une telle voie, l'humanité a besoin d'un guide digne de confiance ; les théories technologiques échouent parce que, comme le prouve la vraie nature de nos problèmes, elles n'apportent pas de réponses finales. Pour trouver le type de guide nécessaire aujourd'hui, nous devons donc revenir à des questions fondamentales telles que la nature de l'être humain et le sens de la vie. La nature de la vie elle-même constitua peut-être le thème le plus marquant de mes conversations avec M. Toynbee. Je suis fermement convaincu que la connaissance de la nature de la vie est essentielle à la connaissance de l'être humain en tant que manifestation de la vie, et représente par conséquent un élément primordial dans la formation des cultures et des civilisations. Le XXIe siècle devra éclairer la nature fondamentale de la vie et en ce sens se détacher de la technologie pour créer une civilisation humaine au sens le plus riche et le plus plein du terme.

Si le temps le permettait, j'aurais aimé partager avec vous un peu du contenu de mes échanges avec M. Toynbee sur des thèmes tels que l'éternité de la vie, la peine de mort, le suicide, l'euthanasie, et bien d'autres. Mais j'ai décidé de me limiter à la question cruciale pour l'être humain de la nature fondamentale de la vie.

Beaucoup d'entre vous savent certainement que l'un des premiers enseignements du bouddhisme repose sur l'idée que la vie humaine est faite de souffrances, et particulièrement des souffrances de la naissance, de la vieillesse, de la maladie, de la mort d'êtres chers et, finalement, de sa propre mort. Il s'agit là des souffrances les plus essentielles, mais il en existe encore d'autres. Par exemple, actuellement, une époque agréable est en train de disparaître ; nous devons tous affronter la tristesse de la voir finir. Dans la société d'aujourd'hui, il y a beaucoup de causes de souffrances et de malheur ; notamment les différentes formes de discrimination raciale et le fossé grandissant entre riches et pauvres.

Sur un autre plan, on peut dire que la souffrance résulte de toutes sortes de facteurs. Mais quelle est la raison première de la souffrance elle-même ? Le bouddhisme répond ceci : rien dans l'univers, aucun phénomène dans la vie humaine, n'est constant. La souffrance résulte de l'incapacité de l'homme à comprendre qu'il n'existe pas de permanence absolue.

La nature changeante de toute chose apparaît immédiatement. Le neuf doit vieillir. Ce qui s'est formé doit se désintégrer. Le bien portant devient tôt ou tard malade, et toutes les créatures vivantes doivent mourir. Comme le disait le philosophe grec Héraclite, tout se trouve dans un état constant de flux ; rien dans l'univers ne reste identique, mais tout se transforme d'instant en instant comme le courant d'une puissante rivière. Les micros sur cette table et la table elle-même paraissent solides ; mais, avec le temps, ils disparaîtront. Même si nos sens nous laissent entendre le contraire, les choses ne sont pas stables. Et le fait de s'accrocher fermement à la croyance illusoire en leur stabilité cause les souffrances de l'esprit humain. C'est là un principe de base de la philosophie bouddhique.

La quête de la permanence est propre à l'être humain. Aucun jeune homme ne s'inquiète de savoir à quoi ressemblera son amie après trente ou quarante ans parce qu'il espère – et même croit – qu'elle ne changera guère. Nous voulons tous que durent jeunesse et beauté. Nous croyons pouvoir conserver nos richesses et travaillons dans l'esprit d'acquérir les biens du monde. Pourtant, nous n'ignorons pas que, aussi dur que nous travaillions et quelque élevé que soit notre compte en banque, nous ne pourrons – comme le dit le dicton – l'emporter avec nous. Néanmoins, nous travaillons pour jouir des bénéfices de nos revenus, et espérons en profiter aussi longtemps que possible. Ce désir mène indéniablement à la souffrance : nous ne pouvons garder éternellement nos biens matériels. Le même phénomène s'applique aux relations affectives entre êtres humains. Même si l'on tient absolument à garder près de soi l'être aimé, un jour vient la séparation. Et c'est peut-être là la cause de la plus grande souffrance spirituelle que l'homme soit amené à rencontrer.

L'attachement aux êtres mène à la souffrance. L'attachement aux choses et les désirs effrénés de biens matériels peuvent engendrer la guerre et la douleur des pertes déplorées de part et d'autre. Au passage, je me permets de signaler que je partage avec M. Toynbee une absolue opposition à toute forme de guerre. M. Toynbee a perdu beaucoup d'êtres chers lors des deux guerres mondiales. J'ai moi aussi perdu un parent proche à la guerre. Nous sommes tous deux d'accord pour reconnaître que rien ne saurait justifier le gâchis de vies humaines et la destruction de biens matériels occasionnés par la guerre. Par ailleurs, l'attachement à notre propre vie amène aussi parfois les hommes à sombrer dans un marais d'inquiétudes et d'angoisses. La plupart d'entre nous ne songent pas constamment à l'imminence de la mort. Bien au contraire, nous réalisons les tâches de notre vie quotidienne comme si nous étions plus ou moins convaincus de vivre éternellement. Il existe cependant des hommes qui ne peuvent adopter cette vision aveuglément optimiste. Et la peur de la mort, de la vieillesse et de la maladie, le désir frénétique de rester en vie aussi longtemps que possible, les mènent à l'inquiétude et à la souffrance.

Malgré tous nos efforts, la vie humaine change constamment et recèle par là même plein de souffrances. Nos propres corps, manifestation physique de l'impermanence de l'univers, doivent mourir un jour. Pour vivre nos vies d'une manière saine et pleine de sens, nous devons faire face au destin avec calme et sans inquiétude. Pour cela, le bouddhisme apprend à accepter l'impermanence de l'univers. Une telle acceptation ouvre la voie de l'illumination.

Mais on aurait tort de se désintéresser entièrement de la nature changeante des choses. Tant que nous sommes en vie, en tant qu'êtres humains, nous luttons pour préserver la vie, chérir l'amour des autres et bénéficier d'avantages matériels. Tout cela est parfaitement naturel.

Dans le passé, on a souvent considéré que les enseignements bouddhiques prônaient la négation des passions et désirs du monde et s'opposaient – ou, selon certaines interprétations, constituaient un obstacle – au progrès de la civilisation. Force est de constater qu'aujourd'hui, malheureusement, bien des parties du monde où le bouddhisme constituait le cœur de la civilisation connaissent un retard sur le plan de la technologie scientifique. Et si le Japon fait exception à cette règle, ce n'est pas parce qu'il a adopté les principes bouddhiques comme philosophie fondamentale, mais parce qu'il s'est ingénié à incorporer la structure de la révolution technologique occidentale. On peut donc peut-être attribuer en partie le retard des nations marquées par le bouddhisme à la doctrine de l'éphémère. Mais il ne s'agit là que d'un aspect du bouddhisme et non de l'ensemble. Le véritable enseignement bouddhique n'apprend pas à rompre avec les désirs terrestres ou à se couper de tout attachement. Il n'entraîne pas non plus à la résignation ou au nihilisme. Le véritable enseignement bouddhique révèle la Loi immuable, la vie essentielle, qui sous-tend la réalité éphémère, unifie et donne un rythme à toute chose, et génère le désir et les attachements de la vie humaine.

On peut considérer chacun de nous en termes de petit et de grand ego. Aveuglés par les phénomènes transitoires et torturés par les désirs, nous n'existons que pour le petit ego. Vivre pour le grand ego signifie être éveillé au principe universel qui se trouve derrière tout et employer cet éveil pour s'élever au-dessus de l'aspect transitoire des phénomènes terrestres.

Mais qu'est-ce que le grand ego ? Principe de base de tout l'univers, il représente aussi la Loi – la réalité – qui génère les nombreuses manifestations et activités de la vie humaine. Arnold Toynbee décrit le grand ego comme l'ultime réalité derrière l'univers et considère le concept bouddhique d'une Loi universelle plus proche de la vérité que les notions de dieux anthropomorphiques.

Vivre pour le grand ego ne revient cependant pas à renoncer au petit ego. Mais le petit ego ne peut agir que grâce à l'existence du grand. Les désirs et attachements du petit ego que nous connaissons tous ont stimulé le progrès de la civilisation. Si l'homme n'avait pas été attiré par la richesse, il n'y aurait pas eu de croissance économique. S'il n'avait pas combattu pour vaincre les éléments naturels et se protéger du froid par exemple, on n'aurait pas vu fleurir les sciences naturelles. De même, sans l'attachement mutuel ou les conflits entre hommes et femmes, la littérature aurait été privée de l'un de ses grands thèmes de prédilection.

Bien que certaines branches du bouddhisme aient enseigné que l'homme doit essayer de se libérer des désirs, fermant même les yeux sur la pratique de l'immolation pour s'échapper de cette vie, une telle approche n'est pas représentative de la pensée bouddhique la plus haute. Les désirs et la souffrance sont des éléments de base de la vie ; on ne peut les éliminer. Le désir et tout ce qu'il implique constituent une grande force motrice dans la vie. Mais, tout comme le petit ego qu'il affecte directement, il doit être correctement orienté. Le véritable enseignement bouddhique s'efforce de découvrir le grand ego et, plutôt que de supprimer le petit ego, de le contrôler et de le diriger afin qu'il puisse contribuer à l'amélioration de la civilisation grâce à sa relation avec le grand ego.

Le bouddhisme enseigne le caractère éphémère de toutes choses et la nécessité de regarder la mort en face afin de démontrer l'existence de la Loi immuable derrière l'impermanence. Le Bouddha, homme qui s'était éveillé à la Loi de l'impermanence, n'a pas prôné le renoncement. Il enseigna la nécessité d'affronter sans crainte la mort et le caractère transitoire de tous les phénomènes parce qu'il savait que derrière eux se trouvait la Loi immuable, source de la vie et des valeurs. Aucun de nous ne peut échapper à la mort, mais le bouddhisme montre que derrière elle se trouve la grande vie éternelle et immuable de la Loi. Avec la conviction absolue qu'il s'agit là de la vérité, nous pouvons affronter courageusement à la fois l'impermanence et la mort de toutes les choses terrestres.

Le bouddhisme enseigne que, la vie étant en elle-même éternelle et universelle, vie et mort ne sont que deux aspects d'une même réalité. Aucun des deux ne peut se trouver subordonné à l'autre. Le concept de *ku*, qui transcende notre appréhension du temps et de l'espace, permet de comprendre cette vie éternelle et ultime qui gouverne vies et morts individuelles. *Ku* représente l'infinie potentialité, l'essence originelle et ultime de toutes choses. Éternel, ultime et omniprésent, il dépasse la notion d'espace-temps. Lors de nos nombreuses conversations sur la question de l'éternité, M. Toynbee m'a dit que le concept de *Ku* lui paraissait très voisin de ce qu'il appelle l'ultime réalité spirituelle.

Le temps qui m'est imparti ne me permet pas d'expliquer en détail la nature de *Ku*, mais j'aimerais essayer de développer quelques points en rapport avec ce concept. Tout d'abord, *Ku* n'est pas non-existence. Il n'est ni existence, ni non-existence. Ces deux termes recouvrent en effet des interprétations humaines basées sur les dimensions de l'espace-temps qui nous servent habituellement à évaluer nos expériences et notre environnement. Plus essentiel, *Ku* désigne une réalité fondamentale. Mais permettez-moi d'illustrer mon propos en me référant à une expérience connue de tous. Les modifications physiques et mentales d'un être humain de la petite enfance à la maturité sont si grandes que toute la personne semble changer radicalement. Et pourtant, à travers toutes ces transformations, persiste un moi qui unifie à la fois le corps et l'esprit et reste relativement constant. Nous n'avons certes pas toujours conscience de ce moi qui, présent à la fois sur les plans mental et physique, représente pourtant la réalité essentielle s'étendant au-delà du royaume de l'existence et de la non-existence.

Selon l'interprétation bouddhique, ce moi stable est directement relié à la grande vie universelle et peut fonctionner éternellement, tantôt dans une phase de vie, tantôt dans une phase de mort. Voilà pourquoi le bouddhisme considère que vie et mort ne font qu'un. Le petit ego de chacun de nous inclut le grand ego. Il s'ensuit donc que nous ne formons qu'un avec la vie universelle et immuable tout en vivant dans le monde des phénomènes transitoires et changeants.

Il m'attriste de constater que la civilisation d'aujourd'hui est presque totalement ballottée par les désirs des petits ego. Si l'avidité humaine a produit une société technologique extrêmement sophistiquée, ce n'est qu'au prix de la pollution de l'environnement et au risque de l'épuisement des ressources naturelles de la planète. L'attachement aux objets, aux désirs et aux passions a conduit à la construction de tours gigantesques, d'autoroutes tentaculaires, et d'armes inquiétantes. Si on laisse se développer sans aucun contrôle les processus et les attitudes en cause, on se dirige tout droit vers la destruction de toute l'humanité. Je suis convaincu que la tendance mondiale actuelle qui consiste à réfléchir sur la nature de la société moderne et à retourner à des valeurs plus humaines montre que l'homme s'efforce enfin de découvrir sa vraie nature en tant qu'être humain.

Quelles que soient ses capacités intellectuelles, un homme n'est rien de plus qu'un animal lorsqu'il est entièrement soumis aux passions et à la poursuite des objets éphémères de ce monde. Il est maintenant temps que tous les hommes tournent leur regard vers les aspects permanents de l'existence et vivent ainsi de manière à manifester leur vraie valeur. Comment réaliser cela maintenant ? Comment les hommes du XXIe siècle parviendront-ils à ce résultat ? Là encore, Arnold J. Toynbee nous fait une excellente suggestion. Il appelle désir démoniaque l'avidité et les désirs du petit ego et désir altruiste la volonté de ne faire plus qu'un avec le grand ego. Et il affirme avec insistance que l'homme ne peut contrôler le désir démoniaque et donner libre cours au désir altruiste qu'en faisant preuve d'une vigilance constante et d'une grande maîtrise de soi. J'espère que le XXIe siècle verra l'humanité se libérer des liens du petit ego et progresser sur la base de la compréhension du grand ego, entité permanente sous l'aspect transitoire du monde. C'est seulement ainsi que l'homme peut se montrer digne de son humanité et que la civilisation peut devenir vraiment humaine. Convaincu que la Loi immuable derrière l'univers est la vie même, j'insiste sur ce point : le XXIe siècle devra se vouer au respect de la vie au sens le plus large.

Le succès ou l'échec de la civilisation future dépend du choix que les hommes feront. S'agit-il de sombrer dans le bourbier des désirs égoïstes et de l'avidité ? Ou de marcher sainement sur le sol ferme de l'éveil au grand ego ? Que le siècle à venir voit se réaliser les rêves de bien-être et de bonheur de toute l'humanité ne dépend que de la volonté humaine. Se concentrera-t-on sur la réalité puissante et immuable de la Loi et de la vie universelle ? Nous sommes parvenus à un tournant. Il faut maintenant décider.

Certes, nous vivons à une époque de transition entre deux siècles. Mais surtout le temps est venu pour l'homme de décider s'il veut ou non devenir humain au sens plein du terme. Mes propos paraissent peut-être extrêmes et pourtant il me semble que dans le passé l'homme a rarement progressé au-delà du stade d'animal intelligent. Il y a sept siècles, Nichiren Daishonin, fondateur du mouvement dont je suis membre, parlait d'« animal talentueux ». Cette expression revêt à mes yeux une importance grandissante lorsque j'observe les actions de l'homme dans le monde moderne. Et je crois que l'être humain n'est pas seulement un animal intelligent ou talentueux. Il est temps que l'homme devienne actif, au sens spirituel, pour connaître la dimension du grand ego et de la vie universelle.

Chacun doit trouver sa propre voie. J'ai trouvé la mienne dans le bouddhisme ; et j'ai entrepris le voyage de la vie, en ayant foi dans ses enseignements. Vous qui êtes jeunes, pouvez devenir des pionniers agissant pour le bien de l'humanité. Vous vous trouvez en effet à un tournant décisif de l'histoire. Je vous ai aujourd'hui présenté quelques fragments de la sagesse bouddhique et serai très heureux si mes propos peuvent vous aider à choisir votre chemin.

DES VIES CRÉATRICES

Discours prononcé à la quatrième cérémonie d'ouverture de l'université Soka, Hachioji, Tokyo, le 18 avril 1974.

Connaissance et savoir ne produisent pas en eux-mêmes de bons ou de mauvais résultats. Après vos quatre années d'étude ici, vous deviendrez peut-être d'habiles hommes d'affaires ou des citoyens dévoués au bien public. Il vous appartient de décider de la voie à suivre. Et j'espère fortement que pendant ces quatre ans vous ferez preuve de sérieux et de rectitude.

Je reviens juste d'un voyage destiné à promouvoir l'amitié entre les peuples et les échanges culturels. Je suis parti le 7 mars et revenu le 13 avril et, dans cet intervalle d'environ quarante jours, j'ai visité de nombreux endroits en Amérique du Nord et en Amérique latine. Invité par les directions d'un certain nombre d'universités, en ma qualité de fondateur de l'université Soka, j'ai eu de nombreuses discussions sur les changements nécessaires dans notre conception de l'éducation pour répondre aux défis de la civilisation contemporaine.

La mission de l'université

Tout d'abord, je me suis rendu au campus Berkeley de l'université de Californie où j'ai eu le plaisir de dialoguer avec le chancelier Albert H. Bowker. L'université de Californie compte dix Prix Nobel dans sa faculté, et j'ai dit au chancelier Bowker que j'aimerais convier des grands hommes à participer à des conférences ou à des séminaires à l'université Soka.

J'ai également invité le chancelier et sa femme à visiter le Japon.

Puis je suis allé à l'université de la Nouvelle-Orléans où j'ai discuté avec le chancelier Homer L. Hitt de sujets tels que la mise en place d'une Organisation internationale pour la coopération en matière d'éducation et la création d'assemblées internationales pour l'établissement d'un tel organisme. Ces assemblées devraient inclure une Conférence internationale des présidents d'université maintenant la liaison entre les institutions éducatives, et une Fédération mondiale des associations étudiantes qui rassemblerait les étudiants de diverses nations. J'ai la joie de vous annoncer que le chancelier Hitt approuve ces propositions. Le vice-chancelier Norman P. Miller, de l'université de Californie à Los Angeles, avec qui j'ai aussi abordé ce sujet, tomba également totalement d'accord avec moi sur le fait que nous devrions faire des échanges éducatifs un point central dans nos efforts en direction de la paix mondiale. Et j'ai donné à l'UCLA une conférence intitulée « Vers le XXIe siècle ».

En plus de ces établissements américains, je me suis également rendu à l'université de Panama et à celle de San Marcos, au Pérou, où j'ai envisagé avec diverses personnes des échanges d'étudiants et d'enseignants. Il faudra attendre quelque temps pour voir se réaliser nos buts dans ce domaine, mais nous sommes tombés d'accord sur les principes essentiels. Le recteur Guevara, de l'université de San Marcos, m'a confié un message pour les étudiants de l'université Soka. Je l'ai remis au président Kazuo Takamatsu en le priant de vous le transmettre.

Peu avant de partir en Amérique, je suis allé à l'université chinoise de Hong-Kong où j'ai fait des propositions similaires, tout comme l'année dernière dans diverses universités en Grande-Bretagne et en France. Notre programme visant à accueillir de plus en plus d'étudiants et d'enseignants étrangers dans notre université possède donc maintenant une base de travail solide et je suppose qu'un jour viendra où nous souhaiterons aussi que quelques-uns d'entre vous se rendent à l'étranger. Le programme d'échanges nous occupera beaucoup, mais je suis sûr que nous nous y attellerons avec un grand enthousiasme.

Je suis fermement résolu à entreprendre toutes les tâches nécessaires pour votre bien-être, et je veux absolument ouvrir pour vous la voie d'un nouveau monde. Si j'ai voyagé et discuté avec des éducateurs du monde entier, c'est essentiellement pour vous en qui je place ma foi et ma confiance. J'ai tracé quelques repères dans le temps et l'espace et vous demande de relier ces points entre eux pour en faire des lignes, créant ainsi une structure de paix à trois dimensions.

Actuellement, les efforts politiques pour réaliser la paix semblent souvent futiles. Une Organisation internationale pour la coopération en matière d'éducation représente l'atout le plus sérieux qui nous reste et le moyen le plus sûr pour instaurer une véritable paix mondiale. Afin d'établir une scène propice à la naissance d'une telle organisation, j'ai proposé la création d'une Conférence internationale des présidents d'université ; et pour que vous et d'autres étudiants puissiez participer au mouvement de la paix, j'ai pensé qu'une Fédération mondiale des associations étudiantes pourrait être fondée. Je ne peux pas moi-même donner naissance à de tels mouvements et ne suis d'ailleurs pas habilité à le faire. Je vous demande cependant de travailler à la concrétisation de mes propositions.

Le monde entier en viendra à considérer peu à peu l'université Soka comme le berceau d'idées nouvelles ; il vous appartient donc d'acquérir une dimension internationale afin de répondre aux besoins des temps futurs. Créez un puissant mouvement pour développer la confiance mutuelle à l'échelle mondiale et les échanges internationaux entre les peuples.

À l'université San Marcos, plus de vingt professeurs assistèrent à mon entrevue avec le recteur. Chacun d'eux écrivit la devise de sa vie. Tous ces hommes figurant parmi les éducateurs de tout premier plan au Pérou exprimèrent des idées intéressantes, mais je fus plus particulièrement touché par ce qu'écrivit l'un d'eux : « *Les professeurs aussi bien que les étudiants doivent travailler avec le peuple. Ils doivent surmonter de concert toutes les difficultés afin d'atteindre le but de la sagesse, de la paix et du bonheur pour l'humanité.* »

Les étudiants au premier plan

Aujourd'hui, la plupart des intellectuels tentent le plus souvent d'esquiver les problèmes et difficultés de la société. Voilà une attitude incorrecte. Pour justifier son existence, une université doit travailler avec le peuple afin de surmonter les difficultés et l'amener à un état de vie plus élevé. J'affirme que c'est là, que cela a toujours été, et que cela sera toujours la mission d'une université.

Je suis convaincu que si les enseignants et professeurs de l'université Soka et des autres universités du monde agissent de concert avec les hommes ordinaires, nous pourrons parvenir à la paix mondiale. Et c'est cette conviction qui m'a amené à visiter diverses universités et à établir les propositions dont je vous ai parlé. Plus que tout, je désire maintenant que vous, qui forgez la tradition de l'université Soka, preniez en charge cette noble cause.

Lors de la cérémonie d'ouverture de l'année dernière, j'ai évoqué brièvement l'origine et l'essor des universités. J'avais alors souligné le fait qu'une université ne résulte pas d'un système ou d'un programme de construction, mais de la détermination et de la passion des jeunes gens qui recherchent un savoir et une sagesse nouvelle. Tout d'abord, les jeunes gens doivent résolument aspirer à établir leur propre vérité. Il convient donc de trouver les enseignants et instructeurs susceptibles de répondre à une telle aspiration ; puis l'université peut évoluer grâce aux efforts de coopération entre étudiants et enseignants.

Fondamentalement, l'université naît de la soif de connaissances et de l'amour de la vérité des étudiants. Cette soif, cet amour doivent donc prévaloir. Une université sans étudiants passionnés est une université sans vie qui a perdu de vue sa principale raison d'être. Hélas ! les universités japonaises souffrent aujourd'hui de stagnation et tendent à perdre leur but. Vous qui entrez ici aujourd'hui devez vous considérer autant que moi comme les fondateurs et créateurs de cette université. Non seulement durant vos études, mais aussi pendant toute votre vie, unissez-vous et contribuez sans cesse à la construction de l'université Soka.

Comme nous parlions du fossé existant entre enseignants et étudiants, un éminent professeur de l'université de San Marcos souleva deux points intéressants. Tout d'abord, il affirma la nécessité de toujours poursuivre le dialogue entre professeurs et étudiants. Puis il dit que l'université doit toujours permettre aux étudiants de prendre des responsabilités d'ordre général au sein de leur établissement et d'organiser des activités. En cherchant à développer son université, il perçut l'importance de confier aux étudiants le rôle majeur, et s'efforça de trouver de nouvelles solutions adaptées aux tendances de notre époque. Ici, à l'université Soka, vous ne devez pas attendre passivement que votre établissement fasse quelque chose pour vous, mais devez être actifs et vous unir avec fierté et passion pour faire de ce lieu un nouveau phare d'espoir. Il faut poursuivre le dialogue, un dialogue utile et profitable basé sur la responsabilité et la confiance, et non sur des querelles futiles. C'est là votre université. Vous en avez la responsabilité. Souvenez-vous que nous sommes tous unis par une volonté commune : faire de l'université Soka un tremplin pour le progrès de la culture humaine. En gardant cela à l'esprit, vous pourrez vous lancer dans des dialogues fructueux. Créons ici une magnifique communauté d'êtres humains luttant pour une cause commune.

Je voudrais maintenant vous parler des qualités spécifiques des universités privées. Fondamentalement, le propos de tels établissements est de créer un cadre propice à une quête spontanée des connaissances, libre de toute ingérence des pouvoirs publics. Il est possible d'y développer des êtres humains capables d'une vision globale de l'avenir de l'humanité, dotés d'un point de vue universel. L'université privée a donc pour fonction propre de former des jeunes gens qui n'aient pas un esprit étroit ou chauvin et donc susceptibles d'agir avec suffisamment d'ouverture sur la scène internationale, œuvrant ainsi à une transformation de notre société malade et pleine de confusion.

Évidemment, comme toutes les institutions d'enseignement supérieur, les universités privées doivent se consacrer à l'étude et à la recherche ; mais il devrait toujours y régner une atmosphère vivante et libérale, totalement affranchie de l'esprit sectaire des élites intellectuelles. Elles ont pour mission propre de maintenir les conditions qui permettent de toujours préserver une absolue liberté de pensée, d'étude et de publication. Une institution basée sur de telles libertés développera toujours ses travaux de recherche dans un esprit d'indépendance et produira des hommes d'une personnalité et d'une créativité remarquables. Les universités privées ne doivent pas se laisser influencer par les tendances à la mode mais au contraire promouvoir une recherche à long terme d'une très large portée.

Tels sont les vrais buts du système universitaire depuis la création du tout premier établissement de ce type. Malheureusement, en dépit de leurs indéniables qualités, les universités d'État ne peuvent jamais passer outre les exigences restrictives imposées à l'échelon supérieur.

Tout en rejoignant les besoins de leur propre pays ou peuple, les universités privées sont libres d'aller plus loin et de se consacrer aux besoins du monde en général. Elles doivent constituer une forteresse, un lieu qui ne cède pas aux autorités et offrent au vrai savoir et à la culture une solide protection.

Depuis la fin du XIXe siècle, la coutume veut que dans notre pays les écoles publiques, et notamment les universités nationales et régionales, soient considérées comme les sources majeures de l'éducation et de l'éveil de la jeunesse. Les professeurs, mais aussi beaucoup d'autres gens, pensent que les universités publiques représentent le courant essentiel de l'éducation. Cependant, au regard de l'avenir du Japon et du reste du monde, il me semble que si l'esprit de l'université veut s'affirmer comme une force vivante dans la société, il convient d'inverser cette situation et de situer le courant essentiel de l'éducation dans les universités privées.

Le monde a besoin de jeunes gens remarquables qui aient acquis dans les établissements privés non seulement savoir et sagesse mais aussi liberté et indépendance de pensée. Quand ces jeunes se mêleront aux hommes ordinaires, en voyage, au travail, dans leurs loisirs, nous commencerons à connaître un nouveau type d'échanges culturels et de fusion entre les individus et les peuples. En bref, nous réaliserons des échanges culturels à la base et non plus seulement au niveau diplomatique et parmi les élites. Le jour viendra où des ponts culturels relieront les peuples de la terre, où l'amitié franchira toutes les barrières nationales ; le cœur des gens répondra alors joyeusement à l'annonce de la naissance d'une nouvelle culture mondiale et d'une nouvelle civilisation pour toute l'humanité. Devenez des messagers, bâtissez les ponts de la culture et de la paix qui relieront les peuples du monde. C'est vous qui devez proclamer l'avènement d'une nouvelle culture mondiale pour les générations futures. Votre appel vibrant trouvera un écho dans les aspirations d'une multitude d'hommes de tous pays.

Le pouvoir et la sagesse

Récemment, le sociologue français Georges Friedmann, notoire pour ses recherches sur les mouvements populaires, publia un livre intitulé « la Puissance et la Sagesse ». Certains d'entre vous l'ont peut-être lu dans sa traduction japonaise. Le mot « puissance » dans le titre fait référence au pouvoir humain de contrôler l'environnement par des moyens scientifiques et technologiques. Quant à la sagesse, elle tient pour l'auteur dans l'intelligence qui permet de les maîtriser et de les utiliser de manière créative pour le bien de l'humanité. Mon intention n'est pas ici de présenter le contenu de ce livre, mais d'utiliser cette distinction entre puissance et sagesse.

De la fin du XIXe siècle et du début du XXe à la Seconde Guerre mondiale, l'éducation japonaise, surtout dans le secondaire, s'orienta totalement et de manière excessive vers l'acquisition du pouvoir. Elle se proposait alors d'absorber la connaissance, de maîtriser les diverses techniques, et d'atteindre un niveau de puissance égal à celui des nations d'Europe et d'Amérique. Au terme de longues années d'isolement, le Japon se retrouvait loin derrière les nations occidentales sur le plan scientifique et craignait, s'il ne se développait pas rapidement, d'être colonisé ou écrasé par d'autres pays. Suivant la devise politique « pays riche, armée puissante », le Japon entreprit donc de maintenir son indépendance au moment où les autres pays d'Asie se voyaient, les uns après les autres, privés de la leur. Cependant, à plus long terme, cette course au pouvoir s'appuyant sur la devise « pays riche, armée puissante » eut pour conséquence la cuisante défaite de la Seconde Guerre mondiale.

Mise au service de cette quête de puissance, l'éducation d'avant-guerre manquait de respect envers l'être humain – alors qu'il s'agit là du moteur du savoir –, ne parvenant pas à inculquer aux jeunes gens le sens de la dignité de la vie humaine. Bien au contraire, elle lutta pour former des hommes utiles au pays ou à l'industrie qui ne constituaient en fait que des rouages dans la machine de l'État ou les entreprises. Un tel résultat fut donc atteint par le moyen de l'éducation.

S'il convient d'acquérir du pouvoir, cela doit toujours aller de pair avec le développement de la sagesse. Laquelle a ses racines dans l'âme de l'être humain. On peut l'obtenir en suivant ce simple conseil de Socrate : « Connais-toi toi-même. » Voilà comment peut voir le jour un véritable sens de la dignité humaine qui empêche la déchéance de l'homme en simple pion anonyme et interchangeable au sein d'un appareil. L'essence de la véritable connaissance est donc la connaissance de soi. Et cela représente l'idéal de l'université Soka en matière d'éducation et de savoir. On ne compte plus les universités prestigieuses et les instituts de recherche de par le monde qui peuvent conférer de grands pouvoirs. Mais qu'apportent-ils à l'humanité ? Le vide cruel et la frustration de notre civilisation contemporaine résultent du type d'éducation qu'ils pratiquent.

Vous avez pour mission d'acquérir la sagesse qui vous permettra d'utiliser tout le pouvoir pour le bonheur et la paix de l'humanité. Connaissez-vous vous-mêmes et, forts de ce savoir, étudiez. Pensez les choses par rapport à vous-mêmes, êtres humains, réexaminez le sens de la connaissance, de la science et de l'art pour l'humanité, car un tel examen peut conduire à une renaissance de l'être humain. Je prie pour votre développement personnel avec la certitude que, si vous accumulez à la fois puissance et sagesse, la culture humaine sera le théâtre d'une magnifique renaissance.

L'historien d'art français René Huygue a donné une conférence à Tokyo intitulée « Forme et Force », où il traitait de la relation de ces deux éléments avec la nature et l'art. Et voici ce qu'il déclara, à un moment donné : « *La crise de notre époque est une crise de la civilisation, le danger du matérialisme nous a emmenés trop loin. L'échec de notre culture est due à la compartimentation de tout et à l'incapacité de garder une vision d'ensemble. Je crois que la civilisation humaine constitue une entité unique et indivisible et que les intellectuels doivent utiliser leurs connaissances et leur pouvoir pour le bien de la civilisation. La crise à laquelle nous faisons face aujourd'hui n'est pas qu'une simple crise politique ou sociale, mais une crise fondamentale de civilisation.* »

Ouvrir la porte

L'année dernière, j'ai demandé aux nouveaux étudiants de cette université de lutter pour devenir des hommes créatifs. J'aimerais aujourd'hui expliquer ce que nous entendons par vie créatrice. Je n'ai pas l'intention de me lancer dans des considérations philosophiques complexes ou de tenter de vous donner une explication définitive de la vie. Je veux seulement vous exhorter à devenir des voyageurs pleins d'entrain sur la longue route de la vie. Permettez-moi de vous faire part d'un aspect de ma propre expérience qui vous aidera peut-être à couronner votre avenir d'honneur et de gloire.

Je suis intimement convaincu d'être devenu créatif à partir du moment où je me suis jeté de tout cœur dans une tâche, combattant sans cesse jusqu'à son achèvement. C'est ainsi que j'ai gagné la victoire dans la lutte pour élargir ma vie. C'est une affaire de sueur et de larmes. La vie créatrice exige des efforts constants pour améliorer nos pensées et nos actions. Le dynamisme qu'entraînent les efforts, voilà peut-être le plus important.

Vous traverserez des tempêtes, et il est possible que vous rencontriez la défaite. Mais l'essence de la vie créatrice consiste à persévérer face à la défaite et à suivre l'arc-en-ciel qui brille dans nos cœurs. Il n'y a pas de créativité dans la complaisance et l'indolence. La plainte et la fuite sont lâches, corrompent la tendance naturelle de la vie à être créative. Celui qui abandonne le combat pour la créativité se dirige en dernier ressort vers l'enfer qui détruit toute vie.

Ne vous relâchez jamais dans vos efforts pour vous construire de nouvelles existences. La créativité signifie ouvrir grand la lourde porte de la vie. Combat peu aisé. En fait, c'est peut-être même là la tâche la plus difficile au monde. Car ouvrir les portes de votre propre vie est encore plus dur qu'ouvrir celles des mystères de l'univers. Mais cela met en valeur votre existence d'être humain et la rend digne d'être vécue. Personne n'est plus seul ou malheureux que celui qui ne connaît pas la pure joie de se créer une vie. Être un homme n'est rien d'autre que de se tenir droit et manifester raison et intelligence : être un homme, au plein sens du terme, consiste à mener une vie créatrice.

Le combat pour créer une nouvelle vie est véritablement merveilleux. Il révèle le rayonnement de la sagesse, la lumière de l'intuition qui conduisent à une compréhension de l'univers, une forte volonté de justice, la résolution de défier toutes les agressions démoniaques, la compassion qui permet d'absorber la peine des autres, et la volonté de fusionner avec l'énergie bouillonnante de la compassion émergeant de la source cosmique de la vie et créant un rythme sublime dans la vie de tous les hommes. En défiant l'adversité et en polissant ce joyau qu'est votre vie, vous apprendrez à marcher sur la voie suprême de la vraie humanité. Celui qui mène une vie créatrice dirigée vers l'avenir se tiendra à l'avant-garde de l'histoire. Je considère que cette floraison de la vie créatrice est la révolution humaine qui constitue votre mission aujourd'hui et pour toute votre vie.

Le poète et écrivain français de la fin du XIXe siècle, Charles Péguy, disait : « *La crise de l'éducation n'est pas une crise de l'éducation, mais une crise de la vie.* » La crise d'aujourd'hui touche les racines mêmes de l'éducation et du savoir. C'est pourtant là que se trouvent les clés de l'avenir. Voilà pourquoi je place tant d'espoir dans l'université Soka.

PROTÉGER LA VIE HUMAINE

Discours prononcé à la trente-septième réunion générale de la Soka Gakkai, Nagoya, le 17 novembre 1974.

Novembre est un mois important pour la Soka Gakkai. Le 18 novembre 1930, fut publié le « Système pédagogique de la création des valeurs », de notre président fondateur, Tsunesaburo Makiguchi, et cet événement marqua la naissance véritable de la Soka Gakkai. Le 18 novembre 1944, il y aura trente ans demain, le président Makiguchi, après s'être vigoureusement opposé à l'oppression du gouvernement militariste de son temps, mourut dans la prison où les autorités l'avaient jeté. À la veille de la célébration de cette date historique, la réunion d'aujourd'hui se propose d'établir nos lignes directrices pour 1975 ; et j'aimerais tracer le parcours futur de notre mouvement de propagation.

La Soka Gakkai vient du peuple et doit son développement au désir spontané du peuple. Je déclare solennellement en ce lieu que la Soka Gakkai se tiendra toujours au côté du peuple et ne prendra sous aucun prétexte le parti des autorités. Par le passé, bon nombre d'organisations et mouvements ont épousé la cause de la paix mais se sont faits ensuite évincer. Et cela, le plus souvent, parce qu'ils composèrent de trop près avec le pouvoir en place qui finit par les utiliser. La Soka Gakkai ne commettra pas une telle erreur.

Dans le mouvement pour la paix, il n'y a pas de plus fort stimulus que la religion. Mais en même temps, en certaines occasions, la religion se révèle être ce qu'il y a de plus faible dans toute la société. Comment expliquer cette oscillation des religions entre force et faiblesse ? C'est qu'elles tirent leur puissance de la ténacité de l'esprit humain. Mais les hommes ne sont que des hommes, c'est-à-dire qu'ils sont facilement sujets à l'indolence et peuvent oublier la façon correcte d'agir.

La Soka Gakkai se propose d'apporter aux hommes la lumière de la philosophie bouddhique et de les guider vers une révolution humaine où ils œuvrent ensemble à se renforcer les uns les autres et à toujours épouser la cause du peuple pour délivrer le monde de la guerre.

L'année 1975 sera la cinquantième de l'ère Showa, qui coïncide avec le début du règne de l'actuel empereur. On baptisa ainsi cette période le 25 décembre 1926, lorsque Hiro-Hito succéda à son père, l'empereur Taisho. Ce nom fut inspiré par le passage suivant du *Livre d'Histoire*, consacré au légendaire empereur Yao : « *Les hommes étaient éclairés et heureux, tous les pays collaboraient dans la paix.* » On a réuni les caractères signifiant « éclairés » et « paix » pour former le mot Showa avec l'espoir que le règne de l'actuel empereur serait vraiment caractérisé par la prospérité des hommes et la paix dans le monde.

Cependant, dans les faits, à cause de la montée de l'ultranationalisme dans les vingt premières années de l'ère Showa, le peuple subit une oppression à la fois matérielle et spirituelle. Des nuages sombres recouvrirent cette époque. Et, bien loin de « collaborer dans la paix » avec les autres nations, les militaristes japonais entraînèrent le pays dans une guerre contre la quasi-totalité du monde, et notamment les États-Unis, la Chine, l'Union soviétique et la Grande-Bretagne.

La défaite de la Seconde Guerre mondiale provoqua la chute du nationalisme et du pouvoir militaire. On adopta une nouvelle constitution, les schémas de pensée populaires se trouvèrent largement modifiés. Divers mouvements démocratiques naquirent ; et, même au cœur des épreuves de l'après-guerre, une bouffée d'air frais envahit le pays.

Pourtant, à l'évocation des trente dernières années, je me demande aujourd'hui si le Japon s'est vraiment démocratisé et si notre système gouvernemental et les apparences extérieures ont réellement changé. Nous souffrons, me semble-t-il, de troubles sociaux qui ne diffèrent pas de ceux du début de l'ère Showa ; la renaissance du fascisme constitue donc une menace à prendre au sérieux.

Les présidents Tsunesaburo Makiguchi et Josei Toda créèrent la Soka Gakkai pour lutter contre la montée de la confusion au début de l'ère Showa ; nous devons aujourd'hui retrouver cette mission originelle. Autrefois, notre organisation, trop petite pour protéger le bien-être du peuple et mener la nation dans la bonne direction, fut broyée par les autorités militaires. Mais nous représentons maintenant plus d'un dixième de la population japonaise. Alors, dressons-nous, unissons nos voix avec force, faisons-les résonner du désir de justice qui s'élève du peuple, et nous pourrons largement contribuer à empêcher le Japon de choisir une nouvelle fois la mauvaise voie. Telle est notre mission, il nous faut l'assumer. Car je crois fermement qu'il nous appartient d'être les dirigeants du mouvement pour la paix mondiale. Montrons donc le chemin.

Une œuvre démoniaque : l'arme nucléaire

Je voudrais maintenant aborder le problème des armes nucléaires, problème lié à la mission du Japon et à celle de la Soka Gakkai en particulier. Les armements nucléaires ne cessent de proliférer. Un récent rapport des Nations unies a établi que les États-Unis possèdent à eux seuls l'équivalent de 610 000 bombes d'Hiroshima. Une seule bombe ayant tué 100 000 personnes à Hiroshima, cela revient à dire que les États-Unis ont de quoi tuer soixante et un milliards d'hommes, soit seize fois l'ensemble des habitants de la planète.

L'union soviétique est armée d'un stock identique d'engins nucléaires ; et, à une échelle plus petite, l'Angleterre, la France, la Chine et l'Inde appartiennent aussi aujourd'hui à ce que l'on appelle le clan nucléaire. D'autres pays s'efforcent de les rejoindre ; et le Japon lui-même, tout en refusant de fabriquer lui-même des armes nucléaires, choisit de s'abriter sous le parapluie nucléaire américain.

Mais pourquoi donc ces armes sont-elles jugées nécessaires ? À cette question, on donne généralement une réponse absurde : elles auraient un rôle préventif contre la guerre. C'est comme dire que deux personnes ne courent aucun danger alors qu'elles se menacent chacune d'un poignard.

Beaucoup d'hommes dévoués au bien public nous ont averti : il existe toujours le danger qu'un jour, quelque part, une de ces armes redoutables soit utilisée par accident, par suite d'un mauvais calcul, ou par la main d'un fou, déclenchant alors une guerre qui détruirait l'humanité.

Qu'adviendrait-il si, par exemple, on volait une bombe atomique ? Ce qui n'est pas une hypothèse sans fondement. Car de nombreuses autorités ont signalé que les stocks nucléaires se sont tant développés qu'ils dépassent les limites du contrôlable. Ce n'est donc pas le moment de parler d'« équilibre de la puissance nucléaire ». On ne peut que trop facilement imaginer un événement qui frapperait de terreur le cœur des hommes du monde entier.

L'homme doit abandonner l'idée stupide, fondamentalement barbare, que l'on peut réaliser la paix par les armes. Nous devons nous comporter en êtres civilisés et comprendre que la paix ne peut être établie qu'en renonçant aux armes. Dépassons l'idée de prévenir la guerre par la peur et œuvrons pour réaliser une paix véritable basée sur une confiance et une compréhension mutuelles. En bref, il nous faut changer fondamentalement notre façon de penser la guerre et la paix.

À cette fin, la première étape consiste à prohiber la fabrication, les essais, et le stockage des armements nucléaires dans tous les pays. Puis il faut supprimer les armes déjà existantes. Tel est le but pour lequel nous devons absolument exercer tous nos efforts.

Voilà maintenant dix-sept ans, le 8 septembre 1957, notre maître, le président Josei Toda, fit d'un plaidoyer pour l'abolition des bombes atomiques et à hydrogène le premier article de son testament. Depuis, notre position n'a pas varié d'un pouce. Ainsi, pour maintenir vivante la volonté de notre maître, les membres pleins d'enthousiasme du département des Jeunes Gens ont réalisé une campagne à l'échelle nationale qui a permis de rassembler dix millions de signatures sur une pétition exhortant à l'abolition des armes nucléaires. Au nom de tous les signataires, je lance un appel aux Nations unies et à tous les dirigeants du monde.

Comme je l'ai signalé dans mon roman, *la Révolution humaine*, près de vingt pays ont la capacité de produire des armes nucléaires. Le temps est venu de tenir une conférence mondiale où toutes les nations, dotées ou non de l'arme nucléaire, soient représentées par des dirigeants conscients de leur haute responsabilité. Cette conférence devrait se consacrer de tout cœur à la tâche d'éliminer totalement les armes nucléaires et devrait se poursuivre jusqu'à ce qu'une solution apparaisse, même si cela demande des mois ou des années. Je suis convaincu que dans un tel sommet on accorderait la plus sérieuse attention à l'opinion du peuple japonais, seul à avoir connu la bombe atomique.

Les bombardements d'Hiroshima et de Nagasaki ne furent pas seulement de tragiques expériences pour le Japon mais aussi des leçons pour toute l'humanité. Pour avoir subi cette épreuve du feu, le Japon doit appliquer toute son énergie en faveur de l'abolition des armes nucléaires et aller de l'avant avec une grande confiance et un espoir toujours renouvelé. Telle est la mission historique de ce pays et la plus grande contribution qu'il puisse apporter aux temps futurs.

Par ailleurs, je pense que le secrétaire général des Nations unies devrait prendre l'initiative du mouvement antinucléaire et être doté du pouvoir de présider la conférence internationale mais aussi de contrôler le déploiement actuel des armes. Les Nations unies devraient être en mesure de faire appliquer les décisions relatives au désarmement nucléaire.

Mais tout d'abord, les peuples et dirigeants du monde entier doivent rejeter l'idée que la possession d'armes nucléaires accroît le prestige national. Nous devons reconnaître en nous-mêmes que ces armes constituent l'œuvre du démon et ne peuvent amener que des souffrances à l'humanité.

Mobilisons les forces des peuples du monde qui espèrent et prient pour la paix. La sagesse combinée de ces citoyens du monde pourrait freiner les grandes puissances si elles menaçaient de violer les principes du désarmement nucléaire.

En mai de cette année, lors de la série d'entretiens que j'ai eus avec lui, André Malraux émit l'idée que les Nations unies n'étaient qu'une organisation fantôme. Le vice-Premier ministre de Chine, Li Xiannan, accusa l'ONU de n'être qu'une tribune où l'on parle beaucoup mais agit peu. Dans l'état actuel des choses, ils ont malheureusement raison. Mais il est cependant trop tôt pour conclure qu'on ne peut redonner vie aux Nations unies.

Pourquoi l'ONU se trouve-t-elle dépourvue de force ? Plus que tout, c'est le nationalisme égoïste des grandes puissances, soutenu par les sentiments de la population, qui en est responsable.

Ces pays se sentent habilités à se placer au-dessus des Nations unies, lesquelles manquent d'un soutien véritable de la part des citoyens du monde. Créer et solidifier un tel soutien constituent le moyen de donner vie à cette organisation fantôme et d'en faire un organe international puissant et efficace.

La multitude des hommes épris de paix ne peut-elle pas rayer ces armes terribles de la surface de la Terre ? D'un point de vue technique, cela est sûrement réalisable. Mais c'est la politique, et non la science, qui fait obstacle à l'élimination des armes nucléaires. Si nous faisions appel à l'ingéniosité de nos scientifiques, nous pourrions sans doute procéder au démantèlement des armes et nous servir de leur puissance pour le bien de l'humanité.

Après quoi les Nations unies devraient pouvoir contrôler les installations nucléaires afin de s'assurer que l'énergie nucléaire n'est utilisée qu'à des fins pacifiques. Et dans la perspective des besoins croissants en énergie, il faudrait établir une conférence mondiale des scientifiques, ne défendant les intérêts d'aucune nation en particulier, qui travaille pour le compte du monde entier. En ce sens, je crois que tous les scientifiques sans exception devraient immédiatement abandonner toute recherche concernant les armes nucléaires et refuser à jamais de s'y consacrer.

L'année prochaine, cela fera juste trente ans que les deux bombes atomiques sont tombées sur le Japon ; et, en 1977, cela fera exactement vingt ans que le président Toda nous a demandé de travailler au désarmement nucléaire. Je pense que nous devrions considérer les trois années de 1975 à 1977 comme les « années de la vague de paix », et que nous devrions faire un effort particulier pour y promouvoir le mouvement mondial en faveur de la paix. J'attends des départements des Jeunes Gens, des Jeunes Filles et des Étudiants qu'ils jouent un rôle actif dans ce programme.

Nous devons persévérer jusqu'à ce que notre mouvement s'étende à l'échelle mondiale et soit suffisamment fort pour détruire non seulement les armes nucléaires existant actuellement mais aussi les principes sur lesquels elles se fondent. Jamais auparavant je n'ai ressenti aussi fortement le besoin d'honorer le testament du président Toda.

Le problème de la faim dans le monde

En même temps que la question des armes nucléaires, il faut résoudre de toute urgence le grave problème de la pénurie des denrées alimentaires si l'humanité veut survivre.

Vous avez certainement vu à la télévision ou lu dans les journaux que, en raison d'inondations et de sécheresses répétées, l'Inde, le Bangladesh, et plusieurs pays d'Afrique souffrent actuellement de terribles famines. Le nombre d'hommes morts de faim dans ces lieux a de quoi bouleverser nos esprits. En tant qu'être humain et pratiquant bouddhiste, je suis profondément choqué et horrifié par cette situation.

Du 5 au 17 novembre 1974, s'est tenue à Rome une conférence mondiale sur les remèdes à apporter à la menace de pénurie alimentaire. Je m'y suis fortement intéressé car elle revêt une importance capitale, étant la première conférence à réunir des représentants ministériels. Tous ceux qui se préoccupent de ce problème sont dignes d'éloges. Mais en l'occurrence, je fus également déçu de voir que face à un problème aussi sérieux et urgent que celui-là, les nations continuaient à se chamailler et à manœuvrer pour parvenir à des accords qui leur soient favorables. J'ai même parfois senti que cette question de pénurie alimentaire était utilisée comme une arme dans une lutte économique et politique à l'échelle internationale. Ainsi, vit-on circuler sans honte des expressions comme les « stratégies alimentaires ». Cela m'a rappelé les guerres du temps passé où les armées assiégeantes affamaient l'ennemi en l'encerclant. L'idée d'utiliser le problème des ressources alimentaires nécessaires à la survie de l'humanité comme une arme stratégique constitue en elle-même une invention démoniaque. L'heure n'est pas aux « stratégies alimentaires ». Et les nations qui adoptent de tels points de vue finiront par se détruire elles-mêmes.

Selon les chiffres rassemblés en vue de cette conférence

mondiale, en 1985, c'est-à-dire dans exactement dix ans, environ huit cent millions d'hommes, soit à peu près le cinquième des habitants de la planète, souffriront de malnutrition. Même si l'on considère ce chiffre comme exagéré, il faut absolument prendre conscience de la gravité de la situation actuelle. Les nations industrialisées elles-mêmes ne peuvent se permettre d'être optimistes sur ce point. Nous arrivons à un stade où l'homme doit cesser de gaspiller son intelligence et ses ressources pour développer des armes nucléaires ou autres machines de guerre. Il nous faut maintenant concentrer notre attention sur la nécessité de produire assez de nourriture pour maintenir l'humanité en vie.

En regardant une émission de télévision consacrée à cette conférence mondiale, j'ai senti que la plupart des discussions et débats passaient complètement à côté de l'essentiel. À savoir que les participants se montraient peu préoccupés par la souffrance des hommes qui peuvent mourir du jour au lendemain dans les pays touchés par la famine. Ils semblaient plutôt soucieux des avantages ou inconvénients de telle ou telle politique pour leurs propres pays.

Pendant la durée de cette réunion, la télévision montra des documentaires sur l'effrayante situation au Biafra où cinquante mille personnes sont déjà mortes de faim. Pendant qu'à Rome on discutait des intérêts réciproques de chaque pays, des dizaines de milliers d'hommes mouraient encore au Biafra à cause de ce manque de produits de base qui faisaient l'objet de tractations à la conférence.

Il y a quelque temps, Jean-Paul Sartre s'est posé la question de savoir ce que la littérature pouvait faire pour les Africains qui meurent de faim. Il apparaît aujourd'hui que non seulement les écrivains mais aussi les dirigeants politiques, les nantis, et les participants à la conférence mondiale sont incapables de mettre au point les moyens rapides et efficaces qui s'imposent pour sauver les victimes de la famine.

Voilà pourquoi j'aimerais parler de la base sur laquelle devraient se dérouler les futurs débats sur les problèmes alimentaires et des principes que les peuples du monde doivent défendre. Il faudrait tout d'abord que chaque pays commence par se demander ce qu'il peut donner et non ce qu'il peut recevoir. On ne pourra rien réaliser de constructif tant que chacun spéculera sur les avantages à tirer de l'accord final. Il faudrait plutôt que chaque nation parle de la contribution qu'elle peut faire. On pourrait alors non seulement trouver une solution au problème alimentaire immédiat mais aussi aux problèmes futurs qui risquent de surgir. Par ailleurs, la prochaine conférence mondiale sur les questions alimentaires devrait se tenir dans l'un des pays frappé actuellement par la famine pour que les délégués puissent constater par eux-mêmes l'horreur de la situation.

Une même approche devrait servir de base à la question de l'assistance étrangère. Jusqu'à présent, les nations en voie de développement se sont toujours trouvées enchaînées par les aides des pays nantis qui, à la longue, ont toujours fini par tirer profit d'une manière ou d'une autre de leur contribution. C'est ce que l'on appelle « donner pour mieux prendre », ce qui peut aussi se traduire, en termes moins mesurés, par l'expression « impérialisme capitaliste ». Souvent, par exemple, on s'est servi de l'assistance économique pour établir ultérieurement des bases militaires ou des ports d'escale pour des navires chargés d'armes nucléaires. Il nous faut admettre que, si les choses continuent ainsi, nous allons vers la destruction. Il faut donc renoncer complètement à la stratégie du « donner pour mieux prendre ».

Puissance économique majeure, le Japon doit maintenant se demander ce qu'il peut apporter au monde. J'aimerais à ce sujet faire plusieurs suggestions. Tout d'abord, le Japon se trouve en position d'apporter une aide technique appréciable à de nombreux pays dans le domaine agricole. La solution fondamentale du problème alimentaire consiste à créer une situation où les nations en voie de développement peuvent se suffire à elles-mêmes. Sachant que la situation de bien des pays menacés par la famine ne diffère pas de la nôtre, il ne fait aucun doute que l'aide et les conseils techniques du Japon pourraient leur être d'un grand secours. Il y a vingt ans, le président Toda proposait déjà l'envoi de techniciens agronomes dans certains pays parmi les moins développés. Aujourd'hui, les méthodes agricoles japonaises se sont encore modernisées ; il est donc grand temps pour nous de nous dévouer de tout cœur à aider les nations en voie de développement à produire plus de nourriture.

Ensuite – et c'est là un point tout à fait essentiel –, nous devons reconnaître que la politique japonaise en matière d'agriculture constitue l'une des causes de pénurie alimentaire dans le monde. En effet, nous satisfaisons trop peu de nos propres besoins alimentaires. On considère que le Japon dépend des importations plus que n'importe quelle autre nation dans ce domaine. Notre pays est certes pauvre en ressources naturelles et se trouve donc contraint d'importer bon nombre de denrées de base. Il n'en est pas moins anormal que, à cause du surplus dans la production de riz, le gouvernement japonais continue à réduire la surface de terres cultivées et la population agricole. Notre pays prête ainsi largement le flanc aux accusations selon lesquelles il utilise l'argent gagné dans son développement industriel pour priver d'autres pays nécessiteux de la nourriture qui devrait leur revenir de plein droit. Le Japon doit donc assumer sa responsabilité dans le monde et revoir son attitude envers l'agriculture en s'efforçant de subvenir davantage à ses propres besoins.

Enfin, je pense que nous devrions accorder plus d'attention aux problèmes alimentaires des autres pays. Jusqu'à présent, nous avons trop eu tendance à considérer que leurs difficultés ne nous concernaient pas. Mais ce qui arrive aujourd'hui à d'autres peut nous arriver demain. En tant que bouddhistes, nous devons porter secours aux régions du monde plongées dans la souffrance. Beaucoup de pays souffrent de famine parce qu'ils ne disposent pas des fonds nécessaires pour acheter l'excédent agricole des pays riches. Nous devons agir. Aussi je demande aux départements des Jeunes Gens, des Jeunes filles et des Étudiants d'examiner à fond ce problème et de décider d'actions appropriées.

Si la situation demeure identique, nous risquons fort un jour de ne plus pouvoir importer de céréales. Nous serions alors confrontés à une famine plus grave encore que celle qui sévit actuellement dans les pays en voie de développement. Pour notre propre avenir, nous devons réfléchir à des mesures efficaces pouvant contribuer à long terme au bien-être du reste du monde.

Nous avons de toute urgence besoin d'une organisation internationale puissante chargée de rappeler constamment aux nations leur devoir de contribuer selon leurs moyens au bien-être d'un monde perçu dans sa globalité. Je pense à une banque mondiale de la faim du type de celle qui, à ma grande joie, a fait l'objet de discussions lors de la récente conférence mondiale sur la faim. Une telle organisation devrait fonctionner comme un centre de distribution mondial qui pourrait prendre immédiatement des mesures concrètes pour assurer une répartition équilibrée des denrées alimentaires dans le monde. Mais pour l'heure, sa première tâche consisterait évidemment à envoyer des aliments dans les zones frappées par la famine.

Cette banque pourrait acheter les excédents alimentaires des différents pays et autoriser, le cas échéant, un financement à long terme à faible taux d'intérêt. Sachant que la solution véritable au problème consiste à mener les pays en voie de développement sur le chemin de l'autonomie, cette banque pourrait également jouer un rôle majeur en favorisant le progrès des techniques agricoles. Il y a déjà quelque temps que je nourris une telle idée et j'ai eu l'occasion d'en faire part à certains dirigeants et intellectuels de premier plan. Je suis content de voir que le monde semble s'acheminer vers une solution de ce type.

Je laisse aux experts le soin de déterminer comment établir cette banque et la faire opérer. Un tel projet doit cependant s'appuyer sur la compassion du bodhisattva dévouant sa vie à soulager les autres de la souffrance et à leur donner le bonheur. Il ne faut donc pas que cet organisme soit utilisé par certains pays pour faire des profits ; il doit au contraire se consacrer, dans un esprit d'altruisme, à la reconquête des droits fondamentaux de l'homme pour toute l'humanité.

Lorsque je parle de « soulager les autres de la souffrance », je ne pense pas seulement à un soulagement temporaire, mais bien à la suppression des causes fondamentales de la souffrance. En d'autres termes, il s'agit de permettre à chaque être humain de se tenir debout. Ce qui vaut pour les individus vaut aussi pour les sociétés. Qu'une société soit malade et il faut également s'attaquer aux causes fondamentales de la maladie. Le bonheur dont je parle ne signifie pas un plaisir momentané, mais un bonheur éternel qui vient du fait d'être en vie et de disposer de la force fondamentale pour se forger soi-même continuellement.

Il faut toujours respecter le point de vue du pays auquel on fait parvenir une aide économique, et donc prendre des mesures en accord avec ses conditions naturelles et ses traditions culturelles. Mais les dirigeants de ces nations doivent évidemment réfléchir et faire preuve de sagesse.

Même si l'on établit une banque mondiale de la faim, cet organisme ne pourra être efficace que si les dirigeants des pays riches aussi bien que ceux des pays en voie de développement s'avèrent capables de faire abstraction de leurs intérêts nationaux purement égoïstes et de porter sur leurs épaules la souffrance des pauvres. Ceux qui considèrent que les souffrances liées à la famine constituent leurs propres épreuves sauront comment agir en toutes circonstances.

Si nous rassemblons toute la sagesse de l'humanité – en laquelle je crois fermement – pour travailler à accroître la production alimentaire, à étendre la surface des terres cultivées, à améliorer les techniques agricoles, et à réduire le taux de croissance de la population, nous trouverons certainement des solutions. Nous devons à présent adopter un point de vue mondial : oublions les fiertés nationales et travaillons ensemble à la préservation de cette entité qu'est l'humanité.

Si nous examinons profondément la situation du monde, d'un point de vue bouddhique, nous en arrivons à la conclusion que la cause fondamentale de la souffrance se trouve à l'intérieur même de l'être humain. Et cette cause fondamentale n'est rien d'autre qu'un manque de compassion. Je ne peux m'empêcher de me rappeler les profondes paroles de Nichiren Daishonin, bouddha des derniers jours de la loi : « *Si ce pays est sans bienveillance, le ciel ne le protégera pas. Si nous adhérons à des vues mauvaises, les Trois Trésors nous déserteront*. » (*Gosho Zenshu*, p. 708.)

La cause de toute souffrance est donc le manque de compassion, lié à des vue égocentriques et mauvaises. Lorsque je regarde l'avenir, je suis convaincu que nous sommes parvenus à un point où, si nous n'adoptons pas la compassion comme base de nos pensées, le monde entier finira en fumée. C'est pour empêcher cela que la Soka Gakkai existe. Nous devons croire au bouddhisme comme à la force capable de créer la paix mondiale.

La famille ouverte

J'aimerais maintenant parler de l'« année de la famille », puisque c'est ainsi que nous avons désigné l'année à venir.

Depuis que la culture humaine se développe, la famille a toujours été la source de la vie et l'unité de base de la société. Nous avons choisi d'appeler l'année prochaine « année de la famille » parce que la famille est le cadre dans lequel s'épanouira cette renaissance humaine si nécessaire aujourd'hui. Je voudrais toutefois souligner ici que la famille dont je parle est une institution ouverte, tournée vers l'extérieur.

Lorsque nous parlons de l'importance du foyer et de la famille, nous ne songeons pas au type de famille féodale qui s'est développé dans le système japonais traditionnel. Ce foyer ancien représentait en effet non pas un heureux rassemblement d'êtres humains, mais une force autoritaire prenant l'avantage sur l'individu. On s'est justement écarté de ce modèle inhumain et oppresseur.

Une famille ouverte n'accorde aucune place à l'égoïsme et à son étroitesse. Elle n'est pas un refuge à l'écart de la société, mais une version en miniature de cette société. Dans une famille, ce qu'on fait, ce qu'on apprend, ce qu'on expérimente, tout nous aide à nous préparer à vivre dans le monde.

Un foyer devrait être un lieu de repos, un endroit où on engrange de l'énergie, à la fois spirituelle et physique ; non pas un lieu où l'on parle sans cesse de tout ce qui va mal dans le monde extérieur. Un tyran ne doit pas non plus y régner, exigeant des sacrifices de sa famille pour pouvoir agir de son côté. D'un point de vue humaniste, celui qui réduit sa famille en esclavage, quand bien même sa vie domestique semblerait idéale aux personnes extérieures, est un homme laid et lâche. La famille devrait être le fondement de la vie humaine et la source d'énergie dont les êtres humains ont besoin pour créer des valeurs dans la société. Plus profondément encore, pour la plupart des gens, un foyer heureux est la condition préalable à une vie heureuse.

Le Japon d'après-guerre a fait passer le développement économique avant la vie familiale. Mais si l'industrialisation et l'urbanisation ont fait de notre pays une grande puissance économique, le prix à payer fut également élevé. Nous connaissons actuellement une pénurie chronique de logements et une prolifération de petites unités familiales où l'homme et la femme travaillent tous les deux. On a sacrifié une vie de famille heureuse pour accroître le produit national brut. La prospérité n'a été acquise qu'en ignorant, voire en sacrifiant, cette vie de famille que la plupart des hommes considèrent comme essentielle au vrai bonheur.

En toute logique, si les gens ordinaires décident de résister à la toute-puissance de l'économie et de rechercher le bonheur pour eux-mêmes, ils doivent d'abord retrouver le plaisir d'une vie de famille heureuse. Et cela vaut non seulement pour les individus mais aussi pour la société, car des familles heureuses créent des sociétés heureuses dans lesquelles on trouve la chaleur et la place nécessaires à l'épanouissement individuel. Je considère qu'il faut voir la création de foyers heureux comme faisant partie du combat obstiné des hommes pour la paix.

Depuis le début de la crise pétrolière, fin 1973, les prix ont augmenté de manière presque effrayante. Le riz coûte bien plus cher ; les denrées de base ont considérablement augmenté ; tous les prix ont monté. Dans le même temps, les activités industrielles ont stagné au point que bon nombre de petites et moyennes entreprises se sont trouvées acculées à la faillite ; et certains gros secteurs sont même menacés.

En présumant une dépression, de nombreuses personnalités gouvernementales et hommes d'affaires ont commencé à évoquer la possibilité d'un blocage des salaires l'année prochaine. En d'autres termes, le niveau de vie de la majorité des gens se trouvera comprimé entre l'inflation et la récession. Voilà sans doute le résultat inévitable d'une politique « du gros qui mange le petit », d'une économie du laissez-faire, mais l'essentiel ici est que les hommes ordinaires – le peuple – sont les plus durement touchés. Dans un tel contexte, comment protéger la famille ? Il faut d'abord éviter toute forme de gaspillage.

La croissance économique de ces deux dernières décennies

a largement résulté d'un encouragement à la consommation. On a poussé les gens à acheter des objets dont ils n'avaient pas besoin, ou à investir sans nécessité. Telle étant la nature de la société, la meilleure façon pour les hommes ordinaires de limiter autant que possible leurs pertes consiste à planifier rigoureusement leurs budgets familiaux de façon à éviter tout gaspillage d'argent.

Mais comment ne pas être écœuré par l'attitude du gouvernement ? Jusqu'à maintenant, on a proclamé que le consommateur était roi, mais voilà que soudainement les vertus de l'épargne sont vantées à l'étranger. Néanmoins, nous devons protéger nos foyers. Ce qui revient à dire que les femmes au foyer devront tenir sérieusement le budget familial et s'efforcer d'une manière ou d'une autre de surmonter ces temps difficiles. Les hommes ordinaires doivent créer un front assez fort pour dissuader les grandes entreprises et les membres du gouvernement qui les soutiennent d'ignorer le bien public.

On a tant parlé d'inflation que tout le monde semble avoir oublié le problème de la pollution, en dépit du tollé qu'il souleva il y a quelques années. Cependant, que nous menions le combat contre la vie chère ou contre la pollution, nous, hommes ordinaires, devons nous unir. Voilà la meilleure façon de nous protéger et de sauvegarder nos moyens d'existence. Nous devons présenter un front uni et travailler fermement à l'élargir.

L'inflation

Directement reliée à nos vies familiales, l'inflation de ces dernières années n'est pas cependant confinée au seul Japon. Tous les pays riches sont pris dans un tel cercle vicieux provoqué par l'inflation et l'augmentation des salaires que, même lorsqu'il y a surplus de marchandises, les prix ne tombent pas pour autant. Certains prédisent une crise mondiale inéluctable comparable à celle des années trente.

Quelles sont les causes directes de l'inflation ? Nous pouvons citer la guerre du Vietnam où les dollars américains se sont volatilisés à tout jamais en dépenses militaires et la crise pétrolière qui commença l'année dernière avec la guerre du Moyen-Orient. En moins d'un an, le prix du pétrole a quadruplé, provoquant ainsi une brusque augmentation de tous les autres prix.

L'inflation actuelle est différente des inflations précédentes en ce sens qu'elle révèle les imperfections fondamentales de la structure économique du monde. Pire encore, personne ne semble savoir comment remédier à la situation. L'approche économique de Keynes n'est plus convaincante, et les économistes ont du mal à cacher leur incapacité à traiter des schémas économiques complexes qui viennent d'apparaître. L'économie mondiale se trouve à un tournant. Les ressources naturelles sont clairement limitées et seront rapidement épuisées si l'on poursuit une politique de croissance économique forte. L'existence même de l'homme est en danger.

Le Japon connaît un taux d'inflation plus élevé que presque partout ailleurs, non seulement parce que le pays est pauvre en ressources mais aussi parce que la rapide expansion économique d'après-guerre, qui favorisa le développement des grandes entreprises tout en créant un système de distribution complexe, s'est montrée singulièrement inefficace face à la montée des prix.

C'est en contrôlant leurs dépenses personnelles que les ménages pourront le mieux se protéger au cas où une politique gouvernementale tournée vers les grandes entreprises ferait monter le taux de chômage. Je crains que le peuple ne se voit contraint de porter le fardeau de réajustements économiques.

Une gestion économe au niveau national, spécialement au regard des dépenses publiques militaires prônées dans le quatrième plan de défense du gouvernement, s'impose de toute urgence.

Dans le monde entier, on dépense beaucoup trop d'argent à des fins militaires. En éliminant ne serait-ce qu'une partie de ces dépenses, le monde serait déjà plus en mesure de résoudre des problèmes tels que la pollution, l'explosion démographique, la pénurie alimentaire, et l'épuisement des ressources naturelles. Nous ne trouverons aucune solution fondamentale à nos problèmes tant que nous ne voudrons pas passer d'une philosophie de la consommation à une philosophie de régénération. Il nous faut passer d'une civilisation basée sur l'expansion permanente des désirs à une civilisation capable de modération. Si les dirigeants en place continuent à ne protéger que les grandes entreprises, tôt ou tard le peuple s'élèvera contre eux. Il faut mettre un terme à la politique impitoyable qui favorise les forts au détriment des faibles. De nombreuses petites et moyennes entreprises courent aujourd'hui à la faillite, et l'agitation sociale ne cesse d'augmenter. Nos députés doivent protéger les hommes ordinaires et prendre des mesures immédiates pour aider les petits entrepreneurs. Sinon, ils ne sont pas qualifiés pour gouverner.

L'éducation de toute une vie

L'édification du caractère, voilà la phase la plus importante dans l'éducation de l'enfant à la maison. Et la véritable conduite des parents sert invariablement de modèle à l'enfant. Cela signifie que, pour élever leurs enfants, les parents ne doivent pas s'appuyer sur des instructions orales, mais s'efforcer constamment d'élever leur propre niveau de culture. En bref, ils doivent éduquer leurs enfants en s'éduquant eux-mêmes. Les enfants sont bien plus intelligents et observateurs que beaucoup d'adultes ne le croient. Ils se méfient de ceux qui ne pratiquent pas ce qu'ils prônent. Une des pires choses qu'un enfant puisse entendre est : « Fais ce que je dis, pas ce que je fais. » Les parents doivent constamment étudier pour pouvoir faire face aux exigences liées à la formation de leur enfant.

Mais l'auto-éducation de l'adulte est aussi importante dans les foyers sans enfant. Plus se développe le respect mutuel entre le mari et la femme, et plus tous deux deviennent distingués. Les personnes mariées qui ne cessent d'apprendre rafraîchissent résolument l'atmosphère de leur foyer, et en retour cela empêche l'amour de se dessécher.

Notre époque exige toujours plus de savoir et de capacités. Si l'on ne continue pas à se former dans sa vie adulte et à se tenir toujours au courant des nouvelles connaissances, finalement, le temps nous semblera avoir passé bien vite et l'on se retrouvera à l'écart de tout, avec une perte complète d'autonomie. Pour rester en contact avec notre société et notre époque, il est nécessaire aujourd'hui de rechercher sans cesse de nouvelles connaissances.

Le passage du sûtra qui dit, « *dès le début, j'ai entrepris de rendre tous les hommes parfaitement égaux à moi, sans aucune distinction entre nous* » signifie que le Bouddha cherche à ce que tous les êtres doués de sensibilité manifestent la bodhéité en eux-mêmes et connaissent ainsi un état égal et identique au sien. Aucune citation ne pourrait s'appliquer plus pertinemment à l'éducation. Éduquer signifie reconnaître l'égalité fondamentale entre les êtres et adopter cette valeur suprême pour élever des hommes accomplis. L'éducation doit stimuler la manifestation du potentiel intérieur et ainsi permettre aux êtres humains d'acquérir les connaissances et les capacités techniques qui brilleront dans leur vie comme des pierres précieuses.

Le mot japonais *doshi* (le professeur qui guide, le maître), lorsqu'il s'applique au bouddha, ne suggère aucune condescendance envers les simples mortels, ni aucune tendance à considérer les hommes ordinaires comme des subordonnés. Cela signifie simplement que le bouddha s'efforce de guider chaque personne afin de lui permettre d'exercer au mieux ses propres capacités. En ce sens, à la fois en théorie et en pratique, le bouddhisme représente la quintessence de l'éducation.

En tant que bouddhistes, nous bénéficions du support philosophique et de la foi concrète qui permettent le mieux de parfaire l'éducation de soi tout au long de sa vie. Notre révolution humaine est une autre façon de désigner l'éducation de toute une vie, et notre devoir est de travailler à nous éduquer aussi longtemps que nous vivrons tout en apportant la meilleure contribution possible à la société par nos activités concrètes.

Le Gosho

Depuis l'époque de Nikko Shonin, second grand patriarche, et celle de Nichikan Shonin, vingt-sixième grand patriarche, la tradition fondamentale de la Nichiren Shoshu considère le *Gosho* comme les paroles mêmes du bouddha véritable et l'enseignement suprême pour les derniers jours de la Loi. Tsunesaburo Makiguchi, fondateur de la Soka Gakkai, et Josei Toda, son successeur, ont insisté sur le fait que le *Gosho* est l'origine de tout et la source unique pour nous guider dans la propagation de notre foi. Je tiens à affirmer aujourd'hui que la Soka Gakkai restera toujours fidèle à ce principe.

L'attitude de Nichiren Daishonin envers les sûtras, particulièrement le Sûtra du Lotus de Shakyamuni, bouddha des premiers jours de la Loi, se trouve contenue dans le *Ongi Kuden (Enseignements oraux)* où il verse la lumière de sa sagesse sur chaque mot et phrase, explique leur plus profonde signification, et révèle de manière brillante et lucide le sens qu'il leur attribue.

Le *Gosho* reprend l'explication de T'ien-t'ai sur le Sûtra du Lotus : « *Chaque mot est en lui-même le Bouddha.* » (*Gosho Zenshu*, p. 1484.) En prenant cette phrase à cœur, Nichiren Daishonin a recherché le sens de chaque caractère du Sûtra du Lotus par rapport à lui-même. En mettant résolument en pratique sa foi, il a concrètement démontré la vérité de chaque mot. Et grâce à son vaillant combat, à une époque où le Sûtra du Lotus faisait l'objet d'interprétations formalistes risquant de lui ôter tout son sens, il renaquit, comme un grand phénix, et se remit à vibrer. Le *Gosho* constitue l'enseignement pour notre époque et nous devons le lire comme Nichiren Daishonin lisait le Sûtra du Lotus. Mon propre maître, Josei Toda, affirmait que nous devions étudier le *Gosho* avec une discipline aussi stricte que celle qu'un maître d'escrime s'impose à lui-même. Autrement dit, avec l'esprit de faire face à tous les obstacles et difficultés. Le *Gosho* de Nichiren Daishonin fait partie de nous. En le gravant dans nos cœurs, nous devons le vivre de tout notre être.

On peut lire dans le *Ongi Kuden* : « *Nam est un mot sanscrit qui signifie " se consacrer " ou " revenir à ". La personne et la Loi sont incluses dans les implications de ce qu'il signifie. Revenir à la personne signifie se consacrer au Sûtra du Lotus.* » (*Gosho Zenshu*, p. 708.) Cela révèle à quoi nous devrions remettre (ou retourner) nos vies. En d'autres termes, le Dai-Gohonzon des Trois Grandes Lois ésotériques qui, à la fois manifestation de la Personne et de la Loi, représente l'ultime objet de culte.

À notre époque, la dévotion à la Loi signifie la dévotion au *Gohonzon*. Mais alors que faut-il entendre par la dévotion à la personne ? Il s'agit bien sûr de la dévotion à Nichiren Daishonin, bouddha des derniers jours de la Loi, maître et parent. Mais j'aimerais souligner un point important. Concrètement, la dévotion à la personne à laquelle se réfère le *Ongi Kuden* n'est rien d'autre que la dévotion aux enseignements de Nichiren Daishonin, c'est-à-dire au *Gosho*. Le *Gosho* est la vie de Nichiren Daishonin. Il contient les principes qu'il a vérifiés dans sa vie même.

Un homme guidé par un principe immortel est un homme heureux. Aujourd'hui, trop d'hommes manquent d'un tel principe et mènent des existences sans signification, jour après jour, en ne s'appuyant sur rien, en ne croyant en rien. Un crépuscule sombre et lugubre les attend, car une vie dénuée de sens ne peut déboucher sur le bonheur véritable et indestructible. Mais nous, nous avons le *Gosho* aux vérités pures et éternelles comme l'or. Et nous avons pour mission profonde de nous servir du *Gosho* pour éclairer notre époque. Dans le *Shoho Jisso Sho (Traité sur la véritable entité de la vie),* Nichiren Daishonin écrit : « *Quelles ques soient les circonstances, conservez la foi d'un pratiquant du Sûtra du Lotus et efforcez-vous d'être un disciple de Nichiren tout au long de votre vie. Si vous avez le même esprit que Nichiren, vous devez être un bodhisattva sorti de la terre, et vous êtes, sans aucun doute, un disciple du vénéré Shakya depuis le passé infiniment lointain.* » (*Gosho Zenshu*, p. 1360.)

Dans cet extrait, l'expression « conservez la foi d'un pratiquant du Sûtra du Lotus » se rapporte à la dévotion à la Loi, et signifie prendre la Loi mystique comme base de notre vie et agir pour le bien de la société. « Efforcez-vous d'être un disciple de Nichiren tout au long de votre vie » représente la dévotion à la personne et la fidélité aux liens d'amitié qui nous unissent autour d'un même cœur. La source de notre unité est évidemment Nichiren Daishonin lui-même.

Avoir le même esprit que Nichiren signifie faire vôtres le cœur et l'esprit de Nichiren Daishonin et l'accepter en tant que maître fondamental dans une relation où maître et disciple ne font qu'un. Alors, extérieurement, vous serez un bodhisattva sorti de la terre et intérieurement un disciple du bouddha du passé le plus lointain, soit de l'éternel bouddha originel.

La boddhéité n'est pas détachée des contingences de ce monde ; elle est manifeste dans votre propre cœur lorsque vous mettez en pratique la foi d'un bodhisattva sorti de la terre et répandez la Loi mystique dans le monde corrompu des derniers jours de la loi.

En bref, un bodhisattva sorti de la terre accomplit des actes de grande compassion, et le bouddhisme de Nichiren Daishonin puise dans la vie universelle appelée *Nam Myoho Renge Kyo* une immense force de compassion qui se répand en un flot bienfaisant sur le monde entier.

Le *Ongi Kuden* dit encore : « *L'esprit dans lequel Nichiren et ses disciples récitent Nam Myoho Renge Kyo est l'esprit de compassion suprême* », et « *Le Sûtra du Nirvana : " Le Tathagata ressent comme les siennes toutes les souffrances de l'humanité sans exception ". Moi, Nichiren, je déclare que toutes les souffrances de l'humanité sont celles de Nichiren lui-même.* » (Les deux citations sont extraites du *Gosho Zenshu*, p. 758.) Un jour, Josei Toda dit à quelques-uns de ses jeunes disciples : « *C'est un combat dans lequel vous devez aimer tout le monde. Mais comment des jeunes gens peuvent-ils aimer les autres alors que beaucoup d'entre eux n'aiment même pas leurs parents ? Le moyen pour parvenir à un tel sentiment s'appelle la révolution humaine, vous permettant de vous élever au-dessus du moi sans compassion et d'entrer dans la sphère de la compassion du Bouddha.* »

Actuellement, dans une société au cœur dur où les hommes ne se groupent que pour rechercher leur profit personnel, nous devons répandre la lumière de la compassion. Il nous faut donc accomplir nos propres révolutions humaines afin de manifester la vraie compassion. Ces révolutions humaines, éternelles et incessantes, doivent être réalisées de concert avec les autres hommes.

En conclusion, permettez-moi d'exprimer par un court poème mon espoir que vos vies rayonnent de gloire, de bonheur, de joie et de paix :

« Puisse la lumière grandir
Sur vos ailes en essor
Jusqu'à vous voir atteindre
L'arc-en-ciel de
La foi à l'échelle mondiale ! »

UNE SOCIÉTÉ MONDIALE BASÉE SUR L'ÉGALITÉ ET LE RESPECT MUTUEL

Discours prononcé au Cercle japonais, New York, le 10 janvier 1975.

Tout d'abord, j'aimerais exprimer ma gratitude envers M. Shapiro, votre président, ainsi qu'à sa femme et à votre directeur, M. MacEachron ; je voudrais aussi remercier tous vos membres pour l'accueil sincère et chaleureux qu'ils m'ont réservé aujourd'hui. Bien que la brièveté soit une qualité généralement appréciée dans ce genre d'occasions, pour le bien de l'amitié américano-japonaise, je vous demande de faire preuve de patience si mon discours vous paraît parfois un peu long.

Tout d'abord, permettez-moi d'exprimer mon profond respect pour vos efforts visant à promouvoir graduellement l'amitié américano-japonaise et de saluer vos réalisations dans ce domaine. La visite du président Gérald Ford au Japon l'année dernière a fait date dans les relations entre nos deux pays. À présent, des liens étroits les unissent, non seulement dans le domaine de la culture et de l'économie mais aussi sur un plan plus général, incluant le style de vie de nos peuples. Tous ceux qui s'emploient à développer les relations entre nos deux pays verront leur rayon d'action s'étendre à l'avenir. Et votre cercle, qui a déjà beaucoup œuvré pour cette cause, se développera davantage encore.

J'aimerais maintenant dire quelques mots sur la Soka Gakkai en rapport avec un certain nombre de problèmes qui m'ont profondément touché dans le passé et constituent toujours pour moi une source de préoccupation.

Une crise à l'échelle mondiale

Il ne fait de doute pour personne que, pendant les vingt-cinq années qu'il nous reste à parcourir avant le début du XXIe siècle, nous ayons à traverser une époque de difficultés sans précédent à l'échelle mondiale. Je viens juste de me rendre aux Nations unies où j'ai rencontré le secrétaire général, M. Kurt Waldheim. Lors de notre conversation, je me suis aperçu que lui et moi partagions la même opinion à ce sujet. Il existe, certes, quantité d'approches et points de vue différents, mais nous avons tous un rôle à jouer dès lors qu'il s'agit de guider le monde vers le siècle futur et d'assurer la survie du genre humain. Cela exige de nous de la sincérité et un grand sens des responsabilités. C'est un peu comme si nous naviguions sur un bateau à l'aide d'une carte nautique nous indiquant la direction de l'avenir. Dans ce voyage, j'espère que vous tiendrez vos boussoles dans l'axe précis d'une paix lumineuse et durable.

J'ai de nombreux amis dans le monde ; ainsi, être humain voyageant parmi d'autres, j'ai entendu monter un hymne de vie qui a trouvé un écho dans mon cœur. J'ai vu le bonheur humain et les nobles sommets de la paix ; mais aussi la pauvreté, la souffrance, et la vanité. Tout cela est inscrit, indélébile, dans mon esprit. Alors que nous partageons cet agréable moment ensemble, ailleurs, dans le monde, des hommes souffrent de la faim, ou fuient l'enfer de la guerre. Tout cela, je ne peux l'oublier ; les lamentations et pleurs des peuples me traversent comme une tempête.

Quelles sont donc les causes de la souffrance humaine ? Elles varient bien sûr en fonction du temps et du lieu. Ici, des hommes souffrent parce qu'ils n'auront pas de quoi manger demain, là, dans des conditions matérielles très favorables, ils doivent endurer un grand vide spirituel. Cependant, quel que soit leur niveau de vie, les hommes rêvent partout d'une société où ils puissent vivre de manière véritablement humaine.

Notre époque se caractérise par la prise de conscience que l'humanité est un tout. Conscience spectaculairement amplifiée par les échanges mutuels que des moyens de transport et de communication sophistiqués ont rendu possibles. Dans le passé, l'humanité a certes traversé des périodes de crise mais jamais la conscience de ces crises n'a touché comme aujourd'hui toutes les régions du monde.

Quelle est donc la nature de la crise actuelle ? L'inflation, la récession économique, le problème des sources d'énergie ont partiellement paralysé le monde. Mais on ne peut analyser la vraie nature de la crise en ne faisant appel qu'à ces seules questions. Un vague sentiment d'insécurité emplit le cœur des hommes d'aujourd'hui. Des concepts tels que la croissance et le progrès, qui semblaient auparavant promettre richesse et bonheur, sont devenus des épées à double tranchant, faisant peser de graves menaces.

De nombreuses personnes ont déjà lancé un cri d'alarme contre les méfaits du progrès scientifique. Ainsi, Aurelio Peccei, dirigeant du Club de Rome, qui essaie de mettre au point des programmes précis pour remédier à certains problèmes graves, fait le commentaire suivant : « *On n'est pas loin de toucher aux limites du progrès matériel, mais il reste encore un vaste espace à développer dans l'esprit humain. C'est là que nous trouverons la clé de la survie pour l'humanité... Plus que jamais, nous avons besoin maintenant d'un nouvel humanisme, d'une renaissance de l'esprit humain.* » Voilà une excellente suggestion ; mais, actuellement, nous tâtonnons encore dans l'obscurité, à la recherche d'un chemin concret pour réaliser une renaissance spirituelle de l'homme. D'où le principal problème rencontré de nos jours : il manque un idéal qui puisse permettre à l'humanité de vivre le dernier quart de siècle dans la paix et le bonheur.

Les intellectuels soulèvent beaucoup de questions précises. C'est ce qui ressort de mes nombreux entretiens et échanges de correspondance avec le philosophe et historien britannique Arnold Toynbee, concernant les problèmes fondamentaux de l'homme et de la vie. M. Toynbee disait que, au XXe siècle, l'homme s'est laissé griser par la puissance de la technologie, causant des dommages à l'environnement et ouvrant grand la porte à la destruction de l'humanité. Il ajoutait que l'homme doit se regarder et tenter d'acquérir la sagesse de se contrôler.

Le point de vue bouddhique

Le bouddhisme est né en réponse à la souffrance humaine dont il a situé les causes dans la naissance, la vieillesse, la maladie et la mort. Il s'agit là d'un problème lié à la nature même de la vie, et la profonde sagesse bouddhique apparaît donc dans cette approche de la vie comme siège de la souffrance.

Je crois qu'au XXIe siècle on se concentrera essentiellement sur la nature fondamentale de la vie. Fort de la lumière que la philosophie bouddhique répandra sur l'humanité de cette époque, la Soka Gakkai lancera un grand mouvement pour l'unité spirituelle de tous les hommes et la révolution humaine. La Soka Gakkai est une organisation qui œuvre constamment à la paix en partant des préoccupations humaines. En dernière analyse, l'avidité et l'égoïsme apparaissent comme les forces motrices de tous les problèmes majeurs rencontrés par l'homme moderne, notamment les armes nucléaires et la pollution de l'environnement. En bref, ces problèmes sont causés par le manque de maîtrise de soi des hommes.

Mais une interprétation aussi tranchée ne peut expliquer totalement la nature fondamentale de l'homme. Pour illuminer cette nature, la philosophie bouddhique permet de développer la sagesse et le désir ardent de découvrir ce qu'est véritablement l'homme. C'est une immense philosophie humaine à la dimension de la vie. Plus qu'une simple façon de modifier les modes de vie et de pensée, la philosophie bouddhique est une méthode pratique pour une révolution humaine universelle.

L'année dernière, au Japon, un livre intitulé *Les prophéties de Nostradamus* est devenu un best-seller. Mais la façon de vivre et l'attitude bouddhiques envers le futur ne se limitent pas à de simples prophéties du type de celles qu'on trouve dans ce livre. Bien au contraire, mû par un idéal élevé, le bouddhisme met en valeur les actions à entreprendre pour l'avenir. On emploie souvent dans notre philosophie le terme *issai shujo*, qui désigne tous les êtres sensitifs dotés de compassion, d'une profonde volonté d'aider les autres, et d'un sens de l'indulgence et de la responsabilité tourné vers des actions positives pour la société. La Soka Gakkai est une organisation qui s'enracine solidement dans un tel sens de la mission.

Quelle voie pour l'humanité ?

Fondant mes réflexions sur l'idéal bouddhique, je crois que les points suivants résument bien la nouvelle orientation que doit prendre l'humanité : tout d'abord, en cette fin de XXe siècle, les hommes doivent renoncer à un point de vue étroitement nationaliste pour adopter un point de vue total, mondialiste. Ensuite, chacun doit prendre conscience qu'il est en soi une entité de vie qui transcende les problèmes de société, d'État et de race. En tant qu'entités sociales, les êtres humains ont des natures différentes, selon la période où ils vivent, leur race ou leur nationalité. Aussi, pour vivre comme il convient, doivent-ils fermement s'imprégner du fait qu'ils sont essentiellement et avant tout des entités de vie, et non des entités sociales. En d'autres termes, selon un axe vertical, nous devons rechercher notre origine en tant qu'entités de vie et, selon un axe horizontal, partager cette nature avec tous les autres hommes de la planète, formant ainsi une union universelle. Un des principaux buts de notre mouvement humaniste tourné vers la vie est d'éliminer la guerre et de construire une société de paix, basée sur le respect et la compréhension mutuels. Tel devrait être le résultat du développement de l'union universelle entre tous les peuples dans des domaines tels que la politique, l'économie et la culture. Sir Thomas More a dit autrefois à peu près ceci : on pourrait penser que la guerre est faite pour les bêtes, pourtant aucun animal ne fait autant la guerre que l'homme. L'homme doit maintenant cesser de se comporter comme un simple animal doué de raison et vivre d'une manière digne de son humanité.

L'unification du monde, la formation d'une communauté à l'échelle planétaire, représentent indéniablement le courant actuel de l'histoire. Cependant, il est tout aussi incontestable que dans le même temps le nationalisme étroit, le racisme sous toutes ses formes, et les conflits idéologiques font obstacle à une telle unification. Il y a encore un grand fossé entre l'idéal et la réalité.

Je lutte depuis quelque temps pour l'établissement de ce que j'ai proposé d'appeler des Nations unies de l'éducation. Il me paraît en effet nécessaire de renforcer des organisations internationales telles que les Nations unies dans le domaine de la politique et de la culture et de fortifier ainsi davantage la coopération internationale. De plus, j'ai fait cette proposition parce qu'il me paraît nécessaire de programmer et mettre en route un système d'éducation avancé qui éveillera chez les hommes une conscience de l'unité de plus en plus profonde, transcendant la politique et l'économie. Le mouvement de la Soka Gakkai a justement pour but de promouvoir une éducation qui puisse produire une révolution dans les consciences et un éveil philosophique.

J'espère que tous les pays – et notamment, bien sûr, le Japon – auront à cœur d'établir les Nations unies de l'éducation. C'est là un des buts de notre mouvement. Mais, pour qu'au siècle prochain la famille des hommes connaisse une paix durable et que naisse une société internationale rassemblant la totalité des nations, chaque pays doit prendre la responsabilité d'établir un système éducatif et social basé sur un respect commun de la personnalité – ou, à un niveau plus profond, de la vie – de chaque individu. La vie fondamentale, qui est digne du plus grand respect, transcende races et nations.

Au regard des terribles combats idéologiques et des égoïsmes nationaux de notre temps, beaucoup considèrent peut-être mon projet comme trop idéaliste. Cependant, j'ai l'intention de poursuivre ce « rêve impossible » jusqu'à la fin de ma vie. Comme l'histoire le montre, les idées qui révolutionnent les modes de pensée et propulsent leur époque, rompent toujours avec le sens commun en cours et semblent si progressistes qu'elles sont d'abord incomprises.

L'humanité connaîtra encore de terribles hivers. Mais le printemps ne brillera jamais si nous n'œuvrons pas ensemble avec une foi ou un courage invincibles pour bâtir la paix dans le monde. Je désire sincèrement que cette année tous les hommes s'unissent résolument afin de réaliser ce but.

LA VOIE DU MILIEU, BASE DE LA PAIX

Discours prononcé à la première conférence mondiale de la Ligue bouddhique internationale, île de Guam, la 26 janvier 1975.

Notre réunion d'aujourd'hui compte peut-être peu de participants. Toutes les nations n'y sont certes pas représentées. Mais, dans quelques siècles, cette conférence apparaîtra comme un point lumineux de l'histoire. Tous vos noms seront gravés et brilleront avec éclat dans l'histoire de l'humanité et dans celle de la propagation du bouddhisme.

Le monde d'aujourd'hui fonctionne sur la base des armes, de la politique, de l'économie et du profit personnel, autant d'éléments dont la combinaison entrave la réalisation de la paix et crée un climat dangereux marqué par des tensions permanentes. Comment sortir d'une telle situation ? Là intervient à mon sens la nécessité d'une religion plus élevée. C'est-à-dire d'une religion qui ne se limite pas aux idées, mais qui soit susceptible d'ouvrir concrètement le chemin de la paix.

Un célèbre passage du *Gosho* dit : « *Si itai doshin (un même cœur dans des corps différents) prévaut parmi les hommes, ils réaliseront tous leurs buts.* » (*Gosho Zenshu*, p. 1463.) On a interprété ce texte de bien des façons. Selon moi, il signifie que c'est seulement en réalisant leur unité spirituelle grâce à la Loi mystique, au-delà des différences qui les séparent, et en progressant ensemble dans un esprit d'assistance mutuelle, que les nations et les peuples du monde entier parviendront à établir une paix durable.

Il est certain, que d'un point de vue pratique, politique et économie ont leur importance. Mais on ne pourra pas réaliser la paix si tous les peuples du monde ne sont pas harmonieusement unis dans la foi en la philosophie de la vie, reposant sur le bouddhisme. Telle est l'essence du message de Nichiren Daishonin.

Le philosophe et historien britannique Arnold J. Toynbee a consacré beaucoup de temps et d'efforts au problème de la création d'un État ou d'une fédération d'États au niveau du monde dont l'histoire n'a été jusqu'à maintenant qu'une longue suite de guerres. Lorsque nous avons abordé la question des religions supérieures, il a dit que, selon lui, il fallait d'abord établir une fédération mondiale ; ensuite, une religion pourrait se répandre dans le monde et une société idéale verrait le jour.

En dix jours de discussion, nous sommes tombés d'accord sur tout, sauf sur ce point-là. Je crois en effet que l'État mondial et la société humaine idéale ne peuvent naître qu'après la propagation à l'échelle mondiale d'une nouvelle religion. Au fil de notre conversation, M. Toynbee, en grand savant qui a su rester modeste, révisa son jugement et finit par admettre que j'avais sans doute raison. À la fin de nos entretiens, je lui ai demandé s'il avait une opinion à émettre sur la Nichiren Shoshu Soka Gakkai. Il me fit signe que non, ajoutant qu'il était un intellectuel et non un homme d'action. Bien que la Soka Gakkai ait été largement critiquée, elle a poursuivi son combat assidu pour la paix mondiale. Sachant cela, M. Toynbee nous a exhortés à continuer courageusement d'apporter la doctrine bouddhique de la voie du milieu aux hommes du monde entier.

Voici quelques jours, j'ai participé à une réunion avec le secrétaire général des Nations unies, M. Kurt Waldheim, lui aussi sérieusement préoccupé par la paix dans le monde. À la fin de notre discussion, en guise d'encouragement peut-être, il m'a dit qu'il aimerait mieux connaître les principes de notre mouvement et utiliser cette connaissance pour reconsidérer le fonctionnement des Nations unies, organe primordial pour la paix. Il nous faut répondre à cette demande.

La soleil du bouddhisme de Nichiren Daishonin entame son ascension vers de lointains horizons ; nous en sommes à la phase initiale de la propagation mondiale du bouddhisme orthodoxe. J'espère que vous ne recherchez pas honneur ou gloire personnelle, mais plutôt que vous consacrez toute votre vie à semer les graines de la Loi mystique pour la paix dans le monde entier. Je ferai la même chose, tantôt à l'avant-garde, tantôt à vos côtés ou en retrait, observant et soutenant votre combat de tout mon être. Devenez des disciples de Nichiren Daishonin, emplis de courage et de compassion, animés par le feu de la justice. Que vos vies soient des soleils radieux pour votre pays, les hommes ordinaires, et l'humanité si précieuse.

UNE NOUVELLE ROUTE POUR LES ÉCHANGES CULTURELS ENTRE L'ORIENT ET L'OCCIDENT

Discours prononcé à l'université d'État M.V. Lomonsov de Moscou, le 27 mai 1975.

Près de huit mois se sont écoulés depuis ma dernière visite à Moscou, en septembre 1974, dans l'or d'un bel automne ; et c'est avec le plus vif plaisir que j'ai retrouvé les inoubliables amis rencontrés lors de mes précédentes visites. Quand les hommes, par des échanges d'opinions directs et sans arrière-pensée, créent des liens d'amitié, le temps ne peut altérer leur relation. Une telle amitié, impérissable, transcende les systèmes sociaux et réchauffe les cœurs. J'aimerais aujourd'hui parler des sentiments positifs qui m'ont été inspirés par la philosophie du peuple soviétique, sa culture, et particulièrement sa littérature.

L'indomptable volonté du peuple russe tourna une nouvelle page de l'histoire quand, à l'image des herbes tendres du printemps brisant la glace de Sibérie, il rompit avec le long esclavage imposé par un système social oppressif. Votre peuple tire une grande fierté de ce que la terre de Russie ait nourri et protégé cette volonté, qui me paraît être le trait le plus saillant du caractère national russe et la force qui a permis au peuple de créer une grande tradition culturelle populaire. La littérature russe symbolise aux yeux du monde entier l'essence de cette tradition.

Que je parle de littérature russe devant un groupe d'étudiants et d'enseignants de l'université de Moscou peut paraître présomptueux. Mais je vous prie d'écouter avec indulgence les propos sincères d'un ami étranger. Selon moi, la caractéristique majeure de la littérature de votre pays réside dans son intérêt constant pour le bonheur, la liberté et la paix des hommes. Aider les hommes à aimer de telles valeurs a toujours constitué le but mis en avant par les écrivains russes.

La littérature n'est pas la propriété exclusive d'une classe privilégiée. Elle ne peut exister dans l'ignorance des hommes ordinaires qui souffrent d'oppression, de faim, de pauvreté et sont sans cesse victimes des guerres. La littérature de nombreuses nations européennes a eu tendance à servir l'art pour l'art et à se limiter à quelques genres spécifiques. À l'inverse, presque toute la littérature russe s'est montrée vivement concernée par les problèmes sociaux. Elle a toujours reflété la destinée, les souffrances et le bonheur des hommes ordinaires.

Dans la pièce « les Bas-Fonds » qui me laissa une impression impérissable lorsque je la lus pour la première fois peu après la Seconde Guerre mondiale, Maxime Gorki fait dire à Satin, personnage vivant dans un monde de décadence et de dépravation : *« Comme il est fier et sonore le mot chevolek (homme). »* Je lus cette pièce alors que j'étais à un âge très impressionnable, dix-sept ou dix-huit ans. Je vivais alors dans un pays qui souffrait de la défaite de la guerre et avait perdu tout sens des valeurs. Malgré la faim, mes amis et moi réunissions les quelques livres qui avaient échappé aux flammes de la guerre et lisions constamment, en quête d'un rayon d'espoir pour l'avenir. Cette phrase m'a insufflé un espoir qui illumine encore mon cœur. En fait, le mot *chevolek* me paraît contenir à lui seul une vision de l'humanité propre au peuple russe. Le mot lui-même résonne comme un appel à tous les peuples, montant de la souffrance et de la désolation. Et je me sens plus près du grand révolutionnaire Lénine lorsque je pense que Maxime Gorki et lui étaient amis.

C'est donc parce que, entre autres, elle se préoccupe de la volonté indomptable des hommes ordinaires que la littérature russe m'inspire une grande sympathie. Les grands écrivains russes ont toujours mis en valeur l'espoir tenace et la foi dans l'avenir que le peuple a su conserver, même dans des conditions d'oppression indescriptibles, alors qu'il se voyait contraint à une amère soumission. L'origine et le but ultime du mouvement social de la Soka Gakkai, organisation que je dirige, est le bien-être des hommes ordinaires. Nous espérons rassembler toutes les volontés humaines dans un esprit de liberté et diriger l'énergie des peuples vers la paix.

Pouchkine, grand poète du peuple russe, disait qu'à son époque la liberté politique était inséparable de l'abolition du servage. Pendant toute leur vie, Gorki, Nekrasov, Tourgueniev, Tolstoï, Tchekhov, et d'autres grandes figures de la littérature russe furent les amis du peuple. Il eurent certes parfois une éducation européenne et décrivirent le mode de vie des aristocrates, mais ne purent jamais se limiter à un tel cadre ; leurs œuvres reflètent invariablement une vision typiquement russe de l'homme. On peut dire cela de personnages aussi différents que Tatiana dans le *Eugène Onéguine* de Pouchkine et Karataev dans *Guerre et Paix* de Tolstoï.

Mais qu'avaient à l'esprit les grands écrivains lorsqu'ils créaient des personnages de ce type ? J'imagine qu'ils voyaient plus loin que la culture européenne qui, au XIXe siècle, était déjà entrée dans une phase de vieillissement, pour exprimer un espoir – voire une prière – de plein épanouissement et de liberté pour l'humanité de notre époque. Peut-être est-ce cette prévoyance qui amena des écrivains européens tel André Gide à s'étonner de l'imposant éventail d'œuvres magistrales que présente la littérature russe.

Cette préoccupation russe pour l'homme ne se limite cependant pas au champ de la littérature. Elle s'exprima à travers les soulèvements de Stenka Rasin, rendus célèbres par la chanson populaire ; de Pougatchev ; et dans les mouvements Dékabristy et Narodniki au XIXe siècle. En fait, la victoire du peuple dans la révolution soviétique aurait été impossible sans une accumulation d'énergie dirigée vers la libération de l'homme. Je suis convaincu que cette passion pour l'homme et la liberté continue de fleurir non seulement dans la littérature soviétique mais aussi dans tous les autres domaines de la culture.

Ce qui va suivre peut paraître une digression, mais j'ai pensé que cela pourrait vous intéresser. Lors d'une de mes conversations avec de jeunes amis friands de littérature russe, nous nous sommes mis à chercher les mots qui symbolisent les traits caractéristiques des différentes nationalités. Pour les Français, nous avons choisi *esprit* et pour les Anglais *humor*. Pour les Russes, l'un des jeunes gens présents suggéra le mot *posledovatel'nost'* comme étant le plus juste. Je ne parle pas russe et des mots aussi longs que celui-là me semblent difficiles à prononcer, mais l'on dit qu'il signifie cohérence ou minutie, le refus de s'arrêter à mi-chemin, l'entêtement à aller jusqu'au but.

Le peuple, terreau de la littérature russe

Je crois aussi que ce trait de caractère est très saillant chez le peuple russe. Indéniablement, le terme choisi s'accorde avec la nature fondamentale de la littérature de votre pays. Par la littérature, cette idée transcende les barrières de race, de nationalité et de langue pour produire une émotion aussi forte que le mot *chevolek* dans *Les bas-fonds* de Maxime Gorki.

Une telle tradition n'est pas née du jour au lendemain. Son histoire est longue, on peut trouver trace de ses premiers bourgeons dans la littérature et la chanson populaire des temps anciens. C'est un fait largement reconnu que votre peuple possède un trésor de chansons et proverbes populaires plus riche que n'importe quel autre. La plupart sont les produits de la tradition orale et, le plus souvent, l'histoire ou la chanson parlent d'un héros qui s'attaque au mal et en triomphe. Bon nombre de ces récits racontent la révolte de paysans contre l'oppression de seigneurs cruels. Fortement satiriques, ils révèlent à la fois la nature du terrain dans lequel est enracinée la tradition littéraire russe et le puissant esprit de résistance qui permit au peuple de renverser le régime tsariste et de repousser des envahisseurs comme Napoléon et Hitler.

On peut dire la même chose des chansons populaires que l'on chante aux quatre coins du pays. Au Japon, nous en connaissons un certain nombre. Notamment celles des cosaques ; et, dans le fameux *Chant des bateliers de la Volga*, on n'entend pas seulement le désespoir et la souffrance de l'asservissement. Bien que plongés dans les profondeurs de la souffrance, les personnages de ces chansons ne perdent pas l'espoir du bonheur. Les chansons elles-mêmes dénoncent une souffrance devenue intolérable. Le *Chant des bateliers de la Volga*, ou encore *Acier* d'Ostrovski révèlent que, plus la souffrance est profonde, plus la volonté est grande de surmonter l'épreuve. Sans cette terre riche et profonde que représente le peuple russe par son amour des chansons, ses veillées de contes, sa culture et son art, les brillantes réussites de votre littérature du XIXe siècle n'auraient pas vu le jour. Mais avec un tel arrière-plan il n'est pas surprenant que les grands écrivains russes du siècle dernier aient pu observer la souffrance des hommes avec un regard aigu et ressentir profondément la nécessité de rechercher le vrai sens de la littérature. Grâce à l'exemple de tels hommes, je ressens beaucoup d'affinités avec la littérature russe. Plus encore, ils sont l'une des forces motrices qui me poussent à consacrer résolument ma vie à la création du poème lyrique de la paix et de la culture.

Un philosophe français a soulevé cette question : que peut faire la littérature pour aider les enfants qui meurent de faim ? Il remettait ainsi en question la valeur d'une littérature peu soucieuse des inégalités sociales dans un monde où la seule existence de l'homme est menacée. Voilà une critique aiguisée soulignant l'échec de la littérature des pays européens, qui a tendance à se couper des choses pour s'enfermer dans son monde propre.

Cette question est déjà dépassée pour la littérature russe. L'écriture et l'art en général se sont développés de concert avec le désir de bonheur, de liberté et de paix des hommes ordinaires. Cette tradition ne laisse pas place au type de questions soulevées par le philosophe français. Je suis convaincu que la profonde compréhension de la nature humaine, telle qu'elle se reflète dans les œuvres de vos grands écrivains, est profondément enracinée dans le cœur des gens eux-mêmes servant en quelque sorte de matrice au développement d'une identité nationale et raciale spécifique. Voilà pourquoi la littérature russe n'a peut-être rien créé en dehors du peuple.

Dans les domaines de l'art et de la culture, individualité n'entre pas nécessairement en conflit avec universalité. Bien au contraire, l'individualité est peut-être indispensable au développement d'une forte universalité. Dans des temps comme les nôtres, marqués par l'urgente nécessité d'unir les êtres humains, l'esprit de la culture russe et sa profonde compréhension de l'homme doivent inévitablement devenir une force d'inspiration pour tous les peuples et apporter une grande contribution aux échanges culturels du XXIe siècle. Et j'ajouterai même, en m'adressant aux jeunes, que c'est là leur mission et leur responsabilité.

J'aimerais maintenant aborder le thème central de mon exposé : une nouvelle route pour les échanges culturels entre l'Orient et l'Occident. Ce titre à lui seul fait penser à la Route de la Soie qui relia Orient et Occident dans un lointain passé. En circulant entre deux routes continentales d'oasis et de steppes, la Route de la Soie constitua, avec ses nombreux carrefours, un axe de passage majeur pour le commerce entre l'Orient et l'Occident. Et elle servit aussi à des échanges culturels entre les deux sphères. Les cultures iraniennes et scythes contribuèrent beaucoup aux civilisations ultérieures. Le bouddhisme se propagea de l'Inde à presque toute l'Asie. Le christianisme et l'islam exercèrent également une grande influence sur l'art, l'architecture, la musique, et la culture en général d'une bonne partie du monde. Tous ces courants s'appuyèrent sur la Route de la Soie. Les traditions culturelles eurasiennes suivirent cette route pour atteindre finalement les îles japonaises.

Près du grand temple Todai-ji, dans la ville de Nara qui fut il y a très longtemps la capitale du Japon, s'élève un bâtiment appelé Shoso-in, où se trouvent rassemblés une grande variété d'objets vieux de douze ou treize siècles qui constituent une collection d'un immense intérêt historique. On trouve là notamment un article étonnant : un luth à cinq cordes incrusté de fleurs d'ambre, d'écailles de tortue, et de nacre. En plus des fleurs, le talentueux artisan qui doit avoir consacré beaucoup de temps à cette pièce élégante, a peint des rochers et quelques oiseaux volant au milieu des branches d'arbres tropicaux. Celui qui voit ce luth ne peut qu'être touché par l'habileté et le talent de l'artisan.

On considère que le luth à quatre cordes est originaire de Perse. Mais celui à cinq cordes vint d'Inde et traversa l'Asie centrale pour parvenir au royaume chinois du nord sous la dynastie des Wei. On dit qu'il fut perfectionné sous la dynastie chinoise des T'ang. Le type d'instrument que l'on trouve dans le Shoso-in est indiscutablement de style persan, datant de la dynastie des Sassanides. Son histoire suggère donc comment les cultures indiennes et perses ont voyagé le long de la Route de la Soie jusqu'à entrer en contact avec la Chine et finalement traverser les mers pour atteindre le Japon. En d'autres termes, la Route de la Soie favorisa la symbiose de différents éléments culturels et stimula le développement de nouvelles cultures.

Parmi ces nombreux trésors, le Shoso-in possède, outre ce luth, une harpe de Mésopotamie, un coffret de bois décoré d'Égypte, et de la verrerie de l'Empire romain d'Orient. Toutes les pièces conservées à Nara furent certes la propriété exclusive de la classe privilégiée et ne représentent pas un échantillon de la culture de masse populaire. Néanmoins, ils illustrent la façon dont les échanges culturels – même limités aux privilégiés – se déroulèrent dans le passé.

Transformer la suspicion en confiance et l'hostilité en compréhension

Comment la Route de la Soie a-t-elle pu favoriser un tel brassage de cultures ? Commerce et expéditions conquérantes créèrent certainement des ouvertures mais, à mon sens, cela n'explique pas tout. La culture stimule les échanges par nature. En d'autres termes, elle possède essentiellement une nature universelle ; elle est le souffle qui anime les activités humaines. Ainsi la joie peut-elle toucher une corde sensible dans le cœur de tous les peuples, réveillant d'harmonieux accords. De même, la culture est une entreprise humaine fondamentale qui conquiert les distances pour remuer le cœur de tous les peuples du monde. Cette disposition commune de tous les cœurs humains me semble être le point d'origine des échanges culturels. Il s'ensuit donc qu'accord et harmonie représentent la nature fondamentale de la culture basée sur une telle disposition. Laquelle s'oppose diamétralement à la force des armes. Contrastant avec le pouvoir militaire qui menace l'humanité et s'efforce d'exercer un contrôle de l'extérieur, la culture s'élève de l'intérieur de l'esprit humain comme une force libératrice. De plus, la puissance armée donne naissance à une philosophie du pouvoir selon laquelle les nations économiquement et militairement fortes envahiront les pays plus faibles. À l'inverse, les échanges culturels sont basés sur l'idée d'intégration et doivent comporter comme condition de base l'indépendance de celui qui reçoit. Au bout du compte, la destruction est la base du pouvoir militaire alors que la culture doit reposer sur le concept de créativité.

Bref, la culture est un constant produit de la vie humaine requérant tout à la fois harmonie, indépendance et créativité. Seul l'épanouissement culturel permet de se libérer des pouvoirs et privilèges militaires et de leur résister. Je suis convaincu que le chemin suivi par la littérature russe offre des pistes très intéressantes pour le développement de l'avenir culturel.

Des liens de cœur à cœur

Le VIIIe siècle vit les hommes abandonner progressivement la Route de la Soie qui avait tant fait pour la promotion des échanges culturels entre l'Orient et l'Occident et stimulé le développement culturel des pays d'Asie centrale. De nos jours, on ne l'utilise plus. La grandeur et la décadence de l'Empire sarrasin et, d'une certaine façon, les ravages ultérieurs causés par les Mongols dans les villes oasis situées le long de cette route, sont considérés comme les principaux facteurs de son déclin. Terrifiante est l'influence destructrice du pouvoir militaire sur les entreprises culturelles. Certains ont affirmé au contraire que les expéditions militaires stimulaient le développement culturel et les échanges. Mais on comprend bien aujourd'hui que, à mesure qu'il se développe et devient plus destructeur, le pouvoir des armes peut frapper de mort toute la culture. Pire encore, il menace d'éliminer la civilisation elle-même.

La Route de la Soie devenant périlleuse, les Européens entreprirent de rechercher une voie maritime pour se rendre en Extrême-Orient. Assistés par la science moderne, Portugais et Espagnols parvinrent à ouvrir des routes vers l'Orient en passant par le cap de Bonne-Espérance, à la pointe de l'Afrique. Cela ôta toute valeur pratique à la route terrestre qui traversait l'Asie centrale ; et la Route de la Soie, voie autrefois inestimable entre Orient et Occident, tomba en désuétude.

Au XXe siècle, le développement des moyens de transport et de communication permet de relier très vite deux lieux éloignés l'un de l'autre. Qu'un incident se produise dans un pays lointain et, grâce aux mass media, toute la planète s'en trouve informée le jour même. Grâce aux progrès de la science également, le volume actuel des échanges entre l'Orient et l'Occident est sans commune mesure avec ce qu'il a pu être à l'âge d'or de la Route de la Soie. Néanmoins, je constate toujours avec étonnement que, en dépit du raccourcissement symbolique des distances dû à l'amélioration des moyens de transport, de vastes étendues séparent encore les cœurs humains. Bien qu'à grande échelle les échanges de biens et d'informations soient bien rodés, les échanges entre les peuples du monde, au niveau humain et personnel, demeurent rares.

Les grands esprits de notre temps qui adoptent un point de vue mondial sur la condition humaine affirment à présent avec insistance que nous devons suivre la voie des échanges culturels sur une base beaucoup plus large incluant à la fois l'Orient et l'Occident, afin d'établir l'unité spirituelle de tous les hommes. Les amis que je me suis faits dans de nombreux pays ainsi que les dirigeants politiques avec qui j'ai abordé ce sujet partagent tous l'espoir d'atteindre cet idéal le plus tôt possible. Les hommes du monde entier souhaitent établir des échanges culturels entre l'Orient et l'Occident. On ressent aujourd'hui comme jamais dans l'histoire la nécessité d'ouvrir une Route de la Soie spirituelle s'étendant à toutes les sphères de la culture, transcendant les barrières nationales et idéologiques, et réunissant tous les peuples au niveau le plus fondamental. Les échanges culturels, manifestations spontanées de la volonté des hommes ordinaires, peuvent changer la suspicion en confiance, l'hostilité en compréhension et écarter le spectre de la guerre pour diriger le monde vers une paix durable. L'histoire a trop souvent vu la rupture brutale d'accords établis uniquement au niveau gouvernemental et des échecs politiques débouchant sur la tragédie de la guerre. Ne laissons pas se reproduire de tels événements.

Certaines personnes croient sincèrement à une hostilité historique entre pays ; pour ma part, je considère qu'il n'en est rien. J'ai récemment lu l'expérience intéressante d'une actrice grecque internationale qui, dans son enfance, considérait les Turcs comme des ennemis. Quand elle se rendit à Nicosie, sur l'île de Chypre, pour travailler sur le tournage d'un film, elle découvrit que la ville possédait un quartier grec et un quartier turc, séparés par des postes de contrôle. Comme elle pouvait franchir à son gré la frontière, des Grecs lui remirent des messages et des petits cadeaux pour les Turcs situés de l'autre côté. Puis, le temps passant, les Turcs lui confièrent à leur tour des commissions, lettres et autres objets à remettre dans la zone grecque. Réfléchissant à tout cela, elle se dit : « *Ces deux peuples peuvent être amis. Les gouvernements trouvent avantage à maintenir l'hostilité entre eux mais, par eux-mêmes, Turcs et Grecs pourraient parfaitement vivre en paix.* »

Rompre avec nos antécédents historiques peut certes paraître difficile, mais les hommes vivant aujourd'hui ne sont absolument pas obligés de porter sur leurs épaules les animosités d'antan. Qu'une personne reconnaisse l'humanité d'une autre et les murs qui les séparent tombent aussitôt. En ce moment, je m'adresse à chacun de vous ; nous sommes engagés dans un échange. Je suis convaincu que vous êtes tous des amis qui partagez mon désir de paix. Ai-je raison en affirmant cela ?

Je crois que même les problèmes difficiles, apparemment insolubles, peuvent être résolus pacifiquement, sans recours aux armes, s'ils sont éclairés par un point de vue humain. Aucun être humain, quelle que soit sa position, n'a le droit de monter les hommes les uns contre les autres ou de faire couler le sang. Une fois de plus, je prononce le mot *chevolek* (homme), qui doit se transformer en un cri de paix unissant toute l'humanité. Pour créer l'unité du monde et bâtir une paix durable, je déclare qu'il faut ouvrir de toute urgence une Route de la Soie spirituelle passant par le cœur des hommes d'Orient et d'Occident.

L'égalité, moteur des échanges

J'aimerais maintenant discuter des moyens concrets pour promouvoir les échanges. Dans le monde actuel, en plus des pays dits industrialisés, on trouve un grand nombre d'autres nations à des degrés divers de développement. Comment stimuler des relations fructueuses entre ces deux groupes ? Les spécialistes examinent généralement la situation selon une problématique Nord-Sud. Ce qui revient à distinguer les pays riches du Nord des nations pauvres du Sud. Évidemment, chaque pays considère le problème à partir de son propre point de vue.

Dans la partie précédente de mon discours, j'ai parlé des relations Est-Ouest. Je n'entendais pas par là les relations entre sociétés communistes et capitalistes, mais bien les échanges entre cultures orientale et occidentale. De même, à propos des rapports Nord-Sud, je n'évoquerai pas les différences de système. En effet, si l'on en reste à ce niveau, non seulement des échanges sains seront impossibles, mais le danger existe aussi de voir incomprise la nature véritable des cultures du Nord et du Sud.

La distinction entre un Nord riche et un Sud démuni repose entièrement sur le développement économique. Mais le succès économique ne prouve pas l'excellence d'une culture. Au contraire, les pays en voie de développement sont fréquemment aussi avancés sur le plan culturel que les nations qui les dépassent en termes de richesse et de puissance. Voilà pourquoi il est souhaitable de ne pas utiliser les seuls critères économiques pour évaluer l'accomplissement d'un peuple. Ainsi, par exemple, quel serait le résultat d'une comparaison entre pays sur le plan musical ? Sans aucun doute, si l'on prend en compte certains aspects de la culture humaine, les nations économiquement fortes pourraient bien apparaître comme moins évoluées que d'autres considérées actuellement comme pays en voie de développement. Notre planète verte, foyer de quatre milliards d'êtres humains, présenterait un tableau plus varié si nous l'examinions à la lumière de l'art, de la religion, des traditions, des styles de vie et de la psychologie de ses habitants. Et il est fort probable qu'un tel examen ferait disparaître la distinction entre Nord et Sud. De nos jours, les relations entre ces deux pôles ne méritent d'ailleurs pas le terme d'échanges. Trop souvent unilatérales, du Nord vers le Sud, elles ressemblent plus parfois à des incursions économiques ou culturelles.

Une Route de la Soie spirituelle reliant tous les pays du monde

Comme la corde d'un luth peut éveiller des vibrations harmonieuses dans le cœur des hommes, les échanges culturels peuvent réunir tous les peuples du monde. À condition, toutefois, de maintenir en toutes circonstances une complète égalité basée sur le respect mutuel. Les incursions culturelles unilatérales sèment la dangereuse graine de la fierté dans le peuple qui transmet tandis que celui qui reçoit se sent infériorisé, voire même éprouve de la haine. Voilà pourquoi j'insiste sur la nécessité d'une complète égalité basée sur un respect mutuel entre toutes les parties ainsi que sur le respect et l'admiration des autres peuples et cultures. Ancrer fermement une telle attitude conduira à une Route de la Soie spirituelle réunissant non seulement Orient et Occident mais aussi Nord et Sud.

Si je fais aujourd'hui ces commentaires, c'est parce que je vois, en Union soviétique, un exemple valable et instructif de la façon de bâtir un pont entre les cultures orientale et occidentale et de stimuler des échanges sains entre le Nord et le Sud. En disant cela, je m'appuie notamment sur la profonde interprétation, propre à la Russie, de la nature humaine. Et aussi sur la situation géographique de l'Union soviétique, vaste point de jonction entre l'Est et l'Ouest, et sur la précieuse expérience qu'elle a réalisée en réunissant quinze nations différentes à des niveaux de développement économique variés dans une seule république favorisant les échanges culturels entre le Nord et le Sud. En fait, 126 peuples comprenant des Russes et des Ukrainiens, mais aussi des Mongols ressemblant aux Japonais, font de l'Union soviétique un grand *melting pot* de races et de cultures diverses combinées harmonieusement en un mélange spécifique.

La situation d'aujourd'hui diffère grandement de celle prévalant sous le gouvernement tsariste qui attisait souvent la discorde entre les différents peuples à des fins politiques. L'un des premiers pas accompli par le gouvernement soviétique après la révolution consista à proclamer l'égalité des droits pour tous les peuples de l'Union, sans considération de race ou de puissance économique. Au moment de la fondation de l'Union soviétique, Lénine dit qu'il espérait voir naître une fédération de nations fondée sur une volonté autonome, une confiance totale, la claire conscience de la fraternité et un accord spontané. Cependant, même au XIXe siècle, les peuples de Russie avaient conscience de l'unité des sphères culturelles orientales et occidentales. Ainsi, sous les tsars, les études et recherches sur la culture orientale étaient déjà très avancées. La publication des œuvres complètes du sage indien Rabindranath Tagore est même légèrement antérieure à la Révolution. En fait, la seule distinction entre occidentalisés et slavophiles date peut-être du moment où les deux sphères ont pris conscience de leur union. L'Union soviétique est donc capable de comprendre à la fois les sentiments d'Asie et d'Europe, du Nord industrialisé et du Sud en voie de développement. Voilà pourquoi elle doit assumer à mon sens une grande responsabilité dans la promotion des échanges culturels.

J'attends beaucoup du désir de paix du peuple russe qui a cultivé un esprit éternel de résistance contre l'oppression. Cet esprit l'aida à résister au joug que les Tartares lui imposèrent pendant près de deux cents ans, à partir du XIIIe siècle, aux invasions des chevaliers teutoniques et des Suédois, puis à l'offensive napoléonienne au XIXe siècle, et aux ravages provoqués par les armées nazies d'Hitler au XXe. L'esprit de résistance a eu pour effet de planter dans le cœur russe un pur désir de paix, que j'ai senti encore plus fortement cette fois-ci que les fois précédentes.

C'est en vous qui assumerez la responsabilité de l'Union soviétique que je place tous mes espoirs pour la création d'une brillante Route de la Soie spirituelle reliant le cœur et l'esprit des peuples du monde. Je suis certain que vous ferez plein usage de la profonde tradition pacifique du peuple russe dans vos efforts pour établir une paix durable. Quant à la Soka Gakkai et à moi-même, je vous promets que de notre côté nous nous efforcerons d'encourager les échanges culturels au niveau privé. Je suis déterminé à consacrer le reste de ma vie à voyager dans le monde pour favoriser de tels échanges ; et, convaincu que, par les efforts que nous ferons dans cette direction, nous serons amenés à nous revoir un jour, j'aimerais conclure ce discours en adressant mes remerciements à chacun d'entre vous.

L'ESPRIT D'ALOHA

Discours prononcé à la douzième réunion générale de la NSA (Nichiren Shoshu Soka Gakkai d'Amérique), Hawaï, le 26 juillet 1975.

C'est ici, à Hawaï, que j'ai entamé il y a quinze ans la première de mes missions pour la paix dans le monde. Je suis bouddhiste. Je crois au respect absolu de la vie et à la nécessité de rejeter toute forme de violence. Aussi, s'efforcer d'établir des relations amicales avec tous les peuples et toutes les nations constitue-t-il pour moi un article de foi. Notre mouvement, basant ses actions et sa philosophie sur le bouddhisme, s'évertue à faire avancer la cause de la paix et de la culture. J'ai toujours cru et tenté de montrer par mes actions que pour établir la paix dans le monde aujourd'hui il faut parvenir à créer une concorde entre tous les peuples transcendant les barrières raciales, nationales et idéologiques. Voilà pourquoi j'ai déjà visité trente-sept pays.

Les accords entre nations ne suffisent pas pour établir une paix véritablement forte et profonde. Amitié et harmonie entre peuples et individus sont également nécessaires.

Cette paix-là me paraît établie ici, dans les belles îles d'Hawaï. Je sens l'ardeur de votre détermination et votre sens de la mission dans le fait que vous ayez choisi Hawaï – lieu profondément significatif de par la multitude des races qui s'y trouvent réunies – comme scène de ce rassemblement sur la route de la paix mondiale.

Mais comment des peuples aux modes de vie et coutumes si différents ont-ils pu vivre en harmonie dans ces îles ? Il me semble que cela est dû à l'esprit d'*aloha*, né de la sagesse des habitants d'Hawaï. Le mot *aloha*, utilisé à la fois pour se dire bonjour et au revoir, exprime une amitié chaleureuse. Je crois que cette amitié-là se rapproche beaucoup de la compassion et de la générosité enseignées par le bouddhisme et enracinées dans l'absolu respect de la vie. De plus, elle émane d'un esprit capable d'inspirer le respect mutuel et la coexistence pacifique entre les peuples de tous les pays.

À la base de la compassion et de la générosité bouddhiques se trouve l'absolu respect de la vie. Rien n'égale le trésor de la vie. Il faut donc donner la priorité au respect de la vie. Tout le reste n'est que moyen ou méthode au service de cette priorité absolue. Je maintiens qu'une paix vraiment durable ne sera réalisée que lorsqu'une telle attitude envers la vie sera partout fermement établie.

J'espère que chacun d'entre vous, qui vous consacrez résolument à la philosophie du respect de la vie, concrétiserez vos croyances en harmonisant le fier et enthousiaste esprit de frontière américain et l'esprit d'*aloha* basé sur l'amitié et l'harmonie. Ainsi, vous pourrez faire des États-Unis une grande puissance allant de l'avant dans la marche pour la paix qui constitue le désir sincère de toute l'humanité.

Le courant de notre époque doit se diriger vers l'amitié et l'harmonie. Le récent amarrage du vaisseau spatial américain Apollo avec le vaisseau spatial russe Soyouz symbolise la promesse d'un avenir d'amitié et de coopération.

INTELLIGENCE, SENSIBILITÉ ET VOLONTÉ

Discours prononcé à la réunion du département des éducateurs de la Soka Gakkai, Tokyo le 12 août 1975.

Que cette réunion d'éducateurs se déroule à l'université Soka en cette « année de l'éducation » revêt une grande signification. Donnons à ce jour le nom de Jour de la Révolution dans l'éducation et commémorons-le désormais tous les ans. Il y a trente ans, à la fin de la Seconde Guerre mondiale, dans un pays en ruines où régnait la misère, les Japonais se sont pris d'enthousiasme pour réaliser la démocratie. Mais maintenant que notre économie s'est rétablie et que nous nous sommes habitués à l'abondance, notre désir spirituel de démocratie semble avoir perdu de sa force.

Cette faiblesse spirituelle est évidente dans le domaine de l'éducation. Avant la guerre, les besoins militaires passaient en premier, les hommes en second. Aujourd'hui, d'une manière largement similaire, c'est l'économie qui vient d'abord, et les êtres humains se trouvent encore relégués au second plan. Seule l'éducation, dont la tâche consiste à cultiver l'être humain, peut ouvrir une brêche et créer un renversement de situation.

Éduquer les jeunes gens est une entreprise sacrée. Les fabricants de machines ou les producteurs de nourriture répondent aux besoins présents, les éducateurs à ceux de l'avenir. J'ai toujours considéré l'éducation comme la tâche la plus importante de l'homme et c'est aussi mon principal but personnel. Afin de découvrir le type d'éducation nécessaire à l'avenir, j'ai visité de nombreuses universités de premier plan et j'aimerais aujourd'hui vous faire part de ce que M. Dupont, recteur de la Sorbonne, m'a dit en mai dernier. En réponse à une question sur le fossé séparant les enseignants des étudiants, il a résolument déclaré : « *On parle beaucoup de la séparation entre étudiants et professeurs, mais il me semble plus approprié d'appeler cela un manque de contact. Tout d'abord, les éducateurs doivent reconnaître que le contact avec les étudiants relève de leur responsabilité personnelle. Dans l'éducation, rien n'importe plus que l'écoute. Plutôt que de se préoccuper de guider les étudiants, les enseignants devraient écouter ce qu'ils ont à dire et prendre largement en compte leurs opinions. Il ne s'agit pas d'écouter à seule fin de pouvoir attaquer le point de vue des étudiants.* »

En 1968, la Sorbonne fut la scène de ce que l'on appela la révolution de Mai qui déclencha une série de révoltes étudiantes dans les universités du monde entier. Recteur d'une telle institution, M. Dupont a su bien saisir le problème. J'imagine que pour lui « écouter les étudiants » signifie les encourager à s'exprimer. Il est aujourd'hui plus important que jamais que les éducateurs écoutent les étudiants et s'efforcent d'entendre la pulsation de leur cœur derrière leurs propos.

Une écoute correcte exige des éducateurs une attitude profondément compréhensive et chaleureuse. Il faut un amour aussi profond que l'océan pour entendre les pulsations du cœur. De même qu'une grande batterie électrique peut emmagasiner beaucoup d'électricité, un professeur doté d'amour et de chaleur humaine peut absorber et comprendre très largement les sentiments intérieurs de ses étudiants. Nous avons besoin de professeurs dotés de cette capacité de recevoir et pouvant, sans dire un mot, prodiguer à la fois force et lumière à leurs élèves.

Une bonne écoute peut vous permettre de bien transmettre le savoir. Les enseignants doivent avoir le sens de l'unité avec leurs étudiants. Cela me rappelle l'expérience de Johann Pestalozzi qui fut durant toute sa vie le type même du professeur chaleureux. Écrivant sur l'époque où il était directeur d'un orphelinat, il disait : « *Je pleurais avec les enfants, je riais avec eux. Ils ne faisaient qu'un avec moi, je ne faisais qu'un avec eux. J'étais avec eux dans la maladie et la santé.* »

Voilà qui traduit bien l'esprit de base de l'éducation. Il est évidemment impossible que dans les écoles ordinaires les professeurs vivent avec leurs étudiants, mais ils ne devraient jamais perdre leur passion pour l'éducation. Une approche humaine de l'éducation est particulièrement nécessaire aujourd'hui alors que de plus en plus de jeunes gens négligent la vie humaine et que les adultes ignorent toujours plus les injustices sociales.

Dans l'idéal, l'éducation fait apparaître et équilibre l'intelligence, la sensibilité et la volonté pour réaliser l'harmonie entre les trois. L'intelligence, qui permet d'apprendre, implique à la fois intuition et raison. Bien qu'aujourd'hui elle fasse souvent défaut, l'intelligence – l'entendement ou intellect – est la faculté qui nous permet d'acomplir le tri essentiel des multiples informations que nous présentent les mass media modernes et de parvenir à une juste compréhension des faits connus. La sensibilité – au sens strict, les sensations agréables ou désagréables, auxquelles s'ajoutent au sens large les humeurs, les sentiments et les passions – est traditionnellement considérée comme l'aspect psychologique le plus subtil de l'homme. La volonté, force motrice qui nous pousse à réaliser nos buts, ne relève pas du domaine de l'instinct ou des désirs naturels. Il s'agit d'un processus conscient de prise de décision, d'une volition à laquelle nous parvenons après un examen juste du problème posé.

Intelligence, sensibilité et volonté sont soutenues par le désir personnel de progresser, de s'améliorer toujours, et par l'esprit de compassion envers les autres. Faute de quoi, ce ne sont que de vains concepts ; et l'énergie dont nous avons besoin pour vivre et créer un environnement social positif disparaît. Ne restent plus que sophismes, bavardages et idées futiles.

Depuis l'Antiquité, la religion a cherché comment développer l'intelligence, la sensibilité et la volonté. Mais jamais les religions du passé n'ont pu réaliser l'union parfaite entre le désir de perfection de soi et la compassion envers les autres. Quand l'accent a été mis de façon excessive sur le besoin d'auto-perfectionnement, c'est l'égocentrisme qui est apparu ; à l'inverse, l'accent mis sur la compassion a conduit au sacrifice de soi et à l'illusion. Jusqu'à présent, les religions ont toujours oscillé entre ces deux extrêmes.

La philosophie du Sûtra du Lotus et le bouddhisme de Nichiren Daishonin ouvrent la voie de l'harmonie parfaite entre l'auto-perfectionnement et la compassion universelle. Quand la Loi mystique est acceptée comme principe fondamental de vie, les actions du bodhisattva – ou compassion pour les autres – stimulent l'amélioration et le perfectionnement de soi. Voici ce que dit Nichiren Daishonin sur la signification du bonheur dans le *Ongi Kuden : « Le bonheur consiste à se réjouir avec les autres... Le bonheur est l'état dans lequel on partage sagesse et bienveillance avec les autres. »* (*Gosho Zenshu*, p. 761.) Cette idée, qui parcourt tous les écrits de Nichiren Daishonin, constitue le fondement parfait pour l'éducation de l'homme. Elle montre comment polir et parfaire l'intelligence, la sensibilité et la volonté.

Chacun de vous qui enseignez et avez fait de la philosophie de la Loi mystique une partie intégrante de votre vie, vous efforcez maintenant avec acharnement de l'appliquer dans toutes vos activités quotidiennes. Pour créer l'axe d'une ère nouvelle, nous n'avons pas d'autre alternative que de compter sur une force neuve. Certains diront à juste titre qu'il est difficile de développer la force juvénile nécessaire à un tel épanouissement, et que cela revient à chercher à atteindre les étoiles avec une perche. C'est la raison pour laquelle je vous prie d'entreprendre cette œuvre magnifique. J'exhorte chacun de vous, membres du département de l'Éducation, à entretenir la flamme passionnée de la révolution dans l'éducation afin d'éclairer brillamment la société de l'avenir. Je vous demande de faire de cette grande tâche votre mission et vous prie instamment de l'accomplir avec vaillance.

LA CRÉATIVITÉ CULTURELLE

Discours prononcé à la réunion du département de la Culture de la Soka Gakkai, Tokyo, le 13 août 1975.

On trouve dans le *Gosho* le passage suivant : « *Un caractère du Sûtra du Lotus est comme la terre : il produit tout ; comme la mer, il contient tous les courants, comme le soleil et la lune, il illumine les quatre continents.* » (*Gosho Zenshu*, p. 1 263.)
« Un caractère » fait référence au Dai-Gohonzon, objet de culte de tous les croyants de la Nichiren Shoshu. « Produit tout » signifie que tout dans l'univers naît par la Loi mystique. Cela inclut l'art, la science et la littérature qui, lorsqu'ils ne reposent pas sur la Loi mystique, sont comme des fleurs sans racines ni tige. « Un caractère est comme la mer » veut dire que, tel l'océan, la Loi mystique est vaste et peut tout englober. Cela s'exprime dans la grande compassion capable de sauver tous les hommes. « Un caractère est comme le soleil et la lune » signifie que celui qui garde la Loi mystique a la mission et le devoir de donner l'impulsion à la société et au monde.

Voilà pourquoi je vous demande à vous, pionniers de la culture basée sur la Loi mystique, d'être comme la terre, la mer, le soleil et la lune. Telle est la raison d'être du département de la Culture.

Le professeur Arnold J. Toynbee disait : « *La culture est un mouvement, pas un état ; un voyage, non un port.* » Je partage entièrement cet avis. Il s'agit donc de savoir où chercher le pouvoir générateur de ce mouvement. Lequel n'est rien d'autre que notre énergie vitale ; et la Loi mystique, base de notre vie, représente la source de toutes les énergies culturelles. Je pense qu'on peut tirer une importante leçon des années d'après-guerre à Okinawa où se déroule actuellement l'Exposition océane. Champ de bataille pendant la Seconde Guerre mondiale, Okinawa essuya un « ouragan d'acier » qui brûla plantes et arbres et modifia jusqu'à la topographie. En se dressant au cœur de montagnes et de rivières dévastées, les habitants d'Okinawa recherchèrent avant tout de la nourriture spirituelle. Et, selon vous, où la trouvèrent-ils ? Et bien dans les vestiges de leur art traditionnel dont ils retrouvèrent des fragments au milieu des rochers. Les habitants rivalisèrent d'efforts pour extraire des reliques et les exposer dans une cabane. Dans la détresse qui suivit la défaite, ces hommes partirent des vestiges de leur héritage culturel et versèrent des larmes de joie en trouvant là une nouvelle force pour affronter la vie. Tant que leur culture existait, qu'ils pouvaient continuer à bâtir sur leur tradition, l'amenant ainsi à poursuivre son développement, ils étaient convaincus de pouvoir recréer un cadre paisible.

Une fois la guerre achevée, ils firent jaillir la vigueur et l'esprit acharné qui avaient permis à leurs ancêtres de forger cette tradition, puisant ainsi l'énergie de renouveler leur culture locale.

Une telle expérience constitue un exemple pour tout le Japon. En 1945, notre pays entreprit de développer sa culture. Mais aujourd'hui, trente ans plus tard, bien qu'il soit devenu une grande puissance économique, il n'offre pas l'image culturelle escomptée. Au nom de la prospérité économique, nous courons le risque de voir disparaître peu à peu les vestiges de notre culture traditionnelle rescapés de la guerre. Le profit personnel, adopté comme but suprême, fait une fois de plus du Japon un pays isolé dans la communauté internationale.

Notre nouvelle culture n'est peut-être rien d'autre qu'un moyen pour parvenir à la prospérité économique. Dans la triste situation d'aujourd'hui, les priorités économiques prennent le pas sur la science, l'art, l'éducation, et toutes les formes d'activités culturelles en général. Il faut renverser ce courant ; nous devons bâtir une culture plus centrée sur les qualités propres à l'homme.

La culture apparaît quand, pour satisfaire leur quête de

vérité, les hommes travaillent énergiquement à créer les valeurs du beau et du bien.

Nous devons aujourd'hui renoncer à une culture qui se borne à être la servante du profit économique. Le mouvement de la révolution humaine, à la recherche de vérité et de valeurs, nous permet de vivre comme de véritables êtres humains. Le cœur en quête de vérité se rapproche de la Loi éternelle transcendant le temps et l'espace jusqu'à ne faire qu'un avec elle. Celui qui désire créer le bien et le beau se consacre à améliorer l'existence humaine, ses actions se situant alors sur la voie digne d'un croyant. La création de la vraie culture libère les hommes des chaînes du désir. Et elle commence par le combat d'un seul homme pour élever ses principes personnels de par sa propre volonté. Tel est le chemin concret de la révolution humaine enseignée par le bouddhisme. Pour éveiller la sagesse qui se trouve à la source de notre intelligence et de nos perceptions, le bouddhisme distingue dans les profondeurs de la vie cinq sortes d'yeux correspondant à des facultés de perception différentes. Il s'agit des yeux du corps (*nikugen*), de l'esprit (*tengen*), de la sagesse (*egen*), de la Loi (*hogen*) et du Bouddha (*butsugen*). Celui qui récite *daimoku* et combat sincèrement dans sa vie quotidienne fera de sa propre vie un miroir reflétant tout. En regardant dans ce miroir, il pourra étreindre la réalité et la source du rythme de la vie cosmique, parvenant ainsi à comprendre tous les phénomènes.

Je vous demande de laisser libre cours à votre créativité et de créer des œuvres qui trouvent un écho dans le cœur des autres. J'aimerais que vos créations donnent espoir et courage. Votre tâche n'est certes pas facile, votre route sera jalonnée de difficultés et d'épreuves, mais n'oubliez jamais la formule d'Eschyle : *« Le savoir naît de la souffrance »,* et accumulez des connaissances par vos expériences.

Les réalisations concrètes du département de la Culture étant d'une valeur inestimable dans le mouvement de la Soka Gakkai, je tiens à vous faire part du grand espoir que j'ai en vous pour l'avenir et vous demande de tout cœur de poursuivre vos efforts dans le domaine de la culture avec force et enthousiasme.

OBLIGATION ET RESPONSABILITÉ

Discours prononcé à la réunion des responsables de centre de Tokyo, à Tokyo, le 15 août 1975.

Le 15 août est un jour inoubliable pour les Japonais et, par extension, pour tous ceux qui aspirent à la paix. Il y a en effet juste trente ans, ce jour-là, la Seconde Guerre mondiale s'acheva tragiquement. Le mois dernier, le monde porta son attention sur le retour sur terre des vaisseaux spatiaux Apollo et Soyouz. En écoutant les informations, je me suis rappelé les propos tenus par Valentina Tereshkova, première femme cosmonaute, lors de notre conversation à Moscou en mai dernier. Elle évoquait alors son voyage dans l'espace : « *Je ne peux pas décrire la joie que j'ai éprouvée en voyant la Terre de l'espace. Notre planète était merveilleuse ; chaque continent, chaque océan, avait sa propre beauté. Que l'on reste ou non longtemps dans l'espace, voir ainsi la Terre, ne serait-ce qu'une fois, suffit à inspirer à quiconque un profond respect pour le berceau de notre vie.* »

Tout en l'écoutant, j'ai pensé qu'il serait bon que tous les partisans de la guerre dans le monde puissent émerger de leur cauchemar de belligérance, le temps d'un voyage dans l'espace d'où la Terre elle-même apparaît comme un grand vaisseau spatial avec à son bord toute l'humanité. L'exploration de l'espace nous montre l'unité du monde et donne aux hommes une conscience de leur planète comme un tout. La dure réalité de la Terre est cependant faite de luttes complexes et variées. Prise entre la connaissance de l'unité globale et l'âpre réalité des fréquents conflits terrestres, l'humanité ne peut guère que tâtonner à la recherche de solutions.

En ce trentième anniversaire de la fin de la Seconde Guerre mondiale, j'aimerais examiner la direction à suivre par notre organisation et le Japon tout entier. Je ne suis qu'un modeste être humain, mais n'en continue pas moins à prodiguer tous mes efforts pour assurer que le Japon et le reste du monde ne seront plus sujets aux ravages de la guerre. Avec l'espoir de parvenir à mes fins, j'aimerais déterminer le type d'attitude que nous, Japonais, devons adopter pour maintenir la paix et empêcher la guerre.

Dans toute guerre, c'est le peuple anonyme qui doit endurer les plus terribles souffrances. Quand la société sombre dans le chaos, c'est le peuple sans pouvoir, dépourvu d'influence politique ou économique, qui doit subir le choc de l'injustice sociale. Pourquoi les Japonais se précipitèrent-ils dans la guerre ? À moins de répondre à cette question cruciale et de résoudre le problème qu'elle sous-tend, nous ne pouvons affirmer avec certitude qu'une telle tragédie ne se reproduira plus.

La triste condition des Japonais d'alors constitue à l'évidence l'une des raisons majeures de leur comportement. Privés de leur droit d'expression, ils n'étaient guère à même d'avoir la bonne attitude. Les obligations et les droits sociaux élémentaires étaient spoliés ; les administrateurs détenaient tous les droits, laissant supporter aux hommes ordinaires le poids de toutes les obligations.

La garantie des droits fondamentaux de l'être humain et la reconnaissance des droits attachés aux diverses obligations sociales constituent la source même de la démocratie. En d'autres termes, droits et devoirs ne peuvent être séparés ou répartis arbitrairement. La détention de certains droits a pour corollaire certaines obligations, et les obligations permettent d'accéder aux droits spécifiques qui leur sont liés. Nous devons reconnaître cette inséparabilité intrinsèque, en saisir la portée, et agir en conséquence.

En renaissant à la démocratie après la Seconde Guerre mondiale, le Japon se consacra fondamentalement à la paix. Pour que cette démocratie soit authentique et repose sur une base ferme, il faut cependant que l'ensemble de la population et chaque citoyen en particulier comprennent la nature des droits et des devoirs et se comportent de façon adéquate.

Il est vital que les hommes ordinaires prennent conscience de leur droit naturel à bénéficier de la paix et du devoir qu'ils ont de la réaliser. Le cours de l'histoire ne se distingue jamais de la volonté du peuple. Chaque personne détient un rôle central dans son évolution. La clé primordiale de toute réforme se trouve dans la prise de conscience que chaque personne joue un rôle moteur, sur scène ou en coulisses. C'est là le seul moyen de protéger la dignité de la vie et d'assurer la paix pour notre pays et le monde. Une action vraiment réussie s'accomplit sans orgueil. C'est de l'action simple et constante que vient la plus précieuse de toutes les victoires. Toute entreprise coupée du champ de la vie quotidienne se révèle être tôt ou tard aussi inconsistante que la brume.

Ce n'est qu'en récitant *daimoku* jour après jour, en poursuivant nos efforts pour créer des familles harmonieuses, en élargissant le cercle de l'amitié dans notre voisinage, et en apportant constamment confiance et respect sur nos lieux de travail que nous pouvons vraiment commencer à progresser. Les actions plaçant le sens commun au premier plan s'accordent avec le bouddhisme et s'harmonisent avec la Soka Gakkai dans sa lutte pour *kosen rufu* et sa détermination en faveur de la paix et de la révolution humaine qui permet aux hommes ordinaires de développer pleinement leur sagesse et leur énergie. Dans *Réponse à Toki Nyudo*, Nichiren Daishonin écrit : « *La vie a une fin. Pourtant, vous ne devriez pas être avare de la vôtre. Votre but ultime doit être la terre de bouddha.* » (*Gosho Zenshu*, p. 955.) Et il précise dans le *Ongi Kuden : « ultime » indique la réalisation de kosen rufu.* » (*Gosho Zenshu*, p. 772.) Ces propos nous montrent clairement que notre mouvement est un pilier pour le Japon et un soleil brillant d'un grand éclat pour le monde entier. Quels que soient nos adversaires, nous devrons graver dans nos cœurs les paroles d'or de Nichiren Daishonin et poursuivre assidûment notre chemin avec fierté.

LES FEMMES, FORCE DE PAIX

Discours prononcé à une réunion du département des Femmes de la Soka Gakkai, Tokyo, le 17 août 1975.

On ne peut garantir par des discours l'avenir de l'humanité. Les mots ne suffisent pas. Nous avons absolument besoin d'une force puissante et tenace pour réaliser une paix mondiale indestructible ; et cette force doit prendre la forme d'un mouvement actif. Je suis convaincu que la Soka Gakkai peut et doit être le noyau d'un tel mouvement. Le bouddhisme s'oppose à toute forme de violence ; et, agissant au cœur du bouddhisme, la Soka Gakkai doit faire de la paix sa mission sacrée.

Si l'on excepte les scènes de ménage, les femmes ne déclenchent pas de conflit. Les hommes en sont presque toujours les instigateurs. Mais parce qu'elles représentent plus de la moitié de la population du globe, les femmes doivent se rassembler pour former une grande force de paix. Lorsqu'il en sera ainsi, nous aurons déjà bien avancé sur la voie de la prévention des guerres.

Il faut creuser profondément dans la psychologie humaine pour découvrir la vraie nature de la guerre. Examinons, par exemple, le cas des dirigeants politiques lors des deux guerres mondiales de ce siècle. Ces hommes, détournant à leur profit le droit comme source de la force, firent de leur force la source du droit. Cependant, aussi étrange qu'il y paraisse, la plupart d'entre eux n'étaient pas favorables à la guerre. Ils prenaient ouvertement position contre elle et recherchaient des solutions pacifiques au problème du monde. Mais, en proie à des démons intérieurs, ils ne purent tout à fait renoncer à l'idée de belligérance. Partagés entre deux pôles, ils illustrent clairement ce type de schizophrénie morale et psychologique qui ne peut être guérie que par la seule philosophie bouddhique de l'unité indivisible du corps et de l'esprit (*shikishin funi*), nécessaire aujourd'hui pour faire apparaître des responsables capables d'empêcher la guerre.

Les hommes qui, au XXe siècle, plongèrent à deux reprises le monde dans la guerre étaient dépourvus de compassion. L'ensemble de la civilisation souffre aujourd'hui de ce même manque que médecins et psychiatres demeurent impuissants à guérir. Nous avons endossé la responsabilité du problème, répandant la foi bouddhique pour inspirer aux hommes l'esprit de non-belligérance.

Un grand dirigeant, Josei Toda, se dressa sur les ruines de la Seconde Guerre mondiale. Il lutta pour que l'humanité renonce à l'idée qu'un peuple a le droit d'en décimer un autre, et déclara : « *Répandez sur les peuples d'Asie et du monde entier, non la lumière de la lune, mais celle du soleil.* »

Depuis la fin de la Seconde Guerre mondiale et cette déclaration de Josei Toda, trente ans se sont écoulés. Nous entrons maintenant dans une nouvelle période de trente ans qui nous conduira à la fin de ce siècle, exigeant de votre part à toutes une profonde réflexion. Le monde devra dépasser les basses querelles entre nations pour se consacrer pleinement au bonheur et à la paix de tous. C'est pourquoi nous devons entreprendre avec une sagesse héroïque une multitude de dialogues avec autant de peuples que possible.

Le commentaire du *Ongi Kuden* sur le chapitre *Juryo* du Sûtra du Lotus dit : « *La terre où ce chapitre sera propagé désigne le Japon et le monde en général. "Les convertis" désignent tous les pratiquants du Japon ; la "pratique" consiste à atteindre une croyance pure et libre de doutes et "ceux qui se réunissent" désignent les bodhisattvas sortis de la terre.* » De manière spécifique, ce passage se réfère au Japon ; sur un plan plus large, il s'applique au monde entier. Il explique, d'un point de vue général, que si le Japon défend fermement la cause de la paix le monde fera de même. Par conséquent, pour la stabilité du Japon et pour la paix mondiale, nous devons propager le bouddhisme orthodoxe.

Je suis heureux que vous ayez toutes pu vous dégager de

vos obligations quotidiennes pour venir réfléchir à des questions d'une importance vitale. Bien que la vie quotidienne d'une femme au foyer n'ait rien de spectaculaire, elle offre l'occasion de réaliser une œuvre capitale : construire résolument un foyer heureux où la vie puisse s'épanouir. J'espère que vous connaîtrez chacune au cours des trente prochaines années le bonheur, la santé, et un brillant triomphe personnel.

DE ROBUSTES PILIERS POUR LA SOCIÉTÉ

Discours prononcé à une réunion du département des Hommes de la Soka Gakkai, Tokyo, le 18 août 1975.

Alors que nous célébrons le trentième anniversaire de la fin de la Seconde Guerre mondiale, je pense à tous ceux qui ont dû combattre dans ce conflit. En me retournant sur les années d'après-guerre, je constate que la communauté mondiale affronte une crise sérieuse : aucun pays ne paraît en mesure d'apporter des solutions aux problèmes planétaires. Et si les nations les plus avancées disposent d'une puissance militaire supérieure à tout ce qu'on aurait pu imaginer dans les décennies précédentes, en revanche, elles se révèlent singulièrement impuissantes dès lors qu'il s'agit de sortir le monde de ses difficultés économiques. Elles ne semblent pas suivre une politique précise en matière de distribution et de fixation des prix des ressources mondiales. Pire encore, nous parvenons à un stade où les pays industrialisés disposent de tous les biens nécessaires, alors que les nations en voie de développement, bien qu'ayant grand besoin de tels produits, ne possèdent pas assez d'argent pour les acheter. En conséquence, les hommes ne peuvent vendre ce qu'ils fabriquent.

Dans notre propre pays, quatre-vingt-dix pour cent de la population dispose déjà de téléviseurs, réfrigérateurs, et autres biens de consommation ; bien que le pourcentage des propriétaires de voitures soit moins élevé, nous avons probablement aussi toutes les voitures dont nous avons besoin. Les fabricants ne peuvent donc plus vendre les nouveaux modèles nécessaires pour remplacer les anciens.

Il est indiscutablement nécessaire d'améliorer et de développer l'habitat, ainsi que d'augmenter les revenus des personnes âgées ; mais le pays ne possède pas une puissance économique suffisante pour subvenir à ces besoins-là. En ce sens, l'économie japonaise a atteint un seuil de banqueroute alarmant, et d'autres pays prennent apparemment la même direction. Nos experts appellent cela la « stagflation », ou stagnation économique au cœur de l'inflation.

Parce que je suis bouddhiste, je suis fortement préoccupé par les problèmes du monde actuel. Au Japon aussi, je crains que les temps à venir soient durs et que nous soyons peu à peu forcés d'abandonner une bonne part des richesses accumulées. J'espère que vous, membres du département des Hommes, reconnaîtrez ce courant du temps et lutterez pour protéger vos vies contre les vagues furieuses de la société.

Un rapide coup d'œil sur l'expérience de la Soka Gakkai jusqu'ici révèle qu'en ce qui concerne le département de la Jeunesse, les jeunes gens ont pris la tête et les jeunes filles ont suivi. Le département des Hommes a entrepris le travail le plus difficile de tous : porter toute l'organisation sur ses épaules – femmes et jeunes inclus. Faute de quoi, la Soka Gakkai ne serait pas ce qu'elle est aujourd'hui. Notre fabuleux développement a été rendu possible parce que, en tant que membres du département des Hommes qui devez à la fois prendre part aux affaires de ce monde et aux activités bouddhiques, vous avez mis résolument en pratique les enseignements du bouddha et avez travaillé de toutes vos forces.

Il existe cependant des situations où même cela ne suffit pas. Un passage du *Ongi Kuden* à propos du chapitre *Yujutsu* du Sûtra du Lotus parle « *des profondeurs ultimes de la vie, ce qui signifie l'absolue réalité* ». Nichiren Daishonin parle alors des bodhisattvas sortis de la terre émergeant vaillamment du sol de la vie, qui est l'ultime réalité. « Les profondeurs ultimes de la vie », sont *Nam Myoho Renge Kyo*. « L'absolue réalité » désigne la source fondamentale de toutes les pensées, philosophies et religions, c'est-à-dire, là encore, *Nam Myoho Renge Kyo*. Véritable entité de *Nam Myoho Renge Kyo,* nous devons travailler plus dur encore pour soutenir le département de la Jeunesse et celui des Femmes afin de propager la foi et de sauver les peuples du monde. Nous sommes tous des camarades, amis, et frères d'une même famille. De plus, nous sommes des hommes œuvrant ensemble, d'un même cœur, avec une croyance et une ferveur communes ; nous travaillons avec acharnement pour faire de la Soka Gakkai la plus belle organisation du monde.

On peut lire dans la *Réponse à Myoshin Ama* : « *Le caractère Myo est la lune, le soleil, et les étoiles. C'est le miroir, les vêtements, la nourriture et les fleurs. C'est la terre, les grands océans, la cristallisation de tous les bienfaits et le joyau capable d'exaucer tous les vœux.* » (*Gosho Zenshu*, p. 1 484.) Le caractère *myo* brille comme le soleil, la lune, ou les étoiles. À lui seul il est le miroir dans lequel nous pouvons voir notre véritable nature. Il nous vêt, nous nourrit, prodigue la beauté comme les fleurs, et nous soutient comme la terre féconde. C'est la mer qui nous entoure et la somme totale de tous les bienfaits de l'univers. Cela nous permet de créer tous les trésors à volonté.

Et ce *myo* qui rend toute chose possible est identique au *Gohonzon* que Nichiren Daishonin nous a laissé. Nous avons le *Gohonzon* ; tout le reste vient alimenter notre foi. *Nam Myoho Renge Kyo* est la source de tout, la Loi mystique d'où émerge toute la création. L'énergie fondamentale du cosmos vibre à l'intérieur de la Loi mystique et coule sans cesse, rendant toute chose possible. Nous pouvons donc changer notre destinée. C'est-à-dire prévenir ou surmonter toutes les difficultés dans notre entourage, notre pays et le monde en général.

Nous devons fusionner avec le rythme de l'univers, source de force infinie. Nous trouverons alors le bonheur et pourrons goûter une vie pure et invincible. Certains de vous pourraient penser que cela nécessite de passer toute la nuit à réciter daimoku, mais il n'en est rien. Nous sommes des hommes ordinaires, dotés de corps ordinaires. Lorsqu'il est l'heure de nous reposer, nous devons nous reposer. Il nous faut trouver le rythme propre à nos vies, sans nous surmener ou tenter l'impossible.

Comme il est écrit dans le *Ichinen Sanzen Homon* : « *Si les pratiquants du Sûtra du Lotus pratiquent en accord avec ses enseignements, ils parviendront de leur vivant à l'état de bouddha. Les grains de riz sont plantés au printemps ou en été et bien que certaines variétés mûrissent plus vite que d'autres, toutes seront néanmoins récoltées dans l'année. De la même manière, les pratiquants du Sûtra du Lotus ont peut-être des capacités différentes, mais ils atteindront tous l'illumination de leur vivant.* » (*Gosho Zenshu*, p. 416.) Ceux qui pratiquent le bouddhisme orthodoxe selon les indications de la Soka Gakkai réaliseront la boddhéité. Le bien que nous accomplissons profitera à nos familles, et à nos enfants et petits-enfants des générations futures.

Dans le passage du *Gosho* que je viens de citer, on sent la profonde conviction de Nichiren Daishonin selon laquelle, si nous chérissons le *Gohonzon* des trois grandes lois ésotériques et nous consacrons assidûment à la pratique, à la foi et à l'étude, nos efforts inlassables dans le sens de la révolution humaine auront à coup sûr une grande influence sur nos vies et sur la société qui nous entoure. Nous pourrons accomplir tous nos désirs.

Je prie pour que, en tant que force centrale de la Soka Gakkai, vous développiez pleinement votre potentiel et deveniez dans cette vie de solides piliers sur lesquels la société puisse s'appuyer. Je souhaite que vous fassiez toujours plus d'efforts pour propager le vrai bouddhisme dans le monde entier, en maintenant une parfaite harmonie entre moines et laïcs.

Prenez soin de votre santé, de façon à vivre jusqu'au XXIe siècle. Et si vous deviez mourir avant d'avoir achevé tout ce que vous avez entrepris, transmettez votre tâche à vos enfants et efforcez-vous toujours de faire preuve de tendresse et d'attention à l'égard de votre femme.

HUMANISME BOUDDHIQUE ET RÉVOLUTION HUMAINE

Discours prononcé à une réunion du département des Hommes de la Soka Gakkai, Tokyo, le 20 août 1975.

Voici des siècles, Nichiren Daishonin rassembla auprès de lui plus de cent disciples au pied du mont Minobu où il ne cessa de leur enseigner le sens du Sûtra du Lotus. Le prêche et l'étude, disait-il, « sont les deux fonctions bouddhiques primordiales ». Aujourd'hui, alors que la plupart des gens, fuyant la chaleur, s'en vont en vacances à la montagne ou au bord de la mer, vous êtes venus ici approfondir la sagesse éternelle de Nichiren Daishonin telle qu'elle apparaît dans le *Gosho*. Cet effort peut sembler petit et insignifiant, pourtant, il constitue un magnifique engagement. Selon les termes de Nichiren Daishonin, c'est « la plus importante fonction bouddhique au monde ». Soyez sûrs que vous réalisez quelque chose de vital en suivant la voie bouddhique de l'entraînement et du perfectionnement de soi.

Laissez-moi vous rappeler que notre combat et nos efforts visent à établir de solides fondations pour les millénaires à venir à l'époque des derniers jours de la Loi. Je voudrais aussi réaffirmer que notre cause est celle des peuples du monde entier, toujours et partout.

Une vie épanouie

Dans le chapitre *Hoben* du Sûtra du Lotus, on trouve ce passage : « *Mon ancien serment est à présent accompli.* » Voici à ce propos le commentaire de Nichiren Daishonin : « *Croire dans le Nam Myoho Renge Kyo enseigné par Nichiren Daishonin amènera tous les hommes des dix mille ans des derniers jours de la Loi à la boddhéité. Cela ne signifie-t-il pas que mon serment a déjà été accompli ? Je dis déjà parce que j'ai récité daimoku pour la première fois le vingt-huitième jour du quatrième mois de la cinquième année de Kencho (1253). On ne peut donc douter que la Loi mystique guérira la grande maladie de l'ignorance chez les hommes. Avec cette conviction mes serments sont accomplis et l'accomplissement est la boddhéité.* » (*Gosho Zenshu*, p. 720.)

De fait, établir *Nam Myoho Renge Kyo,* essence des trois grandes lois ésotériques, représentait, pour le bouddha originel Nichiren Daishonin, l'accomplissement de tous les vœux, car cela signifiait que tous les êtres sensitifs durant les dix mille ans des derniers jours de la Loi, et pour l'éternité, pourraient être sauvés. La fabuleuse perception de l'avenir de Nichiren Daishonin est réellement fascinante.

La vie de Nichiren Daishonin fut un combat permanent pour englober tous les hommes des dix mille ans des derniers jours de la Loi. Dans un cri du cœur, cœur du bouddha originel, il dit que « les souffrances de chacun » et « la souffrance commune à tous » sont sa propre souffrance.

Parce que le bouddhisme de Nichiren Daishonin existe pour sauver tous les hommes vivant à l'époque des derniers jours de la Loi, la propagation de la foi par la Soka Gakkai doit toucher de nombreuses générations à venir et englober tous les êtres humains, où qu'ils se trouvent. La Soka Gakkai veut atteindre tous les hommes. Radicaux ou conservateurs, de gauche ou de droite, tous sont des êtres humains. Voilà ce qui importe. On lit dans le *Sokanmon Sho* qu'« *une personne atteint la boddhéité puis après elle, tous les autres peuvent également atteindre la boddhéité* » (*Gosho Zenshu*, p. 564). Notre désir ultime est de permettre à chaque individu de faire sa révolution humaine de manière que tous les hommes, sans distinction aucune, soient sauvés. C'est ce que j'appelle l'humanisme bouddhique. Aussi complexe ou variée que soit l'époque où nous vivons, et aussi nombreux que soient les systèmes ou idéologies déchirant la société, notre philosophie, nos idéaux, et notre mouvement pour l'humanité visent uniquement l'homme. Comme Nichiren Daishonin l'enseigna, nous livrons un combat contre la « grande maladie de l'ignorance » harcelant l'humanité ; et l'unique route qui s'ouvre devant nous est l'absolue vérité de la Loi mystique.

L'ignorance est obscurité. Confrontés à l'obscurité, les hommes sont perdus. Sans la sagesse bouddhique, savants, dirigeants, puissants et riches ne savent rien de la vie. Le principe de base pour réformer la vie humaine reste la Loi mystique, et notre combat, né de ce principe fondamental, représente le mouvement d'une révolution humaine dans laquelle chacun doit défier l'obscurité de sa vie.

Le mot « accomplissement » dans le passage que j'ai cité a une multitude de sens. Il existe à la fois l'accomplissement personnel et celui, plus sacré, partagé avec d'autres. Il y a aussi l'accomplissement matériel et l'accomplissement spirituel. Mais ce que nous visons, c'est l'« épanouissement de la vie » qui est encore plus essentiel. L'épanouissement matériel vient de la satisfaction d'un désir lié à une quête de pouvoir ou de gloire. Il est temporaire et vain. L'épanouissement spirituel correspond à la satisfaction que peuvent éprouver les savants et les artistes lorsqu'ils sont satisfaits de leur travail, qu'ils ressentent sa valeur. Quoique plus profond et plus durable que les gratifications matérielles, cet épanouissement-là n'est pas, lui non plus, le véritable épanouissement.

L'épanouissement de la vie apparaît quand la vie elle-même suit un mouvement dynamique, fait un avec la Loi fondamentale de l'univers, monte de la source intérieure de la vie qu'est la Loi mystique. Voilà de quoi parlait Nichiren Daishonin. C'est en accomplissant l'ouvrage des bodhisattvas sortis de la terre que l'on peut trouver la vraie joie, cette joie qui apparaît lorsqu'on pratique la Loi mystique éternelle et omniprésente et que l'on réalise la plus sacrée de toutes les tâches : propager notre foi.

La coexistence

J'aimerais maintenant aborder certains problèmes de nature sociale et politique. Jusqu'à maintenant, on a considéré que religion et marxisme ne pouvaient pas coexister. En tant que bouddhiste, j'estime cependant nécessaire de déterminer si cela est vrai ou non, s'il n'existe pas de moyen pour que bouddhisme et marxisme coexistent en paix. J'ai longtemps voulu discuter de ce problème avec des hommes d'obédience marxiste.

Selon moi, le socialisme est une philosophie créée dans l'intention de sauver les opprimés. Il est vrai que dans l'histoire du socialisme révolutionnaire il y eut bon nombre de chapitres malheureux mais, lors de mes visites en Union soviétique et en Chine, j'ai vu combien les hommes s'efforçaient de mettre en pratique la bonne intention de base qui consiste à apporter à la société bonheur et prospérité. Je me suis efforcé de trouver dans le socialisme la direction la plus humaniste qui me semble sous-tendre ces efforts. C'est parce que je me suis attaché à regarder les choses avec l'œil du bouddhisme qui tente toujours de voir les bons aspects de la nature humaine que je nourris un tel espoir. Je crois en effet que, tant que nous vivrons dans une société humaine, nous devrons essayer de surmonter les différences politiques ou idéologiques pour le bien de cette société.

La religion peut certes s'affirmer plus ouvertement comme une force active dans le monde libre que dans les pays socialistes. Et le bouddhisme ne décrète évidemment pas que l'on doit choisir un type particulier de société ou de gouvernement ; mais on est en droit de se demander pourquoi la religion ne peut pas faire jaillir sa vraie force ni lancer son appel dans les pays socialistes. Je pense que, en continuant à s'efforcer d'appliquer les principes de Marx et de Lénine, les dirigeants de ces pays finiront par se rendre compte qu'il faut accorder plus de respect aux libertés civiles, et particulièrement à la liberté de pensée et de religion. À mon sens, le fait de traiter ce problème ouvrira de nouvelles perspectives pour le développement d'un type de socialisme à visage humain.

Le Japon se trouve aujourd'hui sérieusement perturbé par les conflits de valeurs. La multitude des opinions actuelles manque d'un sol commun. Je crains que tout le pays finisse par s'embourber inextricablement dans la méfiance et une implacable mésentente. Afin de bâtir une société stable et paisible – même si elle ne voit le jour que dans trente ans –, nous devons tous nous engager dans le dialogue et essayer, malgré les différences d'idéologies, de trouver une forte base commune pour la coexistence pacifique.

L'humanisme bouddhique

Ces dernières années, j'ai visité de nombreux pays, notamment les États-Unis, l'Union soviétique, et la Chine, et cela m'a amené à ressentir plus vivement que jamais le danger que suscite une situation internationale périlleuse. Par ailleurs, mes rencontres et discussions avec des hommes de nombreux pays différents m'ont convaincu que les êtres humains ont une profonde conscience du danger et un réel désir de paix. Le temps est venu où les pays doivent cesser de se quereller sans cesse et entamer le dialogue de façon à permettre la survie de la race humaine. L'humanité se trouve au bord du désastre non seulement à cause de la course aux armes nucléaires des trois dernières décennies mais aussi de quantité d'autres facteurs : la pollution de l'environnement, l'explosion démographique, l'épuisement des ressources naturelles, la crise de l'énergie, la pénurie des denrées alimentaires, et enfin la récession mondiale. Chacun de ces problèmes menace jusqu'à l'existence même de l'homme ; rien ne peut être résolu si les nations n'unissent pas leurs forces. Nous n'avancerons pas d'un pouce aussi longtemps que nous resterons attachés à la vieille idée d'une dualité opposant démocratie et socialisme.

Mais les nations ont déjà commencé à rechercher un nouveau chemin, et nous entendons beaucoup parler aujourd'hui de détente et de coexistence pacifique. Les hommes prennent conscience que, faute de coopération et de compréhension mutuelle, leurs propres existences sont en péril. Les nations acquièrent un esprit plus international, et le Japon ne doit pas rester seul à l'écart. Dans une société internationale complexe et en perpétuelle mutation, notre pays doit s'affirmer et décider de la voie à suivre. J'ai exhorté les gens à réfléchir à cela à chaque fois que l'occasion m'en a été donnée.

J'ai visité de nombreux pays, dialogué avec des intellectuels de premier plan dans le domaine des idées ou de la culture, ainsi qu'avec des dirigeants politiques et des hommes ordinaires, tout simplement parce que le dialogue représente le premier pas vers une entente mutuelle. Dialoguer ne mène pas forcément à un accord. Bien au contraire, cela fait souvent ressortir les différences d'opinion. Qu'importe : il faut continuer, et sans cesse agir, rencontrer les gens, dialoguer. Ralph Waldo Emerson exprima très bien ce que je ressens en disant : « *Toute personne que je rencontre m'est supérieure par quelque aspect, et je peux donc apprendre quelque chose de chacun.* »

Sans la compréhension mutuelle, les étincelles de la suspicion et de la méfiance peuvent rapidement allumer les flammes de la peur et de la haine. En tant que bouddhistes, guidés par l'esprit de compassion, nous avons pour mission de trouver le moyen d'étouffer de telles étincelles.

En dernière analyse, la crise de la civilisation contemporaine commence au fond de nous. On peut expliquer par toutes sortes de raisons politiques et sociales le développement de mouvements extrémistes comme, par exemple, le fascisme, mais finalement, le fascisme est une manifestation du désir incontrôlé, démon de la vie humaine prisonnière de l'ego et de l'orgueil. La mission du bouddhiste consiste à vaincre ce démon et à susciter une révolution humaine dans la vie de chaque individu.

Mon roman *la Révolution humaine* illustre la croyance bouddhique selon laquelle une révolution humaine complète dans la vie d'un individu peut changer la destinée d'une nation et finalement de toute l'humanité. Cette conviction m'anime toujours. Fondamentalement, la crise de la civilisation moderne est due à la violation du caractère sacré de l'être humain ; chaque personne est attaquée à la fois de l'intérieur et de l'extérieur. On dit souvent que la vie d'un seul homme vaut plus que tous les trésors de la terre ; et c'est bien là le point de vue du bouddhisme, particulièrement du bouddhisme de Nichiren Daishonin, qui permet de comprendre très profondément le caractère sacré de la vie et la dignité de l'individu. Par conséquent, nous estimons que la vraie source du pacifisme est l'éveil individuel qui se situe dans les profondeurs de la vie, lorsqu'une personne entre en contact avec le bien et la sagesse.

Notre mouvement accorde par là même la suprématie à l'individu – non pas à une humanité abstraite mais à chaque être humain – et s'incarne dans la vie quotidienne : domicile, communauté, lieu de travail.

Le fondement de nos activités se trouvant dans le quotidien, notre mouvement est à la fois progressif et non violent. Dans les mouvements révolutionnaires du passé, les hommes ont été menés par des petits groupes de professionnels d'avant-garde qui, coupés de la vie de leurs contemporains, se laissèrent souvent emporter par leurs propres idéaux. Certains devinrent si dogmatiques que leur jusqu'au-boutisme aboutit à des effusions de sang et à des sacrifices. Au contraire, notre mouvement, progressif, pacifique et culturel, est dirigé par les hommes ordinaires eux-mêmes. Il s'oppose ainsi diamétralement à la révolution traditionnelle. Nous avons résolu de ne jamais cautionner la guerre ou toute forme de violence et de n'utiliser jamais que des moyens pacifiques, quelle que soit l'importance de notre tâche. Un grand penseur contemporain a dit : « *Une révolution ne devrait jamais tuer ; elle devrait libérer les hommes afin de leur permettre de vivre pleinement.* » Voilà précisément l'esprit avec lequel nous rejetons tout recours à la violence. En bref, nos activités reposent exclusivement sur ce principe : établir la révolution humaine comme un puissant flot ininterrompu, nourrissant le développement de l'éducation, de la culture et de la paix. Tel est l'humanisme bouddhique, philosophie de la voie du milieu ; c'est le chemin de la Soka Gakkai.

Pour conclure, permettez-moi de citer un passage des *Vingt-Six Préceptes de Nikko Shonin* : « *Le soleil rayonnant du bouddhisme orthodoxe dans les derniers jours de la Loi éclaire les ténèbres de l'opposition démoniaque. Le vent mystique du Sûtra du Lotus chasse les enseignements provisoires. Ah ! comme il est rare de rencontrer le vrai bouddhisme !... Et pourtant, grâce à notre bon karma, nous avons eu la bonne fortune de rencontrer ce sûtra.* » (*Gosho Zenshu*, p. 1 617.) La première phrase compare le bouddhisme au soleil qui, aussi sombre que soit l'époque, chasse les ténèbres et apporte la lumière dans les derniers jours de la Loi. Telle est la compassion absolue. La seconde phrase signifie que le bouddhisme de Nichiren Daishonin nous permet de dépasser les enseignements provisoires selon lesquels la vie est éphémère et impermanente et d'embrasser la vie éternelle et le bonheur.

Voici donc les propos du deuxième grand patriarche Nikko, plus proche disciple de Nichiren Daishonin et grand dirigeant dans la propagation de la vraie foi. J'espère que vous les prendrez comme source de votre croyance et qu'ils vous guideront toute votre vie.

SANTÉ ET JEUNESSE

Discours prononcé à l'occasion de la trente-huitième réunion générale de la Soka Gakkai, au gymnase municipal d'Hiroshima, le 9 novembre 1975.

Que cette réunion se déroule à Hiroshima reflète notre détermination à faire tout ce qui est en notre pouvoir pour prévenir une nouvelle et tragique attaque nucléaire comme celles qui détruisirent cette ville et Nagasaki durant la Seconde Guerre mondiale. Permettez-moi d'utiliser cette occasion pour analyser les perspectives d'avenir. Je suis fermement décidé à tout faire pour empêcher la guerre nucléaire.

Le comité directeur a déjà décidé de nommer l'année prochaine « année de la santé et de la jeunesse », deux trésors irremplaçables pour tous les peuples du monde. Cependant, l'intérêt actuel pour les régimes de santé et la diététique reflète bien un sentiment d'insécurité lié à la peur de perdre santé et jeunesse. Les êtres humains désirent tous du fond du cœur rester forts et vigoureux toute leur vie.

Mais nous vivons dans une société très malade. Parce que, dans ce contexte, nous souhaitons ne pas perdre espoir, nous avons fait de la santé et de la jeunesse nos devises pour l'année prochaine. C'est là la force dont chaque membre de la Soka Gakkai a besoin pour réaliser sa mission : révolutionner la société.

Le bouddhisme a toujours accordé une grande attention aux maladies humaines, développant sans cesse ses propres méthodes pour soigner les troubles du corps et de l'esprit. Voyons les causes de maladie présentées par T'ien-t'ai dans le *Mo-ho-chih-kuan* et développées par Nichiren Daishonin dans le *Gosho* : « *Il existe six causes de maladie : (1) déséquilibre entre les quatre éléments ; (2) excès de nourriture ou de boisson ; (3) mauvaise position ; (4) attaque des démons de l'extérieur ; (5) travail des démons de l'intérieur ; (6) les effets du karma. (Sur la guérison de la maladie karmique.* (*Gosho Zenshu*, p. 1 009.)

Selon la philosophie orientale, le monde, et tout ce qu'il contient y compris l'homme, est composé de quatre éléments majeurs : terre, eau, air et feu. Des perturbations dans l'agencement de ces éléments, liées par exemple à un désordre climatique, peuvent produire de sérieux effets sur la santé humaine, provoquant diverses maladies graves. De tels troubles se rapportent au « déséquilibre entre les quatre éléments ».

Les deux causes suivantes sont en rapport avec un mode de vie irrégulier. Que le rythme de la vie quotidienne soit brisé, et l'on ne peut plus manger régulièrement ou dormir et faire de l'exercice autant qu'il le faudrait. Cela concerne les maladies des organes internes, du système nerveux, et de la musculature.

Les démons attaquant le corps de l'extérieur peuvent être des bactéries ou virus, mais aussi des stress psychologiques ou émotionnels. Ces démons, causes de la maladie, peuvent également venir de l'intérieur de l'individu ; dans ce cas, on peut les considérer comme les impulsions, énergies et désirs qui bouleversent l'équilibre habituel de la vie. Enfin, le karma représente aussi une cause de maladie, résultant de distorsions et de tendances à la base même de la vie.

La plupart du temps, une maladie résulte de la combinaison de plusieurs causes. Par exemple, un rhume peut sembler l'ouvrage d'un démon extérieur, comme un virus. Mais pour que ce virus puisse entrer en action, il faut la combinaison d'autres causes ; soit, par exemple, un désordre climatique ; ou encore le mode de vie irrégulier d'une personne ayant affaibli son corps au point de permettre au virus de pénétrer sans rencontrer de résistance. Il arrive souvent que les rhumes soient provoqués par les forces démoniaques attaquant l'individu qui cherche le bien-être par sa pratique bouddhique. Enfin, le karma joue un rôle important chez les personnes sujettes aux rhumes.

Afin d'éviter la maladie, on doit adopter un régime de santé qui implique plusieurs exigences. Tout d'abord, il convient de faire attention chaque jour aux variations climatiques. Autrement dit, la façon de se loger et de se vêtir doit tenir compte du rythme des saisons. Il convient aussi de manger et de boire modérément, de bien dormir et de faire suffisamment d'exercice. Un mode de vie ordonné, bien régulé, renforce le pouvoir de résistance du corps et de l'esprit. Grâce à la médecine, l'être humain parvient à donner à sa vie un rythme régulier tout en renforçant sa capacité à s'adapter à son environnement et à résister aux attaques. La médecine peut également déceler les démons extérieurs en action (virus, bactéries, etc.) et trouver la meilleure façon de les vaincre.

Cependant, elle ne peut rien contre les maladies provoquées par l'action des démons enracinés au cœur même de la vie (désirs et pulsions). Et dans le cas des maladies résultant du karma, seul le bouddhisme peut apporter une aide. Lorsque le mal est dû à un mode de vie ou une alimentation irréguliers, l'être humain peut lui-même rééquilibrer son existence et améliorer ainsi son état. S'il provient de bactéries ou virus, la science médicale peut agir efficacement. Mais pour les causes plus profondes, après que la médecine et le contrôle de soi ont joué leur rôle en soignant les causes superficielles, seule une foi bouddhique profonde peut détruire les démons, changer le mauvais karma en bon karma, et permettre à l'individu de recouvrer la santé.

La santé ne se définit pas seulement comme l'absence de maladie ; il ne suffit pas non plus d'être en bonne condition physique. Ne sous-estimons pas la santé de l'esprit. Une personne jouissant d'une bonne santé véritable peut vivre avec vigueur et créativité, surmonter toutes les épreuves, et même changer les pires conditions de l'environnement en source de force. La vraie nature de la santé tient dans le constant renouvellement de la vie. La Loi bouddhique trouve la source de cette renaissance dans l'état de bouddha – ou boddhéité – à l'intérieur de l'être humain. Je crois que le bouddhisme enseigne d'une manière incomparable le meilleur régime de santé pour l'homme.

À la base même de la jeunesse se trouve la vie. Bien que les jeunes gens soient incomplets, en cours de formation, ils possèdent néanmoins en eux le feu passionné de la vie. La jeunesse est riche en couleurs de par sa volonté de défier l'inconnu, son grand désir de changement, son sens de la justice, et ses sentiments passionnés. Avec le passage du temps, alors que s'immiscent l'âge et la corruption de la société, les brillantes couleurs de la jeunesse perdent de leur lustre. Seul un mode de vie enraciné dans la nature de bouddha, source ultime de la justice, du courage et de la compassion, peut permettre au sens de la mission de la jeunesse de rester vif et vigoureux dans ce monde des cinq impuretés. Santé et force brillent jusqu'à la mort au sein d'une vie riche de la foi de la jeunesse. Les grands réformateurs de l'histoire du bouddhisme ont fait preuve jusqu'au bout d'une vigoureuse jeunesse. Les classiques bouddhiques révèlent que Shakyamuni enseigna jusqu'à son entrée dans le Nirvana. Jusqu'en 1282, date de sa mort, Nichiren Daishonin ne cessa jamais d'écrire et de consacrer son énergie à guider ses disciples. Même en prison, Tsunesaburo Makiguchi réalisa sa mission et ce, jusqu'à son dernier souffle. Quant à Josei Toda, il s'efforça jusqu'au bout de propager le bouddhisme orthodoxe et d'entraîner ses disciples. L'exemple de tous ces grands dirigeants offre l'image d'un mode de vie idéal en relation profonde et constante avec la grande vie universelle. Nous devons tous essayer, en suivant ces modèles, de maintenir jeunesse et vigueur durant toute notre existence.

Dans le *Gosho*, Nichiren Daishonin cite un passage d'une œuvre de Miao-lo intitulée *Hung-chieh* selon lequel le corps humain reproduit la nature. La tête est le ciel, les pieds sont la terre, et les espaces vides du corps s'apparentent au grand vide. La chaleur du ventre correspond au printemps et à l'été, la rigidité du dos à l'automne et à l'hiver, les quatre membres aux quatre saisons, les douze grandes articulations aux douze mois de l'année, et les trois cent soixante petites aux jours de l'année. L'inspiration est le vent dans les montagnes ou les vallées ; l'expiration, le vent dans l'espace. Les yeux ressemblent au soleil et à la lune ; qu'on les ouvre, et c'est le jour ; on les ferme, voici la nuit. Les cheveux forment une constellation, et les sourcils ressemblent à la Grande Ourse ; artères et veines sont des rivières ; les os, du jade. La chair est comme la terre, et les poils ressemblent à un bosquet.

Je viens de me référer à ce passage pour expliquer l'approche orientale de la relation entre vie humaine et nature. La pensée bouddhique, la tradition chinoise de la dualité entre le Yin et le Yang, la théorie des cinq éléments de base, tout plaide en faveur d'une humanité, d'une nature, d'un univers dans son ensemble qui coexistent en étroite relation mutuelle. Aucun être humain ne peut se couper de l'environnement. Toute vie se situe à l'intérieur du rythme de l'univers. De fait, tout dans l'univers est sujet au même rythme et au flot constant de la vie et de la mort. Si l'on appelle vie universelle la nature qui engendre et sous-tend toute chose, on peut dire sans exagération que la vie de chaque être humain, suivant inévitablement son cours vers la mort, représente une intense concentration de l'harmonie universelle, c'est-à-dire un microcosme. L'écrit de Miao-lo explicite clairement la relation entre la vie de l'homme et l'univers.

La science moderne trouve insuffisante la théorie du Yang et du Yin ou celle des cinq éléments de base qui constituent la toile de fond de ce passage de Miao-lo. L'homme a encore beaucoup de choses à comprendre sur la nature de l'univers. Néanmoins, l'interprétation orientale, riche et exhaustive, des relations entre l'homme et l'univers contient beaucoup d'éléments qui mériteraient d'être examinés de près, notamment parce que le savoir occidental moderne a trop privilégié le raisonnement analytique au point de perdre de vue toute vision d'ensemble. Miao-lo s'appuya sur la pensée traditionnelle chinoise tout en examinant la situation d'un point de vue bouddhique afin d'accorder à la vie humaine la place qui est la sienne au sein du grand rythme de l'univers.

Les images de ce texte montrent que notre souffle et notre respiration peuvent être comparés à différents types de vents dans le monde des phénomènes naturels. Les douces brises glissant à travers vallées et montagnes représentent la respiration du monde naturel. Dans le microcosme humain, une respiration normale est comparable à ces brises. Par contre, les vents furieux secouant l'atmosphère bouleversent le cours de la vie sous toutes ses formes. Chez l'homme, cela pourrait s'apparenter aux difficultés respiratoires produites, entre autres, par l'asthme. Les ruisseaux et rivières sont comparables à notre système circulatoire. Dans la nature, les cours d'eau nourrissent la vie sur leur chemin. Dans notre corps, le sang nourricier favorise le métabolisme des cellules et tissus.

Les dégâts causés par les rivières en crue s'apparentent à ceux d'une hémorragie cérébrale dans l'organisme.

Fleuves, vents et nature sont en permanente mutation et produisent de spectaculaires métamorphoses comme les quatre saisons. Le monde naturel ne constitue qu'une seule grande entité de vie. Le bouddhisme de Nichiren Daishonin enseigne que *Nam Myoho Renge Kyo* est la source essentielle du grand rythme permettant à toute chose d'opérer en harmonie. En d'autres termes, c'est la Loi fondamentale – ou vie du Bouddha – qui engendre, soutient et pénètre toute vie dans l'univers, y compris celle des êtres humains. Quand cette vie de la nature de bouddha faiblit et que le rythme général s'en trouve par là même bouleversé, la nature et l'humanité cessent toutes deux d'exister en harmonie et courent à leur ruine. Les troubles et la destruction de l'univers sont liés à la destruction de la vie humaine. À l'inverse, l'être humain, imprégné du pouvoir de la boddhéité, doté d'un corps et d'un esprit sains et robustes, fait briller les couleurs de l'univers.

La philosophie orientale enseigne comment vivre en harmonie avec le rythme universel. Le bouddhisme de Nichiren Daishonin ne prône pas un mode de vie négatif. Bien au contraire, il montre comment une vie humaine active peut étendre son influence jusqu'à réformer tout l'univers. Telle est la grandeur de ce bouddhisme qui a pour but essentiel de prodiguer énergie et lumière à la société et au pays.

Notre pratique religieuse se fonde sur l'enseignement de Nichiren Daishonin. Elle nous assure une santé et une jeunesse inépuisables. D'où sa valeur incontestable. Nous devons croire fermement qu'une vie pleine de santé, de vigueur et de jeunesse dépasse largement la dimension individuelle pour enclencher un processus de renaissance de la société et du pays tout entier. J'espère que vous mènerez tous de telles existences et que, sur le base du *Gosho*, vous vous renforcerez et vous améliorerez avec le temps ; ainsi, vous deviendrez le soleil de l'espoir dans la société.

L'esprit de base de la Soka Gakkai

Pour emprunter une image à la géométrie, je dirais que dans notre nouvelle phase de développement vers *kosen rufu*, nous sommes allés d'un monde linéaire vers un monde plan. Dans l'avenir, nos activités étant appelées à se diversifier et à se dérouler sur plusieurs niveaux, nous nous dirigerons plutôt vers un monde de figures. Mais il ne faudra jamais oublier notre but premier : propager les trois grandes lois ésotériques du bouddhisme de Nichiren Daishonin. On peut lire dans le *Gosho* : « *À l'époque de kosen rufu, toute la population du Japon récitera Nam Myoho Renge Kyo, aussi infailliblement qu'une flèche pointée vers la terre ne peut manquer sa cible.* » (*Gosho Zenshu*, p. 1 360.) Le deuxième grand patriarche Nikko Shonin laissa ce message : « *Vous devez renoncer à votre ego et combattre de toutes vos forces jusqu'à la réalisation de kosen rufu.* » L'attitude stipulée par ces deux phrases reflète l'esprit qui doit toujours être à la base de notre progression.

Il va sans dire que l'opiniâtreté dans la propagation et les activités individuelles des membres constituent les forces de propulsion menant à la réalisation de *kosen rufu*. C'est là l'essence de la pratique de la foi bouddhique à la période des derniers jours de la Loi. C'est également notre devoir et notre mission, en qualité de disciples de Nichiren Daishonin, bouddha de notre époque, et de bodhisattvas sortis de la terre. Quelles que soient votre situation ou vos activités futures, conservez toujours cette croyance. Il va de soi que, par la propagation de la foi dans le bouddhisme orthodoxe et la réalisation de *kosen rufu*, nous luttons pour restaurer la dimension humaine fondamentale et le respect de la dignité de la vie. En tant que membres de la Soka Gakkai, organisation qui s'efforce de créer une société basée sur le bouddhisme, nous avons la responsabilité de produire une culture prospère, reposant principalement sur le respect de la vie. Nous devons apporter notre contribution à la société en essayant de rendre harmonieux et plus humains nos lieux d'habitation et de travail. Dans le passé, la Soka Gakkai s'est engagée dans toutes sortes d'activités culturelles et a lancé des appels à la société au nom de la paix mondiale. Dans l'avenir, alors que notre rôle est amené à se développer et que nous serons mieux compris et bénéficierons d'une plus grande confiance, j'espère que nous poursuivrons de telles activités, en dignes pratiquants du bouddhisme orthodoxe.

La réalisation de *kosen rufu* et l'établissement d'une civilisation paisible et harmonieuse s'inspirent de l'esprit bouddhique de compassion qui veut sauver tous les êtres. En fait, ces deux buts n'en constituent fondamentalement qu'un seul. *Kosen rufu* et *shakubuku* ouvrent la voie du salut en générant une révolution à l'intérieur de l'individu. Une civilisation prospère basée sur le respect de la vie offre une voie de salut extérieure en créant un environnement positif.

Dans le *Rissho Ankoku Ron*, Nichiren Daishonin nous enseigne que la réalisation d'une paix durable sur terre est l'un de nos buts : « *Si le pays est vaincu et les familles détruites, où pourra-t-on fuir pour se mettre en sécurité ? Si vous vous préoccupez un tant soit peu de votre propre sécurité, vous devriez avant tout prier pour l'ordre et la tranquillité aux quatre coins du pays.* » (*Gosho Zenshu*, p. 31.)

Résoudre le problème des armes nucléaires

Venons-en maintenant au Japon, à la situation actuelle du monde, et au rôle de la Soka Gakkai dans la société. J'aimerais parler des armes nucléaires, problème d'une importance capitale si l'on veut promouvoir le respect de la vie. Trente ans se sont écoulés depuis le premier essai atomique de l'histoire réalisé par les États-Unis, le 16 juillet 1945, et depuis le premier bombardement atomique sur cette ville d'Hiroshima où nous sommes réunis aujourd'hui, le 6 août de la même année, jour à jamais gravé dans les mémoires. Après l'explosion d'Hiroshima eut lieu celle de Nagasaki. Par la suite, d'autres bombes atomiques furent encore lancées dans l'atoll de Bikini. Les ravages causés par ces explosions laissèrent des cicatrices de plus en plus profondes dans l'esprit des Japonais. Après la guerre, un immense cri monta d'Hiroshima, trouvant peu à peu écho dans tout le pays. Jamais une telle tragédie ne devrait se reproduire. Si l'humanité n'a pas été tentée d'utiliser les armes nucléaires durant toutes les guerres de ces trois dernières décennies, c'est en bonne partie dû à ce désir passionné de paix qui s'est élevé d'Hiroshima. Pour cette raison, nous pouvons considérer cette ville comme un lieu privilégié pour la paix et le point originel du mouvement d'abolition des armes nucléaires.

Je persiste à dire que, parce que les Japonais ont connu plus que quiconque les horreurs de la guerre nucléaire, ils ont la qualification, le droit et le devoir de faire connaître ces horreurs à tous les peuples du monde. L'année dernière, à la trente-septième réunion générale, j'ai émis plusieurs propositions pour l'abolition des armes nucléaires. Et en janvier de cette année, j'ai remis à M. Kurt Waldheim, secrétaire général des Nations unies, les signatures de onze millions de personnes hostiles aux armes nucléaires, recueillies par les membres de notre département de la Jeunesse. Aujourd'hui, à cette réunion, en cette ville historique d'Hiroshima, j'aimerais ajouter quelques commentaires sur ce problème.

Tout d'abord, j'appelle chacun de vous à réaffirmer sa détermination à poursuivre ses efforts jusqu'à ce que plus aucune nation sur terre ne produise, n'expérimente, ne stocke ou n'utilise d'armes nucléaires et jusqu'à la destruction de tout l'arsenal existant. J'ai déjà lancé un appel de ce type à la réunion générale de l'année dernière. Mon intention est de la réitérer aussi souvent que nécessaire. Pour nous, bouddhistes qui respectons la vie, les armes nucléaires représentent la menace démoniaque d'une destruction totale.

Il y a aujourd'hui assez d'armes nucléaires pour exterminer toute forme de vie sur terre. De plus, leur nombre et celui des nations détentrices ne cessent d'augmenter. La théorie de limitation des armes ne permet en rien d'arrêter leur développement et les essais nucléaires. Cependant, il ne suffit pas d'affirmer l'impuissance d'une telle théorie. Pour créer un courant dans l'opinion publique aboutissant finalement à la destruction des armes nucléaires, il faut faire connaître à tous les peuples du monde la vérité exprimée par Josei Toda, à savoir que ces armes sont fondamentalement le produit des démons et que ceux qui en feraient usage seraient eux-mêmes des démons engagés dans une œuvre démoniaque.

À la réunion générale de l'année dernière, j'ai annoncé que 1975 serait une année de développement de la paix. C'est aux départements de la Jeunesse et des Étudiants de faire le premier pas dans cette direction. Ils devront renouveler leur engagement contre les armes nucléaires et entreprendre une vaste campagne pour la paix.

J'aimerais maintenant suggérer quelques mesures concrètes pour l'élimination de ces armes. Tout d'abord, je considère comme essentiels les recherches, débats et propositions sur la réduction des armements nucléaires émanant de simples individus. Le Comité de réduction des armes nucléaires des Nations unies – dont le Japon est membre depuis cinq ans – continue à débattre de ce problème sans aucun signe de progrès. On peut expliquer cet échec de bien des façons, mais la cause essentielle est que l'appel universel pour l'élimination des armements nucléaires ne trouvait pas suffisamment d'écho dans les réunions de ce comité. Que cet appel ne soit pas encore entièrement convaincant prouve aussi que les hommes n'ont pas encore pris conscience de la gravité de la menace, ni étudié le problème de façon approfondie. Il est par conséquent de la plus grande importance de conduire des recherches précises et détaillées sur la vraie nature de l'énergie nucléaire, son caractère effroyable, et son influence sur la vie humaine. Je tiens à ce qu'une organisation chargée de mener de telles investigations voit le jour à Hiroshima et Nagasaki le plus tôt possible.

Je propose depuis longtemps la tenue d'une réunion au sommet de tous les dirigeants du monde pour mettre au point un plan précis d'abolition des armes nucléaires. J'ai bien conscience de la difficulté d'organiser actuellement une telle rencontre. Voilà pourquoi je suggère comme premier pas dans cette direction que les spécialistes, scientifiques et philosophes de tous pays, conscients de l'horreur des armes nucléaires et déterminés à les voir éliminées, organisent une conférence sur le plan privé. Peu importe que leurs pays respectifs soient détenteurs ou non de l'arme atomique. Par contre, je crois que cette réunion devrait se poursuivre jusqu'à ce que les débats, enquêtes et discussions débouchent sur un projet concret de réduction de ce type d'armement.

Outre l'élimination des armes nucléaires, cette conférence devrait à mon sens prendre les deux mesures suivantes : tous les pays détenteurs d'armes nucléaires doivent 1) déclarer publiquement qu'ils ne prendront jamais l'initiative de les utiliser ; 2) s'engager solennellement à ne jamais en faire usage contre les pays non détenteurs. Il va de soi que ces deux mesures ne suffisent pas en elles-mêmes, mais elles concernent des points sur lesquels il serait facile de parvenir à un accord ; leur application contribuerait ainsi à l'élimination finale des armes nucléaires. Les participants à cette conférence avertiraient donc le monde des dangers soulevés par les armes nucléaires tout en faisant office de pionniers dans la préparation d'une conférence mondiale des dirigeants politiques. Une telle conférence n'aurait cependant aucun sens si ses participants ne se préoccupaient que du bien-être et de la sécurité de leur propre pays. Bien au contraire, chacun devrait avoir à cœur le destin de toute l'humanité. Enfin, je propose que la première conférence pour la paix mondiale se déroule à Hiroshima.

Certains trouveront peut-être ma conception trop idéaliste. Il est vrai que toutes les conférences qui se sont tenues depuis la fin de la Seconde Guerre mondiale n'ont jamais amené aucune puissance nucléaire à prendre l'initiative d'abolir ces armes. Au contraire, la plupart des pays détenteurs ont augmenté leur arsenal. Si les capitaux énormes investis dans la défense militaire étaient consacrés à une structure économique dévouée aux industries de la paix et de la prospérité, on pourrait diminuer les armements nucléaires jusqu'à les abolir. Évidemment, un changement de philosophie aussi radical que celui exigé par une telle transformation demande une détermination courageuse. Mais, si cela peut ouvrir une voie pour les hommes du XXIe siècle, les historiens de l'humanité rendront hommage à notre époque, grand tournant dans la destinée humaine.

Les questions de sécurité concernant l'énergie nucléaire à usage civil constituent un sujet de préoccupation majeur. Un livre de John McPhee intitulé *la Courbe de l'énergie*, d'abord publié aux États-Unis et récemment traduit en japonais, a choqué le public parce qu'il montre que, en utilisant les produits des industries nucléaires en expansion, n'importe qui pourrait produire sa bombe atomique. Le contrôle des petites armes nucléaires représente donc un problème pressant. Et s'il devenait possible de voler de telles armes, comme je l'ai mentionné l'année dernière à notre réunion générale, cela produirait un effet de panique collective.

Au Japon, bon nombre de dérivés de la fission nucléaire résultent du développement des centrales nucléaires génératrices d'électricité. Cela implique un vaste stockage de plutonium, élément de base de la bombe lancée sur Nagasaki. C'est en raison du stock de tels matériaux que l'on considère maintenant le Japon comme une puissance nucléaire potentielle. Sachant que même d'infimes quantités de plutonium sont réputées très nocives, nous, Japonais, devons prendre pleinement conscience du danger d'en posséder une grande quantité. Je ne suis pas spécialiste en la matière – et les spécialistes eux-mêmes sont divisés lorsqu'il s'agit de savoir si l'énergie nucléaire constituera la force industrielle majeure au XXIe siècle –, mais, parce qu'elle peut détruire toute forme de vie et représente une menace pour la survie de la race humaine, son utilisation et toutes ses applications doivent être strictement contrôlées.

La religion et les perspectives pour l'humanité

Un intellectuel anglais, Ronald Higgins, publia récemment dans *The Observer* un article intitulé « le Septième Ennemi ». Voici l'essentiel de son propos : l'humanité fait actuellement face à six menaces : l'explosion démographique, la pénurie alimentaire, l'épuisement des ressources naturelles, la pollution de l'environnement, un usage erroné de l'énergie nucléaire, et un développement incontrôlé de la technologie. Ces problèmes étant liés entre eux, toute tentative de les résoudre à un niveau individuel ou national est vouée à l'échec et ne peut guère servir qu'à aggraver la situation. La seule solution consiste donc à réunir toute la sagesse de l'humanité et à traiter le problème à l'échelle mondiale, dans la perspective du XXIe siècle. Le septième ennemi auquel l'auteur fait référence dans le titre de son article est celui qui empêche l'humanité de s'attaquer au problème. L'auteur reconnaît deux aspects à cet ennemi : les désillusions morales de l'humanité et les vices communs aux structures politiques nationales et internationales. Le premier aspect est d'ordre interne, le second, d'ordre externe.

La civilisation moderne donne l'image d'un flot constant de désirs tournés vers l'extérieur – de l'individu vers la société et la nature –, à la poursuite de satisfactions matérielles. Mais dans l'actuel crépuscule de la civilisation matérialiste, l'humanité, ayant cherché à se protéger des menaces extérieures, doit maintenant se tourner vers le péril intérieur. Contrairement aux espoirs de beaucoup d'entre nous, il est impossible de comprendre cette menace interne sans affronter la brume profonde de l'insécurité et de la confusion. Or, la religion a pour raison d'être essentielle d'envoyer un rayon de lumière au cœur de cette brume. Parce qu'il montre à tous les hommes la façon de traiter la menace intérieure en brisant l'obscurité fondamentale de la vie, le bouddhisme de Nichiren Daishonin est la religion la plus remarquable pour l'homme moderne.

Pour nous qui adhérons à cette philosophie qui consiste à réformer la vie, l'éducation revêt la plus grande importance. On dit souvent que son rôle est d'amener à la lumière ce qui est latent ou dissimulé. En d'autres termes, l'éducation consiste à permettre à la créativité potentielle inhérente à la vie de s'exprimer. Un de ses aspects les plus essentiels est l'auto-éducation. En négligeant cet aspect, elle peut mener à l'autoritarisme et perdre ainsi de vue son vrai but. Socrate, un des plus grands enseignants de l'histoire humaine, disait que la torpille est un poisson capable d'envoyer de l'électricité sur ses proies parce qu'elle en émet pour elle-même, impliquant ainsi qu'on ne peut enseigner aux autres que ce que l'on a d'abord appris ou enseigné soi-même.

Ceux qui ont fait de la révolution humaine leur premier article de foi sont à même de connaître la signification fondamentale de la vie. Notre conversation d'aujourd'hui est en soi une forme d'éducation. L'éveil au sens de l'existence, par un contact de cœur à cœur, se propagera à toute l'humanité. En ce sens, on pourrait considérer la Soka Gakkai comme un modèle de société éducative qui se consacre à stimuler les hommes afin qu'ils prennent conscience du sens de la vie. L'impulsion tournée vers l'extérieur, qui va de la révolution humaine à une révolution dans le domaine de l'éducation, produira aussi une révolution politique et économique. Finalement, elle vaincra les ennemis qui menacent l'homme de l'extérieur et s'imposera dans le panorama d'ensemble de la sagesse humaine. Nous ne devons jamais cesser d'affirmer que nous détenons la clé qui permet de modifier fondamentalement le courant de la civilisation moderne, caractérisé jusqu'à maintenant par une démarche violente et toujours tournée vers l'extérieur dans l'ignorance du caractère sacré de la vie. Je vous demande de m'aider dans cette grande tâche. De plus, en nous appuyant sur le vrai bouddhisme, nous devons tenir notre rang au sein d'une culture fondée sur les idéaux de la Soka Gakkai et, ainsi, faire tout notre possible pour apporter la paix à l'humanité et à l'ensemble de la société. Pour cela aussi, je fais appel à votre coopération.

La crise économique

La récession économique qui affecte la vie quotidienne de beaucoup d'entre nous constitue une des principales épreuves à laquelle le Japon d'aujourd'hui se trouve confronté. Les petites et moyennes entreprises ont été particulièrement touchées. Que beaucoup d'entre elles aient débauché du personnel ou sombré dans la banqueroute me peine profondément. La crise économique actuelle diffère des dépressions cycliques du passé. Les économistes mettent l'accent sur la nécessité impérative de prendre en considération les structures économiques nationales et internationales et le mode de vie humain dans son ensemble. Je ne suis certes pas un spécialiste dans ce domaine ; mais, si je peux me permettre d'émettre une opinion, je voudrais dire que, pour tenter de régler ce problème, le gouvernement devrait d'abord s'employer à sauver les faibles. Par ailleurs, plutôt que de poursuivre le rêve d'une nation économiquement puissante, nous devrions nous efforcer d'apporter une contribution à l'humanité par la culture et de permettre à notre pays de devenir un « magasin culturel ». La civilisation propre au Japon est suffisamment riche et profonde pour atteindre un tel but. J'ai la conviction que le développement culturel de notre pays constitue à la fois la plus sûre garantie de sécurité pour le Japon et la meilleure contribution qu'il soit en mesure d'apporter au monde.

C'est en se consacrant à une production créative et bien distincte que les entreprises japonaises pourront le mieux assurer leur survie sur le marché international. Les hommes d'affaires de notre pays ont la réputation de s'être enrichis grâce à une production de masse sur la base d'idées prises à l'étranger. Cela doit changer. Le Japon possède sa propre tradition esthétique, et la beauté de ses produits a obtenu du succès dans les autres pays. Même si la croissance économique diminue dans l'avenir et que les actions entreprises se font à plus petite échelle, la seule façon de rester compétitif consiste à produire des biens individuels irremplaçables et à s'en tenir fermement à l'idée de production spécifique.

Cela n'est pas seulement vrai pour les entreprises commerciales ; il faut suivre la même voie dans les relations entre nations et cultures. La théorie bouddhique de la manifestation de soi (*jitai-kensho*) est le moyen le plus fondamental et le plus complet pour atteindre un mode de vie idéal et développer pleinement les caractéristiques de chacun.

Le rôle de la Soka Gakkai dans la société

La plupart des Japonais d'aujourd'hui sont trop jeunes pour avoir connu la guerre. Mais l'histoire enseigne que si l'inflation et l'instabilité économique se développent, la guerre peut éclater. Les années précédant la Seconde Guerre mondiale ont été marquées par une avalanche d'événements qui ont apporté souffrances et tristesse au peuple. Aujourd'hui, trente ans après la fin de ce conflit, on redoute toujours autant une guerre mondiale. De manière plus radicale encore, on pourrait dire que l'humanité danse au bord d'un volcan.

Certains d'entre nous, comprenant bien la gravité de la situation actuelle, croient qu'il est vital d'y remédier. Il en est d'autres, pourtant, qui affirment que nos craintes sont sans fondement. Quoi que l'on dise, il est certain qu'il ne faut pas attendre le dernier moment pour réagir. Trop souvent dans le passé, la passivité a mené au désastre. Dans sa *Réponse à Tokidono*, Nichiren Daishonin cite un vieux proverbe chinois qui dit que le vrai sage, même dans une situation apparemment sûre, se tourne toujours vers l'avenir et perçoit le danger et les crises avant tous les autres. À l'inverse, l'insensé est incapable de sentir le danger, même lorsqu'il s'y trouve confronté. Je dois dire aux dirigeants d'aujourd'hui qu'une personne assumant une responsabilité sociale ne peut se permettre d'agir comme un insensé.

Le pouvoir de déclencher une guerre repose entre les mains de quelques dirigeants. Afin de les encourager à suivre le chemin de la paix, il faut que le plus grand nombre possible d'êtres humains proclament haut et fort que la paix est la seule voie qu'ils souhaitent suivre. Je veux que chacun de nous intensifie son engagement pour la paix ; c'est là la responsabilité des hommes qui vivent dans le monde d'aujourd'hui. On trouve dans le *Gosho* un commentaire du Sûtra du Nirvana disant qu'une société et un peuple basés sur la propagation du bouddhisme sont indestructibles, quoi qu'il arrive. Ce précepte fondamental devrait nous éveiller au sens de notre responsabilité et à la générosité.

Les âges se succèdent. Comme le climat, notre époque est parfois saine et parfois déréglée. Dans l'avenir, nous serons confrontés à des tempêtes d'épreuves et de troubles. Se posera alors une question importante : aurons-nous la force de rester fermes et de poursuivre inébranlablement notre route, les yeux fixés sur la valeur essentielle, la vie elle-même ? La mission de la religion est d'insuffler vitalité et résolution dans le cœur et l'esprit de tous les peuples.

Divers pouvoirs dans le monde – l'autorité, l'argent, la violence – attentent à la dignité de la vie. Dans un tel contexte, la Soka Gakkai a pour rôle d'employer la force spirituelle jaillissant du plus profond de la vie pour lutter contre de tels pouvoirs. Cette lutte constitue le point de départ d'une résistance au fascisme. La valeur de notre organisation qui prône la révolution humaine apparaîtra de plus en plus clairement pour assurer la stabilité sociale. Toucher le cœur de chaque personne avec laquelle on entre en contact semble peut-être représenter un travail lent et modeste ; mais il faut du temps pour accomplir une grande œuvre. Permettre à chacun de cultiver et de raffiner sa vie intérieure ne peut se faire du jour au lendemain. Mais au bout d'une telle démarche se trouve le diamant de la vie qui résiste à toutes les épreuves. Il n'y a pas d'autre chemin pour l'humanité que celui qui passe par le travail lent et modeste dont je viens de parler. Et à ceux que ma proposition ferait sourire, je répondrai : « Qu'avez-vous d'autre à proposer ? »

Notre société connaît le flux constant des jours, des mois et des années. En raison de l'importance des media, on oubliera demain ce qui est important aujourd'hui. En une telle époque, une réflexion modeste et des échanges ouverts entre les hommes revêtent la plus grande importance. On ne doit pas se contenter de résoudre les problèmes d'aujourd'hui. Nos échanges doivent au contraire inclure un large examen du sens de la civilisation et de l'abondance véritable ainsi qu'une étude du sens de la vie. La crise inhérente aux structures sociales de notre époque exige d'urgence une telle réflexion. On dit souvent que lorsqu'on se trouve au bout du rouleau il faut repartir à zéro. Pour les êtres humains, le point de départ éternel doit être la dignité de la vie et les meilleurs aspects de la nature humaine. Je crois que l'importance majeure de l'humanité doit constituer le point de repère nous guidant vers le siècle nouveau. Je suis personnellement toujours prêt à discuter de n'importe quel problème à partir de ce point de vue car tous les thèmes majeurs de notre époque doivent être analysés en prenant en considération les développements à venir et non pas seulement les préoccupations politiques qui trop souvent mènent à des conflits. Aujourd'hui, les pouvoirs politique et militaire forment l'inquiétante toile de fond de la scène internationale, alors qu'on paraît perdre de vue l'homme et la civilisation. À chaque fois que je pense à cela, je me souviens des célèbres *Questions de Milinda (Milinda-panha)* qui relatent le débat entre le roi gréco-bactrien Milinda et le moine bouddhiste Nagasena. Milinda, qui gouverna l'Inde au IIe siècle de l'ère chrétienne, possédait une connaissance poussée des traditions philosophiques rationnelles et analytiques de Platon et d'Aristote et utilisa son grand esprit pour réfuter les philosophies indiennes de l'époque. Seul le jeune moine bouddhiste Nagasena lui tint tête et, selon le texte, le convertit au bouddhisme. Nagasena posa une condition au dialogue : que le roi réfléchisse en sage, et non en roi. Nagasena voulait probablement éviter l'autoritarisme du roi qui préconise l'usage de la force pour convertir les réfractaires. Par la « réflexion d'un sage », il entendait que le dialogue devait avoir lieu sur la base de l'égalité totale entre deux hommes en quête de vérité et de bonheur. Toutes sortes de solutions, commentaires, critiques, corrections et classifications étaient autorisés au cours du débat. Une telle recherche de la vérité et du bonheur constitue la raison d'être du dialogue entre les hommes. C'est ainsi que l'éducation et la civilisation peuvent gagner de la grandeur. Trois jours durant, Milinda et Nagasena s'engagèrent dans une discussion harmonieuse et passionnée. La confrontation du rationalisme et du savoir du roi avec la profonde sagesse du bouddhisme a donné naissance à un très intéressant document qui m'a convaincu que les dialogues basés sur les aspects fondamentaux de la nature humaine sont les outils pouvant nous permettre de surmonter la crise actuelle.

La plupart de ceux qui affirment ne pas compendre la signification de la Soka Gakkai ne réagiraient pas ainsi s'ils avaient une connaissance plus profonde du bouddhisme. Cependant, nous avons par ailleurs construit autour de nous des barrières parfois plus hautes que nécessaire en réponse à la pression exercée. Dans notre hâte à faire connaître nos enseignements et à bâtir notre œuvre de pionniers, nous n'avons pas toujours pris le temps de faire tomber ces barrières. J'espère qu'à l'avenir tous les membres s'attelleront à cette tâche. Notre tradition est encore récente, et nous manquons de maturité dans bien des domaines. Il nous faut donc réfléchir sérieusement à nos échecs. Nous devons, avec modestie et l'esprit ouvert, écouter les bons conseils que l'on peut nous donner et aller dans la direction qui nous paraît la plus sûre et la plus digne de confiance. De plus, j'espère que dans la société les non-membres de la Soka Gakkai nous feront ouvertement part de ce qu'ils pensent de notre mouvement. Si nous les amenons à nous comprendre, ils verront que notre monde est totalement en accord avec le bon sens. Il est important de savoir sur quels points nous sommes d'accord avec les autres ; il importe aussi de connaître les points de désaccord. Notre époque exige une profonde réflexion et une attitude tournée vers l'avenir. Mais elle a aussi besoin de dialogues sur les éléments fondamentaux de la nature humaine. Rien n'est plus stupide que de permettre aux divisions et aux conflits de se reproduire parce que nous refusons de voir plus loin que le bout de notre nez.

En octobre 1975, à l'âge de quatre-vingt-six ans, Arnold J. Toynbee acheva une vie consacrée à une grande œuvre. Jamais je ne pourrai oublier la sincérité et la sévérité avec lesquelles il me dit, lors d'un de nos entretiens : « Nous devons poursuivre notre discussion pour le bien des hommes du XXIe siècle ». Au cours de nos dialogues, M. Toynbee répétait avec insistance que la religion est la base fondamentale de toute civilisation. Moi aussi je suis convaincu que seule une grande religion peut nous permettre de redonner vigueur et vitalité à la civilisation.

Nous savons peu de choses de nos origines, ne pouvant guère retracer que quelques millénaires d'histoire. Dans *l'Origine des espèces*, Darwin prête à l'homme un développement semblable à celui des animaux, mais il ne s'agit là que d'une vision partielle des infinies profondeurs de la vie. Bien que la science offre certaines hypothèses sur les origines de la vie et de l'univers, toutes ses connaissances s'arrêtent au seuil de la philosophie bouddhique. Les enseignements bouddhiques ont pour essence la vie éternelle – la vie sans commencement ni fin. Par notre pratique, nous avons tenté de sonder les profondeurs du bouddhisme Mahayana qui a longtemps constitué une part importante de la vie et de la pensée orientales. Au vu des conditions actuelles, je voudrais exprimer ma conviction que cette religion et ses enseignements sont clairement en mesure de dépasser les barrières nationales, raciales et linguistiques pour devenir le trésor commun de tous les peuples. De plus, je crois qu'il est de notre devoir de chérir cette précieuse religion et de la faire connaître à toute l'humanité.

J'aimerais maintenant dire un mot sur l'accord de coopération passé avec le parti communiste japonais, pour une période de six ans. Le 20 août de cette année, à une réunion des représentants du département des Hommes, j'ai dit que mes intentions en passant cet accord n'impliquaient pas d'actions spécifiques mais répondaient au désir d'établir les points de convergence entre nos deux mouvements. De plus, j'ai fait savoir que dix ans me paraissaient nécessaires pour enraciner profondément un esprit de détente entre nos deux organisations. Du point de vue de la civilisation, rien ne va à l'encontre de la coexistence de la religion et du socialisme. Tous deux doivent donc faire preuve de tolérance et de patience. Telle est mon opinion sur ce sujet.

J'aimerais maintenant faire quelques commentaires sur les relations entre la Chine et le Japon. J'ai déjà clairement affirmé que je souhaitais la conclusion d'un traité d'amitié entre nos deux pays. Et cela afin de préserver les générations futures des menaces de guerre. Il y a sept ans, à la onzième réunion générale du département des Étudiants, j'avais déjà appelé à la normalisation des rapports sino-japonais. Un an plus tard, dans le cinquième volume en version japonaise de mon roman *la Révolution humaine*, j'ai encore souligné qu'il était temps de conclure un traité d'amitié entre nos deux pays.

Comme vous le savez tous, les négociations en ce sens ont progressé jusqu'à un certain point mais ont buté sur ce que l'on appelle le problème de l'hégémonie. J'ai déjà exprimé mes sentiments à ce sujet. Cependant, en raison de l'importance de bonnes relations entre nos deux pays pour la paix en Asie, j'estime utile de les évoquer de nouveau ici. Dans le communiqué joint fait par les deux nations en septembre 1972, il était stipulé que ni la Chine ni le Japon ne chercheraient à établir une hégémonie en Asie ou dans la région du Pacifique et que nos deux pays s'opposeraient également à toute tentative dans ce sens provenant d'autres nations ou groupes de nations. J'insiste sur le fait que, si les termes de cet accord sont respectés, on pourrait parvenir sans accroc à la conclusion d'un traité de paix.

Depuis la reprise, il y a trois ans, des relations diplomatiques entre nos deux pays, en tant que représentant de la Soka Gakkai et à titre personnel, j'ai souvent voyagé en Chine dans l'espoir d'établir des relations de bon voisinage. Notamment en 1974 et 1975, je m'y suis rendu à trois reprises. Je me suis fait là-bas de nombreux amis, promouvant d'importants échanges dans les domaines de l'éducation, de la culture et de la paix. Pour développer encore ces échanges et une amitié entre nos deux pays dont puissent profiter nos enfants et petits-enfants, j'insiste sur le fait qu'un traité de paix sino-japonais doit être conclu dès que possible.

On trouve dans le *Gosho* intitulé *La voix du bouddha* le passage suivant : « *Une lettre du Sûtra du Lotus contient les mérites de Shakyamuni, Taho, et de tous les autres bouddhas. Le joyau chintamani (qui exauce tous les désirs) est l'équivalent de cent joyaux d'une seule sorte. Et un de ces joyaux chintamani a le pouvoir de faire pleuvoir une quantité illimitée d'autres joyaux. Si un remède est confectionné avec cent herbes, ce remède ou cent remèdes herbacés peuvent guérir les maladies. Une goutte d'eau de mer contient en puissance les courants maritimes. C'est tout cela qui constitue les flots.* » (*Gosho Zenshu*, p. 1 121.)

Si nous appliquons ce texte à notre vie et à notre travail quotidiens, nous voyons que les cent joyaux *chintamani*, les cent médicaments, et le grand océan sont la Nichiren Shoshu Soka Gakkai et que les activités de chacun d'entre nous sont comparables à un seul joyau, médicament ou goutte d'eau. La mer n'est rien d'autre que l'ensemble des gouttes d'eau qui la composent. Et chaque goutte contient la mer elle-même. Un seul joyau *chintamani* a le pouvoir d'en produire cent autres semblables à lui. Un seul médicament peut guérir toutes les maladies. De même, je veux que vous preniez tous conscience d'être, en tant qu'individus, la Soka Gakkai elle-même et que la Soka Gakkai ne pourrait exister sans vous. Le bouddhisme de Nichiren Daishonin enseigne que chaque personne possède une telle mission et un tel pouvoir.

Un écrivain français, en essayant de définir la meilleure façon de vivre pour un être humain, évoqua une simple tombe de marbre dans un cimetière non loin de Paris. Taillé dans la pierre, en lettres ordinaires, voici l'épigraphe qu'on y lit : « *Ici gît Auguste Charles Colignon. Il aima le bien et vécut honnêtement. En s'efforçant de mettre en pratique la morale et les préceptes des Essais de Montaigne et des Fables de La Fontaine, il mena une vie heureuse.* » Colignon n'était qu'un simple citoyen ; mais beaucoup d'hommes célèbres, et notamment Ralph Waldo Emerson, ont été profondément touchés par cet épitaphe. L'écrivain français était très impressionné par le fait que de simples habitants des villes ou des campagnes puissent s'efforcer de bâtir leur vie et leurs actes sur les préceptes d'hommes comme Montaigne et La Fontaine.

Mais la Soka Gakkai est composée de beaucoup d'hommes simples et inconnus comme Colignon. Reste cependant une différence importante : la quête d'un Colignon s'évertuant à suivre les préceptes des grands penseurs français s'achève avec la mort, alors que nous, membres de la Soka Gakkai, en suivant les enseignements du *Gosho*, luttons et agissons pour faire de nos vies des manifestations de la philosophie éternelle du bouddhisme.

LA FIDÉLITÉ, UN AMI POUR LA VIE

Discours prononcé à la première cérémonie de remise des diplômes du lycée de jeunes filles Soka, Osaka, le 13 mars 1976.

Comme d'autres « premières » dans la vie, l'obtention d'un premier diplôme constitue un événement d'une grande signification. Ce diplôme du lycée Soka de jeunes filles est un jalon important dans l'histoire et la tradition de cette institution, parce qu'il marque l'achèvement d'un premier cycle complet d'études. Du fond du cœur, j'espère que, sur ces brillantes fondations, l'école continuera à se développer prenant peu à peu une dimension telle que le monde de l'éducation dans tout le Japon reconnaîtra avec fierté ses succès. De plus, j'espère que chaque jeune fille de la classe promue gravera ce souhait dans son cœur, et qu'elle aimera et soutiendra son lycée d'origine pendant le restant de sa vie, quel que soit son destin. Vous avez toutes travaillé dur pendant les trois années où vous avez grandi ici. Mais vous n'avez pas travaillé seules. Vos camarades de classe vous ont encouragées dans les difficultés, vous ont pris la main et se sont jointes à vous dans les bons jours. De telles amies sont difficiles à remplacer.

Rien ne compte plus dans la vie que la fidélité et la compassion envers les autres. Que vous ayez pu vous développer dans ce sens, non par la théorie, mais par les contacts avec vos camarades et l'expérience, me paraît particulièrement significatif. À vous toutes, élèves de cette promotion, j'aimerais offrir ce conseil en guise de cadeau d'adieu : faites de la fidélité l'amie de toute votre vie.

Accorder sa confiance, mériter la confiance des autres, voilà de grandes forces dans l'existence.

En général, nos vies se ressemblent. Celles d'entre vous qui ne poursuivront pas d'études supérieures trouveront bientôt un travail. Ce qui n'empêchera pas une bonne partie d'entre elles de continuer à étudier d'une manière ou d'une autre, même après avoir pris leur place dans la société. Quant à celles qui se rendront à l'université ou dans d'autres établissements supérieurs, elles seront aussi amenées à travailler un jour ou l'autre. Certaines devront attendre un an ou même deux, avant de pouvoir poursuivre leurs études, mais cela a moins d'importance qu'on pourrait le croire. Souvenez-vous que la malchance peut se changer en bonheur.

L'homme et la femme suivent chacun leur chemin, mais tant qu'ils ne s'égarent pas trop loin de leur voie et qu'ils font tous deux les efforts dont ils sont capables, ils sont certains de trouver un jour le bonheur. Gardez cela à l'esprit et allez hardiment de l'avant vers vos nouvelles vies.

D'elle-même, la classe promue a formé ce qu'elle appelle l'« association Luciole » ; et les parents d'élèves ont fait donation d'un « étang Luciole », situé au centre du parc de l'école. Cela me ferait très plaisir que les membres de cette promotion décident de se retrouver une fois par an au bord de cet étang pour échanger des nouvelles.

Un préjugé courant veut que dans une classe promue l'important est d'être le premier et que tous les autres méritent moins de considération. Voilà une opinion erronée. Les meilleurs élèves comptent certes à leur actif des succès que je n'ai pas l'intention de minimiser. Ils ne forment cependant qu'une minorité. Et leur excellence scolaire ne devrait en aucun cas nous cacher la valeur de leurs camarades. Un regard sur l'histoire récente du Japon peut illustrer mon propos. Notre nation a ses torts ; mais, dans les trente années écoulées depuis la fin de la Seconde Guerre mondiale, elle s'est néanmoins développée jusqu'à devenir la société qui est la nôtre aujourd'hui. Ce développement n'est pas dû au talent d'un petit groupe d'excellents élèves. Il n'a été rendu possible que parce que chaque personne dans le pays possède sa propre excellence.

Tout le monde a des points forts et des points faibles. Dans la vie, il importe de ne pas céder à nos faiblesses et d'utiliser au mieux nos forces. Selon moi, celui qui se comporte ainsi est une personne vraiment exceptionnelle, laissant une marque dans la société. Cette remarque sur la nécessité d'utiliser au mieux nos points forts et de ne pas céder à nos faiblesses vaut aussi bien à l'école que dans la société. J'espère que chacune d'entre vous développera courageusement ses capacités tout en allant de l'avant dans la vie.

Vous avez beaucoup d'années devant vous. Souvenez-vous toujours que rien n'a autant de valeur qu'une attitude pleine d'entrain et une bonne santé. J'espère sincèrement que vous garderez toutes un bon esprit et une bonne santé votre vie durant.

J'aimerais maintenant que nous applaudissions tous vigoureusement les membres de la première promotion du lycée Soka de jeunes filles quand elles quitteront cette salle. Et je demande à celles qui restent de donner aux aînées de leur communauté scolaire le vibrant adieu qu'elles méritent.

LES MEMBRES D'UNE COMMUNAUTÉ BRILLANTE

Discours prononcé à la neuvième cérémonie d'ouverture des collège et lycée Soka, Tokyo, le 8 avril 1976.

Les cerisiers fleurissent ; et les tendres feuilles vertes des arbres *zelkova* commencent à apparaître. Dans vos vies aussi, le printemps est arrivé. Vous avez réussi vos difficiles examens d'entrée et maintenant, les yeux tournés vers un brillant avenir, vous voilà dans ces écoles. C'est un grand plaisir pour moi que de vous féliciter en cette occasion. J'aimerais aussi féliciter vos parents, et je profite de ces circonstances pour demander aux responsables et à tout le personnel de vos établissements de poursuivre leur bon travail d'enseignants et de conseillers. Succès ou échec, dans l'éducation, dépendent de l'unité entre professeurs et élèves.

J'ai récemment remarqué des articles sur l'école dans divers journaux. On y signalait que, avec le développement démographique des préfectures dortoirs autour de Tokyo – les préfectures de Kanagawa, Chiba et Saitama –, le nombre de collégiens et de lycéens s'accroît rapidement. Toutes les écoles publiques ont entre dix et douze classes de chaque niveau (cela peut même aller jusqu'à quinze dans certains cas). Plus d'élèves nécessite plus d'enseignants. Selon l'enquête d'un journal, au moins trente pour cent des élèves ne connaissent pas le nom et le visage de tous les professeurs de leur établissement. Un directeur aurait même dit que dans de telles conditions il était impossible d'éviter une dégradation de la qualité de l'enseignement.

Aujourd'hui, trois cents nouveaux élèves font leur entrée au lycée Soka, et deux cents au collège. C'est exactement ce qu'il faut. De plus, vous avez tous de grandes qualités. En d'autres termes, vous abordez une nouvelle phase de votre scolarité dans des conditions excellentes comparées à celles que l'on trouve dans le système éducatif en général. Je veux que chacun de vous comprenne cela et fasse le maximum pour développer un esprit d'unité avec les enseignants aussi vite que possible.

On m'a dit qu'ici la santé des élèves est bonne comparée aux autres écoles urbaines, mais légèrement inférieure à celle des élèves de zone rurale. En m'interrogeant sur les causes de ce phénomène, je me suis demandé s'il n'était pas dû à un excès de travail. Mais cela ne semble pas être le cas. L'explication serait plutôt en rapport avec les habitudes alimentaires. La plupart des élèves de ces deux établissements vivent, soit dans des dortoirs, soit dans des chambres individuelles, et non avec leurs parents. Les responsables de l'école font certes attention à la qualité de la nourriture distribuée aux repas. Mais, chacun de vous se trouvant au sommet d'une phase de croissance, trois repas par jour ne suffisent pas. Aussi, quand vous avez faim entre les repas, vous mangez tout ce qui vous tombe sous la main, gâteaux, pain, ou plats instantanés. Un tel régime ne poserait aucun problème sur une période d'un mois ou même de six mois. Cependant, poursuivie pendant deux ou trois ans, cette consommation d'aliments chauds d'une faible qualité nutritive peut causer des dommages et entraîner cette détérioration de la santé que je viens de mentionner. Cela constitue certes un objet d'inquiétude pour nous. Néanmoins, vous pouvez seuls remédier à cette situation. Je demande à chacun de vous de prêter attention à son alimentation ; assurez-vous que votre nourriture est suffisamment riche en vitamines, minéraux, et autres éléments nutritifs ; devenez ainsi des jeunes gens et des jeunes filles robustes et bien portants.

Vous êtes maintenant à un stade où l'on reçoit toutes sortes d'impressions. Ces impressions entreront dans le royaume de votre subconscient où elles exerceront une influence maîtresse sur une grande partie de votre vie future. Durant les trois ou six années que vous allez passer ici, j'espère que vous garderez cela à l'esprit, combattrez contre le mal sous toutes ses formes, et rechercherez toujours le bien. C'est ainsi que vous pourrez devenir des personnes de qualité à la foi résolue.

En ce sens, vous pouvez notamment demander et prendre en compte les bons conseils de vos camarades plus âgés. J'espère que vous deviendrez tous des membres brillants et pleins d'espoir dans cette communauté éducative.

LA SOUFFRANCE COMME SOURCE DE CRÉATIVITÉ

Discours prononcé à la sixième cérémonie d'entrée de l'université Soka, à Hachioji, Tokyo, le 10 avril 1976.

Éduquer des hommes qui deviennent des dirigeants de premier plan

Permettez-moi de vous féliciter à l'aube de votre carrière universitaire. J'espère que vous ferez des quatre prochaines années une scène où se développera la pièce riche et pleine de sens de la période de formation de votre jeunesse. Rien qu'à imaginer les aventures de la vie qui vous attendent, j'éprouve une profonde émotion. La jeunesse est un trésor précieux, irremplaçable. Cette période possède une telle valeur, une telle importance, que ce que l'on en fait détermine le développement ultérieur de notre vie. L'être humain connaît habituellement un développement spectaculaire de son impressionnabilité et de sa sensibilité au début de l'âge adulte. Les oreilles des jeunes hommes deviennent sensibles aux sons des subtils changements dans le monde de la nature. Les profondes émotions de l'amour commencent à grandir dans le cœur des jeunes filles. Les jeunes gens des deux sexes ont le courage de défier l'autorité du mal sans se laisser abuser. Les jeunes esprits désirent passionnément créer et développer l'héritage humain. C'est le privilège de la jeunesse que de s'envoler vers un avenir plein d'espoir et d'avancer hardiment sur le chemin de la réalisation de soi. Moi-même, dans mes jeunes années, j'ai entrepris un voyage de l'esprit à travers des chemins de profonde réflexion sur lesquels je fus entraîné par ma passion pour le mystère de la vie et de l'univers. J'aimerais aujourd'hui ouvrir une page de mes souvenirs de jeunesse et attirer votre attention sur l'expérience d'un homme dont l'œuvre m'influença profondément.

Le poète indien Rabindranath Tagore (1861-1941) fut l'un de ceux qui colora fortement ma jeunesse. On vient récemment de réévaluer son importance. J'aimerais utiliser cette occasion pour vous donner mes impressions sur lui. Il y a de nombreuses raisons de rendre hommage à Tagore. Il figure avec Gandhi comme l'un des grands héros de l'Inde. Poète de dimension mondiale, il reçut le prix Nobel de littérature. Adversaire du colonialisme, il alimenta grandement l'esprit du peuple indien. Voilà pourquoi on lui rendit largement hommage pendant les quatre-vingt-un ans de sa vie de créativité et de combat. À mes yeux, une des périodes les plus impressionnantes de sa vie est celle où le malheur s'est abattu sur sa famille après qu'il eut consacré sa propre fortune à l'établissement de l'école Shantiniketan pour la paix à Bolpur. Il perdit tour à tour sa femme bien-aimée, sa fille cadette, et son plus jeune enfant. Au milieu de ces malheurs successifs, il fut forcé de s'impliquer dans le problème politique majeur de l'époque : la division, par les Anglais, du Bengale en zones musulmane et hindoue. Tagore aimait sa famille, particulièrement son dernier enfant ; qu'il meure à treize ans, victime du choléra, fut pour lui un coup terrible. Dans ses souvenirs, Tagore a dit que les peines de cette période de sa vie lui firent maudire le destin.

Tagore, le poète qui vécut pour sa mission

Le poète vit peut-être dans ces événements l'ombre ténébreuse du destin qui s'abat souvent sur les vies humaines, mais il surmonta ses malheurs parce qu'il regardait hardiment et sans crainte la grande mer intérieure de la vie universelle. Sans cette attitude, il aurait été incapable de manifester le courage de braver les écrasantes peines qu'il connut et de trouver une nouvelle source de force. En acceptant son propre malheur comme une épreuve qui s'imposait à lui, il poursuivit sa marche en avant sur le chemin de sa mission pour la paix et le bonheur de toute l'humanité. C'est cette façon de vivre que je loue le plus chez Tagore. Une personne éveillée à sa grande mission personnelle peut surmonter la douleur et utiliser cette expérience comme tremplin pour la nouvelle étape d'une vie créatrice. Un être humain de qualité ne se contente pas de ronchonner. Bien qu'il s'agisse là essentiellement d'une stratégie britannique pour étouffer les sentiments anti-britanniques, le partage du Bengale ne fit qu'attiser la flamme du patriotisme indien. Il fut le détonateur de l'intensification du mouvement anti-britannique.

Des actes basés sur une foi solide et fervente

Tagore prit la direction du mouvement d'opposition au partage du Bengale, pratiquement comme s'il était voué à accomplir cette tâche. Mais il n'agit pas sur la base d'une impulsion. Ses actions s'appuyaient sur une foi solide dont il ressentait les vibrations dans la mer intérieure de son cœur. Essayons maintenant de clarifier ce point.

Lorsque s'éleva le danger du terrorisme, résultat d'un sentiment anti-britannique croissant, Tagore affirma que la violence n'était pas le moyen de sauver l'Inde. Il avait la conviction que seul un travail constructif dans un esprit de tolérance pouvait produire des résultats positifs. Telle fut l'approche qu'il adopta pour apaiser les terroristes. Et cela seul suffit à montrer que son mouvement de résistance n'était pas le produit d'un nationalisme étroit, mais s'inspirait d'un profond « esprit de tolérance ». Afin de comprendre cet esprit, il est essentiel d'examiner certaines expériences du début de sa vie.

Son père reconnut très tôt le génie poétique de Tagore et lui permit de parcourir librement la nature au cours des nombreux voyages que tous deux accomplirent dans l'Inde du Nord. Il est probable que la possibilité de courir librement et de respirer l'air pur dans un environnement naturel lui permit de développer son esprit de tolérance. À l'âge de dix-sept ans, il partit étudier en Angleterre et, là, se familiarisa avec la musique occidentale. De retour en Inde, il écrivit le ravissant opéra *Valmiki-prati-vah*, qui combine l'esprit oriental et la raison occidentale. Ceux qui assistèrent à la représentation de ce spectacle furent littéralement captivés.

À vingt-trois ans, Tagore passa dans le Bengale rural une des périodes les plus impressionnantes de sa jeunesse. Là, il aida les pauvres fermiers indiens à améliorer les méthodes agricoles et à augmenter leur récolte en introduisant des éléments de la civilisation scientifique occidentale. Dans le même temps, tout en travaillant avec ardeur au sein de la nature, il parvint à une compréhension de l'ultime vérité humaine. En bref, il fit la précieuse expérience du contact avec la vie qui est la source de tout et imprègne l'humanité, avec le monde de la nature non humaine et le cosmos tout entier. Cette force motrice qui produit le spectacle des changements de saison constitue aussi la source de la compassion et de la sagesse dans le cœur généreux des paysans pauvres. La seule façon de créer l'union spirituelle entre tous les peuples consiste à prendre conscience de la vie éternelle supportant toute chose et résidant dans les profondeurs du cœur humain et à la manifester. L'esprit de tolérance de Tagore était enraciné dans cette vie éternelle.

Ses expériences de jeunesse lui donnèrent force et grandeur d'âme pour surmonter ses malheurs personnels afin de participer au mouvement contre le partage du Bengale et de bien utiliser dans tous les domaines, de l'art aux mouvements sociaux et politiques, sa passion intérieure et son sens de la justice. Un tel vécu, illuminé par la jeunesse, exigeait la découverte d'une force de vie intérieure et aida Tagore à suivre le chemin du vrai bonheur humain et de l'accomplissement de soi. Une vie où l'on se réalise est une vie heureuse.

En un sens, la vie éternelle qui impressionna Tagore se rapproche de la nature du bouddha, ou vie de bouddha, que le bouddhisme a révélé grâce à une fine observation. En termes d'ego, on peut dire que c'est le grand ego qui respire profondément à l'intérieur de la multitude de petits ego du monde. Un être humain ne peut espérer réaliser une révolution dans sa vie et, ainsi, cultiver une harmonie stable et immuable à la fois sur les plans spirituel et matériel qu'en l'établissant fermement dans le grand ego, en réglant son cœur à son rythme, et en accordant son oreille à la voix intérieure.

Quand je parle de « réalisation de soi », je veux dire prendre conscience du grand ego, pas du petit, contrôlé par les désirs insignifiants. Ne voir en soi que le petit ego mène inévitablement à l'égoïsme et à l'égotisme. Mais ce dont je parle est le moi central, essentiel, qui a pour base fondamentale la vie universelle. C'est ce grand ego qui est la source de la compassion et de la sagesse.

La voie d'or de la jeunese

Découvrir le grand ego et faire appel à l'énergie latente en lui exigent une progression spirituelle constante et une riche sensibilité. Je vous parle des caractéristiques de la jeunesse et de la réalisation de soi dans le grand ego parce que c'est la jeunesse qui voit tout avec le plus d'acuité et peut ainsi percevoir l'éternel. Je tire cette affirmation de ma propre expérience. Voilà pourquoi je tiens à réaffirmer ma conviction que la principale caractéristique de la jeunesse est sa capacité à mettre en œuvre son immense sensibilité et son impressionnabilité et ainsi à entrer en contact avec le cœur de l'univers et de la vie pour faire apparaître la foi, la philosophie et la mission de toute une existence. L'être humain qui a trouvé sa mission essentielle ne connaît pas la moindre hésitation, ne craint pas non plus les épreuves. Dans notre société troublée, celui qui mène une telle vie se tourne vers l'avenir avec un idéal dans son cœur et crée un environnement où il peut manifester son vrai moi.

Certains trouvent la vérité éternelle dans la nature ; d'autres peuvent découvrir la vérité de la matière et de l'esprit à travers leur quête du savoir. Les femmes trouvent quelquefois la source de l'énergie de la compassion dans l'amour véritable. Quel que soit le chemin choisi, les expériences qui éveillent un bonheur humain sans limites – tout comme vos études universitaires – nourriront à coup sûr votre développement ultérieur. Une expérience basée sur le contact avec la vie universelle et le cosmos rejaillira dans vos études et vous mènera le long de la route d'or de la réalisation de soi. Dans les quatre années à venir, j'espère que, dans ce beau site naturel de Musashino, vous absorberez le maximum de connaissances appartenant à l'héritage intellectuel humain. De plus, je souhaite que, en travaillant de concert avec le recteur Kazuo Takamatsu et tous vos professeurs, vous suiviez le chemin d'un savoir qui vise plus que les simples succès intellectuels.

L'université Soka est un lieu d'éducation ; c'est aussi une place forte de la paix mondiale. En bref, c'est un lieu d'entraînement où l'on peut s'améliorer physiquement et mentalement. Vous pourrez ici consacrer votre jeunesse à la révolution humaine, prendre conscience de vos potentialités, les manifester, et commencer à révolutionner votre propre mode de vie. J'espère que chacun de vous mènera une vie riche et dynamique, embellie par les quatre vertus nobles de la vie : véritable soi, éternité, pureté, et bonheur.

LA SOKA GAKKAI, SES IDÉAUX ET SA TRADITION

Discours prononcé à la trente-neuvième réunion générale de la Soka Gakkai au centre culturel de la Soka Gakkai de Sapporo, Hokkaido, le 24 octobre 1976.

Mon maître et le Hokkaido

Cette réunion générale marquant le début de l'année de l'étude, il est particulièrement approprié qu'elle se déroule dans le Hokkaido où les deux premiers présidents de la Soka Gakkai, Tsunesaburo Makiguchi et Josei Toda, passèrent leur jeunesse et se préparèrent par l'étude aux rôles qu'ils allaient jouer plus tard.

Je me suis rendu un nombre incalculable de fois en Hokkaido, mais ma toute première visite reste la plus vivement ancrée dans ma mémoire. Cela se passait en été 1954, et j'étais venu là avec mon professeur et maître, Josei Toda, pour visiter Atsuta, le village de son enfance. Cette première occasion de retrouver son vieux foyer depuis sa sortie de prison à la fin de la Seconde Guerre mondiale fut chargée d'une grande émotion. Il avait alors cinquante-quatre ans, et moi vingt-six.

Le brûlant soleil d'août resplendissait dans le ciel clair. De nos jours, la route est pavée et il faut environ une heure pour aller de Sapporo à Atsuta. Mais, à l'époque, nous devions emprunter des routes de campagne cahoteuses et couvertes de poussière, à quoi s'ajoutait la traversée en bac de la rivière Ishikari, et le voyage durait facilement trois heures.

Pendant le trajet, alors que nous mangions du maïs bouilli, M. Toda me rapporta des histoires de son enfance. Il me dit qu'après l'école il allait souvent se promener le long du rivage avec son instituteur. À un endroit appelé le belvédère Ruran, où une formation rocheuse émergeait de la mer, ils s'asseyaient pour se reposer. Puis son instituteur lui faisait la lecture, ou tous deux regardaient au loin le majestueux horizon de la mer du Japon. « *De l'autre côté de cette mer s'étend l'Asie avec son immense population* », disait souvent son instituteur. Tout en l'écoutant, le jeune Toda sentait monter en lui de grands rêves pour l'avenir. Le souvenir de M. Toda me rapportant, ravi, de telles histoires, me remplit encore aujourd'hui de tendresse.

À Atsuta, où nous laissâmes nos affaires à notre logis, M. Toda me suggéra d'aller jeter un œil sur le village. Je partis seul, descendant jusqu'à la mer, puis suivant la rivière Atsuta, déambulant dans un village côtier qui m'impressionna par sa petitesse et sa grande pauvreté.

Petitesse et pauvreté, voilà aussi les deux mots les plus appropriés pour décrire la Soka Gakkai de l'époque. Notre organisation était alors si insignifiante qu'à son seul nom les gens vous demandaient avec un regard étonné : « La *quoi* Gakkai ? »

Sur le promontoire, à l'entrée du port d'Atsuta, j'ai pensé à la jeunesse du président Toda et à ce que l'avenir réservait à la Soka Gakkai. Je me dis : « *Attends donc de voir comment seront les choses d'ici dix ou vingt ans !* » Et ces mots graves me revinrent à l'esprit : « *La solidarité entre les hommes est le fondement de la paix mondiale.* » Je me revois, seul face à la mer du Japon, criant cela de toutes mes forces.

Les lignes suivantes se rapportent au président Toda et à son père et reflètent la résolution que j'ai prise à l'époque :

> « *Va de l'avant, brave homme, affronte les tempêtes de l'autorité !*
> *Telle est la devise, la chanson du père et du fils.* »

Depuis, vingt-deux ans ont passé. À ma grande surprise, me voilà maintenant proche de l'âge qu'avait M. Toda lors de cette visite. Je me suis tenu fermement aux résolutions prises à l'époque et, de concert avec les autres membres de la Soka Gakkai, me suis dévoué de tout cœur à faire campagne pour la réalisation de *kosen rufu*. Le passé ne m'inspire que joie et gratitude.

En 1979, j'aurai cinquante et un ans, l'âge précis où M. Toda devint président de la Soka Gakkai. Mon travail ne fait que commencer, et je demande à chacun de vous de me rejoindre dans un esprit d'espoir et de courage, afin que nous puissions accomplir la tâche qui s'étend devant nous. Je compte sur votre aide.

Les doctrines de base

La préoccupation fondamentale de la Soka Gakkai a été, est, et sera toujours l'accomplissement de la vraie Loi par la foi, la pratique et l'étude. Nous entendons par « foi » la croyance dans le *Gohonzon* inscrit par Nichiren Daishonin, bouddha originel et éternel de *Nam Myoho Renge Kyo*. La « pratique » se réfère aux pratiques religieuses telles qu'elles furent enseignées par Nichiren Daishonin, bouddha des derniers jours de la Loi. Quant à l'« étude », il s'agit de l'étude du *Gosho*, écrits de Nichiren Daishonin. Pour cette raison, *Gongyo,* les réunions de discussion, et les activités d'étude constituent les trois piliers absolus et indispensables de la Soka Gakkai. De plus, la tâche dominante de notre mouvement reste la réalisation du bonheur spirituel et matériel de l'individu par la foi, la pratique et l'étude, aussi bien que le développement de la paix et de la culture pour la société dans son ensemble.

Tel est le véritable esprit concrétisé par Nichiren Daishonin dans son essai intitulé le *Rissho Ankoku Ron (Traité sur la pacification du pays par l'établissement de la Loi correcte).* Tsunesaburo Makiguchi et Josei Toda firent leur cet esprit, le mirent en pratique, et laissèrent de brillants exemples pour l'avenir infini qui nous attend.

Je ne le dirai jamais assez, la Soka Gakkai cherche à promouvoir la paix et la culture sur la base des principes bouddhiques. Seule cette approche permet l'application des enseignements bouddhiques à la société et leur utilisation effective pour son amélioration.

J'ai fait tout mon possible pour poursuivre l'œuvre des premiers présidents Makiguchi et Toda dans le même esprit qu'eux. Et j'aimerais rappeler aux membres de la Soka Gakkai qu'ils ne doivent jamais oublier les principes sous-tendant les idéaux et pratiques de ces deux hommes.

Afin d'offrir à la Soka Gakkai le fondement doctrinal dont

elle a besoin pour réaliser ses objectifs dans la société d'aujourd'hui, j'aimerais proposer les points suivants. Si vous les approuvez, nous pourrions les adopter comme définition permanente de l'esprit de la Soka Gakkai.

1. La Soka Gakkai sera toujours du côté du peuple.

2. La Soka Gakkai se consacre à promouvoir la révolution humaine.

3. La Soka Gakkai suit la splendide voie du milieu enseignée par le bouddhisme.

4. Les buts sociaux de la Soka Gakkai sont de préserver la paix et de travailler à la progression de la véritable culture humaine.

5. La Soka Gakkai protégera toujours la liberté de l'esprit humain et en particulier le principe de liberté religieuse.

Lors des précédentes réunions, nous avons discuté des divers problèmes concrets soulevés par la réalisation de ces points qui représentent donc une synthèse de la plupart de nos idées et choix antérieurs. J'aimerais qu'ils constituent désormais notre charte spirituelle.

Du côté du peuple

Je voudrais maintenant développer ma première proposition : la Soka Gakkai sera toujours du côté du peuple. On peut lire dans un célèbre passage des écrits de Nichiren Daishonin : « *La clé de tous les enseignements de Shakyamuni est le Sûtra du Lotus et la clé de la pratique du Sûtra du Lotus est exposée dans le chapitre Fukyo. Que révèle la pratique du bodhisattva Fukyo qui révérait tous les êtres humains ? Le but de la venue du seigneur Bouddha en ce monde réside dans sa conduite en tant qu'être humain.* » (« Sur les trois sortes de trésors », *Gosho Zenshu*, p. 1 174.) Suivant cet esprit, la Soka Gakkai soutiendra le principe de la dignité humaine et s'affirmera comme protectrice de tous les hommes ordinaires dans le monde.

Nichiren Daishonin fit souvent remarquer qu'il était lui-même fils d'un humble pêcheur. Il était clairement du côté des hommes ordinaires. N'a-t-il pas écrit « *Nichiren qui, en cette vie, est né pauvre et de basse condition dans une famille de chandala* » (« Lettre de Sado », *Gosho Zenshu*, p. 958) ? Nombreux sont les écrits où il met en valeur son humble naissance dans une famille de pêcheurs habitant à un endroit très éloigné de la côte. Or, il convient de considérer ses déclarations comme des instructions pour la postérité. Il nous dit donc que les pratiquants de ce bouddhisme doivent toujours demeurer parmi les hommes ordinaires et combattre pour leur cause.

De plus, en termes de pratique, il croyait clairement que son premier devoir était de consacrer sa vie à sauver les hommes ordinaires de la mer de souffrances qui les submergeait. Le volume de ses écrits – plus de la moitié – destinés à guider ses disciples laïcs laisse apparaître son intention. Si l'on exclut les fragments, il y a plus de quatre cents lettres de ce type. Et chacune traite des épreuves et soucis d'une seule personne. À travers elles, Nichiren Daishonin manifeste son profond intérêt pour les épreuves des individus et sa capacité à endosser une souffrance qui surpasse même celle de la personne concernée pour la guider vers une solution à ses maux. Le bouddha fondamental écrivait ses lettres en simples caractères japonais à une époque où le chinois classique représentait le mode d'écriture conventionnel parmi les membres de la classe intellectuelle, indiquant ainsi que son but principal était de travailler parmi les hommes ordinaires et de les aider.

La persécution d'Atsuhara, qui l'incita véritablement à inscrire le Dai-Gohonzon, le douzième jour du dixième mois lunaire de 1279, toucha principalement le groupe de disciples rassemblés autour de Nikko Shonin, successeur de Nichiren Daishonin et fondateur du temple principal, Taiseki-ji. Ce furent les fermiers, humbles hommes du peuple sans richesses ni pouvoir, qui souffrirent le plus de cette persécution. Que le Dai-Gohonzon ait été inscrit en réponse au martyre des frères Jinshiro, Yagoro et Yarokuro, trois paysans qui furent alors décapités, s'avère profondément significatif. Nichiren Daishonin considérait les hommes ordinaires au travail rude – tels les fermiers ou les pêcheurs – comme tout particulièrement dignes d'être sauvés. Bouleversé à la vue de leur foi désintéressée et de leur conviction, il inscrivit le Dai-Gohonzon en tant qu'objet de culte destiné à être enchâssé dans le haut sanctuaire du bouddhisme orthodoxe pour toute l'éternité.

La révolution humaine

J'aimerais maintenant discuter de mon deuxième point, l'engagement de la Soka Gakkai à réaliser la révolution humaine. En examinant l'histoire de la Soka Gakkai jusqu'à aujourd'hui et en considérant le rôle qu'elle devrait jouer dans l'avenir, nous pouvons dire qu'elle s'affirme de façon remarquable comme une religion de l'homme.

Comme de nombreux érudits l'ont fait remarquer, il y a deux principaux types de religion : les religions de l'autorité et les religions de l'homme. La plupart des mouvements religieux du passé se sont consacrés au culte d'une déité absolue ou d'un principe d'autorité auquel l'homme était censé être asservi. Voilà ce que l'on appelle les religions de l'autorité. Les fréquentes guerres de religion et persécutions qui ont assombri l'histoire de l'humanité furent le fruit, même involontaire, de l'aveuglement et des préjugés nourris par de telles religions. Dans *le Contrat social*, Rousseau condamne ces guerres de religion et la stupidité de combattre au nom de dieux. Cependant, plus de deux siècles après Rousseau, de telles folies perdurent.

Certes, de nos jours, le christianisme et d'autres religions absolutistes n'exercent plus sur les hommes le type d'autorité qu'elles eurent autrefois. Mais d'autres formes d'autorité les ont supplantées : la science, le pouvoir étatique, ou la menace des armes nucléaires : Comme leurs prédécesseurs, ces nouveaux dieux d'un âge sans dieu exigent que l'humanité s'incline devant eux.

Totalement différente des autres religions ou pseudo-religions, la « religion de l'homme » de la Soka Gakkai renverse le rapport entre les hommes et l'autorité religieuse, s'efforce de mettre l'homme lui-même au centre de toutes les affaires, et cherche à diriger le cours de l'histoire sur la base de ce principe. Les historiens de l'avenir feront certainement l'éloge du mouvement incarné par notre religion.

La vie universelle, ou état de bouddha, résidant à l'intérieur de chaque être humain, est, et doit toujours être la source de l'autorité dans notre religion. Cet état de bouddha représente le plus pur, le plus puissant, et le plus élevé principe d'autorité. La révolution humaine dont je parle est le combat visant à faire jaillir cet état et à prendre conscience de son existence en chaque être humain.

Le mouvement d'étude que nous inaugurons doit s'intégrer à celui, plus vaste, d'une révolution dans la vie humaine. Nous devons étudier pour le bien de la révolution humaine, d'une révolution de la vie elle-même, d'un élargissement de nos propres horizons, et du salut de tous les peuples, où qu'ils se trouvent.

Vous connaissez tous bien ce passage des écrits de Nichiren Daishonin : « *Même un miroir terni brillera comme un joyau si on le polit. Un cœur maintenant assombri par les illusions nées de l'obscurité fondamentale de la vie est comparable à un miroir terni mais, si on le polit, il devient immanquablement un clair miroir qui reflète l'illumination de la vérité immuable. Faites surgir une foi profonde et polissez votre miroir sans relâche, jour et nuit. Comment le polir ? Seulement en récitant Nam Myoho Renge Kyo.* » (Sur l'atteinte de la boddéité en cette vie, *Gosho Zenshu*, p. 383.)

Dans la terminologie bouddhique, on appelle *sokushin jobutsu* l'action de se polir par la foi ou de prendre conscience de notre état de bouddha ; en termes modernes, cela veut dire la révolution humaine. Le processus de polir le cœur, « *maintenant assombri par les illusions* », jusqu'à ce qu'il soit clair représente l'épanouissement, ou prise de conscience de la vie éternelle, c'est-à-dire de l'état de bouddha, dans la vie de chacun.

Manifester la boddhéité revient à se déterminer fermement à devenir un individu intègre, résolu à se développer et à élever sa vie. Le bodhisattva Jogyo, guide des bodhisattvas sortis de la terre dans le quinzième chapitre du Sûtra du Lotus, symbolise une telle détermination. Vous devez aussi acquérir sagesse et force pour affronter avec succès n'importe quelle situation. Le bodhisattva Muhengyo, un autre des quatre principaux bodhisattvas du même chapitre de ce sûtra, incarne ce type de sagesse. Quelles que soient les difficultés rencontrées et même si vous vous trouvez dans une situation délicate, vous ne devez jamais vous laisser souiller par l'avidité, la colère, ou l'ignorance. Menez vos vies avec un esprit joyeux. Les attitudes vous permettant de réaliser cela sont symbolisées par les bodhisattvas Jyogyo et Anryugyo dans le quinzième chapitre du sûtra. Les qualités représentées par ces quatre bodhisattvas sont inhérentes à chaque être humain.

En contraste avec les autres bodhisattvas – Monju, Miroku, Yakuo et Kannon – qui apparaissent dans le sûtra, flottant comme des nuages au-dessus de la terre, les quatre bodhisattvas précédemment cités et ceux qui les accompagnent jaillissent de la terre. Le caractère *gyo*, signifiant action concrète, apparaît dans le nom des quatre guides des bodhisattvas sortis de la terre. En d'autres termes, contrairement à Monju, Miroku, et aux autres bodhisattvas instruits par Shakyamuni, les bodhisattvas sortis de la terre possèdent les qualités requises, symbolisées par le *gyo* dans le nom de leurs quatre guides. Ils ont été instruits par le bouddha originel. Ceux qui, tout en se considérant pratiquants du bouddhisme de Nichiren Daishonin, négligent les aspects concrets de ce bouddhisme, ne sont pas de véritables bodhisattvas sortis de la terre.

La pratique religieuse, en leur permettant d'ouvrir et de manifester la grande terre de la vie elle-même, représente la seule source de pouvoir des quatre grands bodhisattvas. Voilà qui devrait clarifier le sens de notre action à venir si nous voulons accomplir notre révolution humaine.

La relation de maître à disciple

Le problème de la relation de maître à disciple ou de professeur à élève est de la plus grande importance pour révolutionner entièrement notre vie. Pratiquer devant le *Gohonzon* et travailler pour *kosen rufu* amènent une révolution dans la vie fondamentale de l'être humain ; mais les relations avec les autres, à la fois dans la Soka Gakkai, dans le monde du travail et des affaires, ou dans la vie en société, paraissent essentielles à un plus grand développement de l'être humain.

Si l'on veut faire de sérieux progrès, que ce soit dans les domaines de l'art, de la technique, ou des études, on a besoin d'un maître. Cela vaut encore plus pour l'étude et la pratique de la philosophie bouddhique que l'on pourrait appeler l'art de devenir homme. Voici ce que Nichiren Daishonin a écrit sur l'importance du maître : « *Même si père et mère engendrent et élèvent un enfant doté d'yeux et d'oreilles, s'il n'a pas de maître pour l'instruire, ses yeux et ses oreilles resteront ceux d'un simple animal.* » (*Gosho Zenshu*, p. 1 248.)

Il existe à la fois chez les animaux et les êtres humains des relations entre parents et progéniture. Les parents aiment et protègent leur enfant – ou leur petit – qui en retour leur manifeste de l'attachement. Mais la relation de maître à disciple n'a pas de contrepartie dans le monde animal. Elle appartient à l'humanité seule. Le précédent grand patriarche Nichijun – pour qui le président Toda avait le plus grand respect – dit un jour de lui : « *Il vécut totalement la relation de maître à disciple. La réalisation stricte des devoirs et obligations impliqués par cette relation constitua le support intégral de sa vision de la vie humaine. Et c'est ce respect scrupuleux qui lui a permis de parvenir à une profonde compréhension et à la maîtrise de la voie du Bouddha.*

« *Sur quoi la Soka Gakkai devrait-elle fonder sa foi ? Je crois qu'elle doit commencer par reconnaître clairement la relation de maître à disciple et procéder au développement et à l'approfondissement de la foi sur la base de cette reconnaissance. C'est ainsi que je vois le cœur des enseignements du président Toda. Fondamentalement, l'élève doit faire confiance au maître, et ce dernier doit le guider. Une fois ces devoirs pleinement accomplis, il est impossible de ne pas atteindre la vraie voie du bouddhisme.*

« *Personne ne fut plus attentif envers M. Makiguchi, premier président de la Soka Gakkai que son élève et disciple Josei Toda. En fait, Toda se montra plus dévoué envers M. Makiguchi qu'un fils envers son père.*

« *Ces deux hommes, les premier et deuxième présidents de l'organisation, déterminèrent pleinement l'attitude envers la foi que les membres doivent adopter et la direction que doit prendre la Soka Gakkai à l'avenir.* »

Quoique longue, cette citation est appropriée parce qu'elle montre combien le grand patriarche Nichijun considérait la correcte observation de la relation de maître à disciple comme le fondement de la foi religieuse et la clé pour l'atteinte de la voie du bouddha. De plus, ce passage indique que la relation de maître à disciple entre les premier et deuxième présidents établit le cours et ouvrit la voie du développement de la Soka Gakkai. En bref, le grand patriarche dit que le bouddhisme orthodoxe ne peut exister sans la relation de maître à disciple qu'il faut impérativement respecter pour atteindre la bodhéité.

Pour ceux d'entre nous qui contribuent à l'épanouissement de la vie universelle, les maîtres fondamentaux – en fait, les seuls maîtres éternels dans les trois phases du passé, du présent et de l'avenir – sont le Dai-Gohonzon et Nichiren Daishonin, le bouddha originel. Mais nous devons toujours nous rappeler que Tsunesaburo Makiguchi et Josei Toda, qui enseignèrent le culte du *Gohonzon* dans la société d'aujourd'hui et, par leurs paroles et actions, répandirent les enseignements de Nichiren Daishonin, sont nos prédécesseurs dans la révolution humaine et nos maîtres sur le chemin de *kosen rufu*.

La voie du milieu

La troisième de mes propositions est que la Soka Gakkai suive toujours la voie du milieu enseignée par le bouddhisme. Avant de développer ce point, il me faut d'abord expliquer ce qu'est la voie du milieu. La doctrine bouddhique expose un principe connu sous le nom de *en'yu-santai* (parfaite harmonie des trois vérités) qui explique la nature fondamentale de tous les phénomènes. Voici ces trois vérités. *Kutai*, la première, est celle de la nature de tous les phénomènes qui se manifeste dans certains processus vitaux tels que, par exemple, le discours chez les êtres humains. La deuxième vérité, *ketai*, concerne l'apparence réelle et perceptible des hommes ; mais cette dernière ne constitue que l'union temporaire des cinq agrégats (c'est-à-dire forme, perception, conception, volition et conscience). *Chutai*, la troisième vérité, représente l'unité fondamentale, ou source, sous-tendant et transcendant la dualité des deux autres. En d'autres termes, c'est le principe immuable de la vie elle-même. *En'yu-santai* représente la sagesse qui perçoit totalement la nature harmonieuse de ces trois vérités ; c'est la voie du milieu bouddhique.

En termes modernes, *kutai*, manifestation de la sagesse, correspond au progrès ou à l'énergie dynamique. *Ketai* est l'apparence réelle des êtres. Ces deux éléments, certes temporaires et sujets à transformation, préservent néanmoins l'harmonie. Les hommes aussi, tout en éprouvant constamment le processus du changement, doivent préserver cette harmonie entre eux et avec la nature s'ils veulent survivre. Comme je l'ai dit, *chutai* est le principe immuable de la vie elle-même, l'élément primordial, l'origine d'où jaillissent toutes les entités.

Toute croissance saine ou développement dans la société d'aujourd'hui est impossible s'il manque l'un de ces trois facteurs – soit, en termes modernes, le progrès (l'énergie), l'harmonie, et la source fondamentale (l'origine). L'harmonie sans un fondement ferme mène à des compromis faciles, alors que l'harmonie sans progrès conduit à la stagnation. D'un autre côté, si le progrès ne repose pas sur des points de vue harmonieux, il génère distorsions et déséquilibres dans la société, comme l'atteste trop éloquemment le matérialisme excessif de la civilisation moderne.

Le principe universel, essentiel, capable d'harmoniser les trois éléments – source, harmonie et progrès – et donc de créer un progrès social qui s'appuie davantage sur le respect de la vie, est la véritable voie du milieu : *Nam Myoho Renge Kyo*. À propos du Sûtra du Lotus, Nichiren Diashonin dit, dans le *Ongi Kuden* : « *Qu'entend-on par "conciliation des trois vérités" ? La réponse à cette question est Nam Myoho Renge Kyo.* » Cette équivalence entre *en'yu-santai* et *Nam Myoho Renge Kyo* indique que tous les phénomènes ne sont que les innombrables ruisseaux et rivières qui se jettent dans la grande mer de la Loi mystique *(Myoho)*.

Un passage du Sûtra du Lotus stipule que « *les significations infinies découlent de la Loi unique* ». Son commentaire explique que c'est « *comme cent ou mille branches et feuilles qui proviennent d'une seule racine* ». En d'autres termes, la majestueuse voie du milieu enseignée par le bouddhisme implique la perception que toutes les activités humaines, incluant l'évolution des philosophies ou idéologies, possèdent une source ou racine – la Loi unique – et que toutes les activités, aussi bien d'un point de vue statique que dynamique, trouvent ainsi leur sens et leur place véritables.

De manière générale, la pensée européenne a vu s'épanouir à certaines périodes la philosophie spirituelle, à travers, par exemple, l'idéalisme de Platon et le concept chrétien de l'âme immortelle. Mais, comme on le sait, vers le milieu du XIXe siècle, l'intérêt pour les questions spirituelles a laissé place à un vigoureux matérialisme. Après la Seconde Guerre mondiale, l'existentialisme destitua un temps les philosophies matérielles et spirituelles mais laisse apparemment place aujourd'hui à une autre approche philosophique appelée structuralisme. Selon moi, le processus infini et constant de changement représenté par ces transitions dans la philosophie occidentale indique une tentative toujours en cours de n'expliquer qu'une partie de ce que la terminologie bouddhique appelle les « *significations infinies* ». En disant cela, je ne désire certes par déprécier les efforts des grands hommes qui ont œuvré durement pour produire ces systèmes de pensée. Cependant, la civilisation moderne semble être parvenue à une impasse philosophique apparemment sans issue. La philosophie occidentale révèle son impuissance face à un tel dilemme parce qu'elle ne recherche que des explications et solutions partielles, incomplètes. Seule la philosophie bouddhique de la voie du milieu peut sauver la civilisation moderne et éclairer la voie de son renouveau radical, car elle enseigne que les significations infinies proviennent d'une loi unique, comme les centaines ou les milliers de branches et de feuilles s'élèvent à partir d'une seule racine. Par le biais d'un cours tortueux, notre époque va progressivement vers la voie du milieu, seule voie viable pour l'homme. J'ai l'intention d'utiliser toutes mes capacités pour faire de cette majestueuse voie du milieu la large et puissante avenue empruntée par tous les hommes.

La préservation de la paix et l'avancement de la culture

J'aimerais maintenant parler de ma quatrième proposition : la Soka Gakkai doit préserver la paix et travailler à la progression de la véritable culture humaine, deux buts devant être basés sur la reconnaissance de la vie comme possession suprême. Dans le *gosho* intitulé *le Don du riz*, Nichiren Daishonin écrivit : « *La vie elle-même est le plus précieux de tous les trésors.* » (*Gosho Zenshu*, p. 1 596.) Ôter la vie est le pire de tous les crimes. Et comme dit Nichiren Daishonin dans un autre *gosho* : « *Le plus grand trésor des êtres sensitifs n'est rien d'autre que la vie elle-même. Ceux qui ôtent la vie sont condamnés aux trois voies mauvaises. Le roi qui fait tourner la roue, ou dirigeant idéal, fit de « ne jamais tuer » le premier des dix préceptes de bonté. Le Bouddha enseigna les cinq préceptes dans les premiers sûtras du Hinayana et fit de l'interdit de tuer le premier d'entre eux. Le chapitre Juryo du Sûtra du Lotus décrit les mérites obtenus par le bouddha Shakyamuni grâce à l'observance de ce précepte. Ceux qui ôtent la vie, par conséquent, sont abandonnés par tous les bouddhas dans les trois phases de la vie. Ils ne sont pas non plus protégés par les divinités des six cieux du monde des désirs.* » (« Réponse à Toki Nyudo », *Gosho Zenshu*, p. 955.)

La guerre représente une des façons de tuer les plus hideuses et quiconque ayant vraiment le sens de la valeur de la vie et une claire compréhension de la stricte loi de causalité ne peut que s'y opposer. En tant que bouddhistes, notre premier devoir est d'éveiller les hommes et les femmes du monde entier à la stupidité et à l'horreur du meurtre et à faire jaillir d'eux la pure vie qui les poussera à mettre fin à de tels crimes. De cette façon, nous réaliserons les enseignements de la Loi mystique, essence ultime du chapitre *Juryo*.

Tsunesaburo Makiguchi définit ainsi le propos de notre organisation : « *Le but de la théorie de la création des valeurs est d'aider tous les êtres humains à atteindre le plus grand bonheur possible, à la fois en tant qu'individu et en tant que membre de la société.* » Il disait aussi que « ...*Quelle que soit la progression du niveau de culture humaine, si les pays, dans leurs rapports entre eux, continuent à ignorer les considérations morales et à ne se préoccuper que des luttes pour le pouvoir et l'autorité, l'humanité ne pourra pas connaître de bonheur véritable* ».

Comme à l'époque de Makiguchi, les nations d'aujourd'hui sont dominées par les luttes pour le pouvoir et l'autorité et méprisent totalement la dignité et les droits des êtres humains.

Comme à cette époque aussi, l'idéal de la Soka Gakkai demeure à jamais d'établir une paix durable, basée sur la confiance dans l'homme et le respect mutuel, et d'aider chaque être humain dans le monde à atteindre le plus grand bonheur.

Seule une culture basée sur le bonheur de chaque individu est une véritable culture. Son développement constitue l'unique but de notre mouvement de *kosen rufu.* Josei Toda décrivit la mission de la Soka Gakkai en ces termes : « *Établir un plan pour une paix qui durera des milliers d'années et, de cette façon, rembourser notre grande dette envers Nichiren Daishonin tout en assurant le bonheur des innombrables générations à venir – telle est la mission de la Soka Gakkai.* »

J'ai moi aussi déclaré que ma mission était de travailler pour la paix et la culture et j'ai avancé des propositions concrètes pour la réalisation de mes buts. Dans ce combat, je ne m'épargnerai aucune épreuve.

Nichiren Daishonin écrivit : « *La vie a une fin. Pourtant, ne soyez pas avare de la vôtre. Votre but ultime doit être la terre de Bouddha.* » (« Réponse à Toki Nyudo », *Gosho Zenshu,* p. 955.) En suivant cet esprit, je m'engage à suivre le chemin choisi pour le restant de ma vie. J'espère que vous me rejoindrez sur ce chemin jusqu'à la victoire finale.

Toujours protéger la liberté religieuse

Ma cinquième proposition est que la Soka Gakkai protège toujours la liberté de l'esprit humain et en particulier la liberté religieuse. Dans le *Kaimoku Sho (Traité qui ouvre les yeux),* Nichiren Daishonin écrivit ceci : « *On peut me dire : le trône du Japon te sera donné si tu comptes sur une vie future en rejetant le Sûtra du Lotus et te donnant au Kuankyo. Ton père et ta mère auront le cou tranché si tu ne dis pas le nembutsu.*

Même s'il m'arrive toutes sortes de grands malheurs tels que celui-là, à moins que mes enseignements ne soient détruits par des sages, je n'utiliserai pas leurs enseignements. Quant aux difficultés autres que celles-là, elles ne sont que poussière au vent. » (*Gosho Zenshu,* p. 232.)

Ces mots puissants du bouddha originel révèlent que les

bouddhistes doivent s'accrocher fermement à l'idéal de liberté religieuse et de liberté de l'esprit humain et se montrer prêts à le défendre en toute occasion. Un bouddhiste ne doit jamais baisser les bras, quelles que soient les persécutions, menaces ou séductions auxquelles il se trouve confronté. Il pourra rester ferme dans la foi jusqu'au bout parce qu'il sait clairement que le bouddhisme de Nichiren Daishonin représente la plus haute vérité.

Ce sont les procès et persécutions qui inspirèrent cette déclaration à Nichiren Daishonin. Les premiers présidents de la Soka Gakkai la prirent à cœur et en firent la devise de leur vie. Tsunesaburo Makiguchi préféra mourir en prison plutôt que de trahir ce principe. Pendant les deux années qu'il dut passer derrière les barreaux, Josei Toda déclara fièrement que, bien que son corps soit forcé de se soumettre, son esprit ne céderait jamais. Après sa libération, il dévoua le reste de sa vie à la conduite de *kosen rufu*. Malgré les critiques et les basses calomnies, pendant mon combat pour défendre la pratique de la Loi mystique, j'ai moi-même toujours gardé la conviction que nous devons protéger à tout prix la liberté religieuse et la liberté de l'esprit humain. N'abandonnons jamais, quelles que soient les menaces brandies par les autorités. Ne nous laissons pas influencer par les tentatives de séduction, quelle que soit leur nature. Nous devons persévérer jusqu'au bout, fermement convaincus de la justesse de nos convictions. Telle est la clé pour établir et préserver la plus haute dignité humaine.

Ouvrir l'avenir de l'humanité

Le monde sombre toujours plus profondément dans la confusion. Mais nous vivons une époque importante parce que nous devons maintenant trouver les moyens de poursuivre l'œuvre des dirigeants passés et d'ouvrir un chemin pour les dirigeants du dernier quart de ce siècle et du siècle à venir. Les grands hommes de l'histoire récente ont disparu de la scène. Nous cherchons avec anxiété une lumière dans l'obscurité, des points de repère pour le nouveau siècle.

Mais, bien que règne maintenant le chaos, je crois à la

venue de l'aube. La sagesse de l'homme trouvera une nouvelle route, tournée vers l'avenir, pour nous sortir de nos difficultés. Mon désir le plus cher est que notre mouvement bouddhique puisse contribuer à l'ouverture d'un nouveau chapitre de l'histoire humaine. Après avoir survécu aux vicissitudes de plus de sept siècles, les grandes vérités enseignées par Nichiren Daishonin se répandent dans d'autres pays, prenant la dimension d'une religion mondiale. J'ai l'intention de continuer à me consacrer avec passion et fermeté à ma foi dans les enseignements bouddhiques, parce que je crois qu'ils peuvent apporter la lumière d'une vie et d'une compréhension nouvelles dans l'obscurité d'aujourd'hui.

DÉFIER TOUS LES OBSTACLES

Discours prononcé à la septième cérémonie de remise des diplômes du lycée Soka, Tokyo, le 16 mars 1977.

À l'occasion de cette septième cérémonie de remise des diplômes du lycée Soka, je voudrais féliciter du fond du cœur tous ceux parmi vous qui ont maintenant achevé leurs études et s'apprêtent à entrer dans le monde.

Permettez-moi de me faire votre porte-parole et d'exprimer ma profonde gratitude à votre proviseur, M. Osanai, et aux membres de la faculté et à tous les professeurs du lycée Soka, qui ont fait preuve de tant d'efforts et de patience pour vous former et vous conseiller durant ces trois années.

Les êtres humains ont besoin d'une base ou d'une source à laquelle retourner quand cela est nécessaire. À certains moments de la vie, on peut se sentir submergé de problèmes et de frustrations. (Ce qui fait d'ailleurs la dynamique même de la vie.) Mais quand une personne est sur le point de perdre pied, le fait d'avoir un cadre de référence pour réaffirmer sa propre identité constitue toute la différence. Vous avez passé vos jeunes années sur le campus du lycée Soka. S'il vous arrivait de vous sentir perdu ou vaincu, repensez aux riches moments passés ici et faites jaillir de vos souvenirs le courage de prendre un nouveau départ.

Des liens invisibles nous unissent, vous, vos professeurs, et moi-même, fondateur de cette école. Dans les années à venir, tous ces liens seront comme des fils tissant l'étoffe de l'amitié et du triomphe de l'homme.

L'évasion, la fuite de la réalité, revient en fait à une fuite de soi, à un refus d'affronter son identité. « Je suis fatigué !

J'en ai assez ! C'est trop dur ! » On peut trouver beaucoup d'excuses à la fuite. Mais lorsque quelqu'un commence à négliger ses études ou son travail, il ne fait preuve que de complaisance envers lui-même. C'est un défaitiste fuyant sa propre identité. Une telle attitude ne le mènera pas loin ; il se condamne en fait à la vie triste et plaintive du vaincu.

Vous qui n'avez pas encore vingt ans ne devez pas fuir. Vous êtes au point de départ de la vie adulte, période où il vous faut parachever les fondations de toute votre existence.

Les scientifiques nous disent que le cerveau humain se développe considérablement aux âges de quatre et dix ans et que le processus de croissance s'achève à vingt ans. Si l'on a alors établi des fondations fermes, on est assuré d'un brillant épanouissement ultérieur. Construisez de telles fondations ; consacrez tous vos efforts à cette tâche ; et, en affrontant la dure réalité, vous préparez la voie admirable de vos succès futurs.

En cet instant crucial, alors que vous vous préparez à entrer à l'université ou à commencer votre carrière professionnelle, lancez-vous un défi courageux.

La plupart des hommes qui ont accompli de grandes choses dans le passé étudièrent très dur, et souvent dans des conditions extrêmement difficiles. Le père de Jean-Jacques Rousseau, l'un des plus grands penseurs de ces derniers siècles dont les œuvres sont encore très largement lues, était horloger – condition sociale très basse à l'époque. La mère de Rousseau décéda peu après sa naissance. Le père mourut alors que Jean-Jacques était encore enfant, et le futur philosophe grandit sans jamais savoir ce que pouvait être une vie de famille.

À votre âge, Rousseau devint apprenti chez un horloger-graveur et dut se soumettre aux épreuves d'un dur traitement. En de telles circonstances, il acquit une compréhension de la société et nourrit peu à peu une haine passionnée à l'encontre de l'injustice. Plus tard, dans sa vie, il écrivit des œuvres aussi célèbres que *l'Émile* ou *le Contrat social* dans lesquelles il mit fortement l'accent sur le respect de la dignité humaine. Les graines de ses idées sont nées de ses expériences d'adolescent.

René Descartes, qui est en un sens le père de la philosophie moderne, perdit aussi sa mère peu après sa naissance. À l'âge de dix ans, il entra à La Flèche, l'une des plus célèbres écoles d'Europe. Il y passa huit ans, en sortit diplômé à l'âge de dix-huit ans, c'est-à-dire à l'âge qui est le vôtre aujourd'hui. Pendant cette période, il étudia les classiques de la littérature grecque et romaine et le système philosophique connu sous le nom de scolastique. Aussi fut-il très déçu lorsqu'il réalisa finalement que toutes ses études ne lui étaient d'aucun intérêt pratique. Néanmoins, son travail scolaire fournit la base de ses recherches philosophiques ultérieures. Plutôt que de s'enfermer dans la déception, il entreprit d'étudier ce qu'il appelait le « grand livre du monde », voyageant dans toute l'Europe et poursuivant sa quête de la vérité à travers l'action et l'expérience. De la riche accumulation d'expériences et de connaissances acquises à cette époque naquirent les principes de la logique cartésienne, dont la célèbre déclaration : *Cogito, ergo sum* (Je pense, donc je suis).

Rousseau aussi bien que Descartes traversèrent donc des périodes de frustration et de désespoir à votre âge. Ce sont cependant ces périodes de troubles et de mécontentement qui les aidèrent à forger leur caractère et leur identité alors inachevés. Vous-mêmes qui traversez une période semblable, ne cédez jamais au découragement ou à la distraction, mais regardez plutôt votre identité prendre forme et battez-vous avec la réalité.

Au cours des mois et des années à venir, vous aurez souvent le sentiment, dans votre vie privée aussi bien que dans la société, de vous trouver face à des obstacles insurmontables. Il se peut que vous ayez devant vous un mur qui paraisse trop haut ou trop large pour être enjambé ou contourné. Mais ne cédez pas au désespoir car, dans pratiquement tous les cas, vous découvrirez par la suite que le mur apparemment insurmontable n'était en fait qu'un petit obstacle.

Sans doute avez-vous souvent entendu parler de personnes qui, à l'âge adulte, reviennent sur le lieu de leur enfance. Ils sont alors étonnés de découvrir que ce qui leur paraissait d'immenses rivières n'était que des ruisseaux, que les grandes rues étaient à peine assez larges pour permettre à deux voitures de se croiser, et que des villes entières avaient curieusement rétréci.

Leurs yeux d'adultes percevaient tout d'une manière totalement différente.

Le temps viendra où vous découvrirez que les obstacles auxquels vous êtes confrontés ne sont après tout pas si terribles. Mon intention, ici, n'est pas de les sous-estimer. Mais, quelle que soit leur nature, il faut vous efforcer de les surmonter. Si vous échouez, essayez encore, et l'heure de la victoire viendra.

Dans les longues années qui s'étendent devant vous, une multitude d'expériences différentes vous attendent. Quoi qu'il arrive, ne vous dérobez pas devant la réalité, n'essayez pas de fuir. Vivez courageusement et au mieux de vos capacités ; n'oubliez pas de prendre soin de vos parents, de vos frères et sœurs, de tous ceux qui ont été bons pour vous. Si vous trébuchez, redressez-vous. Menez le type d'existence qui vous paraît convenir le mieux à vos goûts et aptitudes, mais ne permettez jamais que l'on vous traite de lâche ou de perdant. J'aimerais enfin que vous n'oubliiez pas l'esprit que vous avez appris ici, au lycée Soka, et que vous lui fassiez toujours honneur.

SOYEZ DES DIRIGEANTS QUI MARCHENT AVEC LE PEUPLE

Discours prononcé à la troisième cérémonie de remise des diplômes de l'université Soka, à Hachioji, Tokyo, le 18 mars 1977.

En cette belle journée ensoleillée, c'est un plaisir pour moi de saluer les jeunes étudiants ici présents qui viennent d'obtenir leur diplôme. Je vous offre à tous mes plus sincères félicitations et vous adresse tous mes vœux de bonheur et de prospérité.

Par ailleurs, en tant que fondateur de cette université et en votre nom, permettez-moi d'exprimer toute ma gratitude au professeur Takamatsu, président de l'université, et à tous les membres de la faculté et du personnel enseignant, pour la chaleur et l'attention dont ils ont fait preuve lors des quatre précieuses années que vous avez passées ici.

Vous êtes entrés dans une université qui venait juste d'être créée. Aussi avez-vous travaillé avec vos professeurs à la construire et à lui donner forme, faisant naître ainsi une tradition qui la propulsera sur la voie d'un brillant avenir. Jamais je n'oublierai votre contribution, et j'espère que vous-mêmes en tirerez toujours fierté.

Une noble tradition exerce une influence, invisible sans doute, mais digne de la gratitude et de l'admiration profonde de ceux qui la perpétueront. Une fois de plus, laissez-moi vous remercier pour tout ce que vous avez fait lors de ces quatre dernières années et dire combien j'apprécie votre ouvrage.

À partir d'aujourd'hui, la plupart d'entre vous vont entrer dans le monde du travail à des tâches différentes. Le premier problème auquel vous serez confrontés – et certains le ressentiront avec plus d'acuité que d'autres – concerne le fossé existant entre le monde du savoir théorique et l'univers réel de la société. Vous vous étonnerez peut-être de ce que la culture acquise pendant vos années d'études ne soit pas directement applicable dans votre profession ; le monde quotidien vous paraîtra suivre une direction totalement différente de ce que vous avez connu jusqu'alors. Cela est particulièrement vrai aujourd'hui, à une époque de grandes mutations comme l'histoire en a rarement connu. Les obstacles que vous rencontrerez seront sans aucun doute de même dimension.

J'ai entendu dire que de nos jours les jeunes ont fortement tendance à essayer d'éviter ou de fuir de telles épreuves. Même à l'école, certains se désintéresseraient totalement du savoir académique et ne chercheraient qu'à accumuler assez d'unités de valeur pour obtenir leur diplôme. Si de telles affirmations sont vraies, cela augure mal de l'avenir du Japon.

J'espère que vous résisterez résolument à ces tendances. J'espère aussi que vous n'oublierez jamais votre décision d'utiliser ce que vous avez appris ici, dans un avenir immédiat ou plus lointain, car vous lui avez consacré les meilleures années de votre jeunesse.

Un jour, un de mes amis journalistes m'a dit : « *La jeunesse n'est pas une question d'âge, mais d'état d'esprit.* » En d'autres termes, il est possible de rester jeune toute sa vie.

Mes propos vous ont peut-être donné à penser que je faisais porter l'entière responsabilité des tendances regrettables que je viens de citer à la jeunesse. En fait, j'ai pleinement conscience que la société d'aujourd'hui, et notamment nos institutions académiques, est responsable si les jeunes gens ont perdu leur soif de savoir et leur volonté de relever les défis. C'est pourquoi je demande à ceux d'entre vous qui ont obtenu leur diplôme aujourd'hui d'examiner soigneusement la relation entre savoir et société pour en comprendre le sens profond.

Mais sous quel angle examiner la société ? J'aimerais à ce sujet citer un article très intéressant que j'ai récemment lu dans un journal ; peut-être certains de vous en ont-ils également eu connaissance. On y lisait les propos d'un économiste bien connu. Voici ce qu'il disait : « *Si la science veut compren-*

dre la réalité, elle doit toujours l'approcher, non d'un point de vue simpliste et unilatéral, mais en tenant compte de ses multiples facettes. »

Un point de vue simpliste et unilatéral tend à tout voir à partir d'un schéma de pensée particulier. Or, la réalité ne cesse de donner des informations complexes et changeantes qu'on ne peut faire entrer dans un moule aussi rigide, à moins de nier tout ce qui n'est pas conforme à ce moule. Voyons par exemple les théories économiques de ces derniers siècles. D'Adam Smith à Karl Marx et Alfred Marshall, tous ceux qui ont tenté d'expliquer les principes gouvernant le monde de l'économie ont pris pour axiome le concept de marché . Dans le marché, tout se mesure en termes de hausse ou de baisse des prix, de vente de produits, et finalement de profits ou de pertes. C'est sur un tel concept et les valeurs qui l'accompagnent qu'on a construit les diverses théories économiques.

Mais avec les changements en cours dans la société actuelle, il est clair qu'une vue aussi simpliste de la situation économique ne peut suffire. Le problème de la pollution de l'environnement en est la preuve. Si l'on a pour seul objectif de vendre des produits et d'obtenir des profits, rien n'empêche alors les entreprises de produire des déchets nocifs de tout ordre pour maintenir leur rendement. Cependant il nous faut bien prendre conscience qu'une telle procédure peut causer des dommages incalculables à l'environnement. Même si elle se justifie économiquement, on ne peut donc plus tolérer une telle politique de production.

Les entreprises doivent adopter des mesures pour empêcher la pollution et se préparer à en payer le prix. Autrement dit, elles doivent prendre en considération un facteur qu'on ne peut mesurer en termes arithmétiques de pertes et profits.

Science et savoir doivent se montrer particulièrement vigilants. Il leur incombe de prévoir une évolution qu'on ne peut mesurer correctement avec les critères du passé. Voilà ce à quoi l'économiste précédemment cité faisait allusion lorsqu'il parlait d'une vision à multiples facettes plutôt que d'une vision unilatérale.

Un tel propos est d'une profondeur qui dépasse de loin le seul cadre de l'économie. Toute étude dans un domaine précis se focalise sur une facette de la réalité, regroupant un ensemble de phénomènes bien particuliers. En ce sens, aucun système intellectuel, aussi imposant qu'il soit, ne peut être plus complexe que la réalité qu'il décrit. Et pour déterminer si une branche du savoir est vivante et viable, nous devons nous demander si elle recherche honnêtement et en toutes circonstances à apprendre des faits eux-mêmes, ces derniers constituant le sol sur lequel elle se développe.

Cela ne s'applique pas seulement au savoir académique, mais aussi aux domaines plus ordinaires des opinions et des faits quotidiens. Nous parlons de conflits idéologiques ou de différences provoquées par le fossé des générations. Mais dans la plupart des cas, l'hostilité est essentiellement liée au fait que l'on s'accroche à tort à des idées toutes faites.

Si, par une juste observation de la réalité, nous parvenons à acquérir non seulement le savoir mais aussi la sagesse, nous pourrons agir ensemble et acquérir de l'énergie pour bâtir un meilleur avenir. Une telle approche des choses est ce que j'appelle la vraie sagesse. Tout savoir ou connaissance ne prend sa vraie valeur par rapport à la société humaine que s'il est sous-tendu par la sagesse.

Le bouddhisme, célèbre pour sa profonde et subtile philosophie, énonce deux concepts appelés respectivement *usa* et *musa*. *Usa* désigne ce qui n'est pas dans son état naturel, suite à un conditionnement ou à une transformation. Dans un sens plus large, ce concept désigne tous les phénomènes des mondes naturel et humain. À l'opposé, *musa* représente ce qui existe à l'état naturel et rejette tout conditionnement ou transformation. C'est l'essence invisible de la vie cachée derrière le monde phénoménal. Selon les enseignements bouddhiques, *musa*, ou l'essence, permet à *usa*, ou les phénomènes naturels, d'apparaître et de se développer de la manière qui lui est propre. Savoir et connaissance appartiennent à la sphère de *usa*, la sagesse à celle de *musa*, car elle représente le pouvoir inépuisable de la création des valeurs.

J'espère que chacun de vous, membres de la promotion d'aujourd'hui, apprendrez à appliquer ce type de sagesse résolue. Ne vous laissez pas décourager par les épreuves ou la frustration, ne laissez pas le mécontentement ou l'envie envahir vos vies. Faites usage de la sagesse et menez des existences pleines de sens en vous consacrant à la création de vraies valeurs.

J'ai évoqué plus tôt la nécessité d'apprendre honnêtement à partir de l'observation de la réalité. Mais, en termes concrets, qu'est-ce que cela veut dire au juste ? Je crois que cela signifie qu'il faut rester en contact permanent avec les hommes ordinaires et marcher à leur côté. Tout en parlant de réalité, je ne me réfère pas ici à un système particulier de faits ou phénomènes. Je pense aux multiples joies et peines qui font la vie des hommes ordinaires et aux changements incessants qu'ils éprouvent. Telle doit être la terre nourricière du savoir et de la connaissance. Séparé des hommes ordinaires ou insoucieux de leur sort, le savoir n'est plus qu'une forme dépourvue de vie.

Voilà pourquoi j'espère avec ferveur que vous ne tomberez jamais dans l'arrogance des élites. N'utilisez pas vos études et votre haut niveau de savoir pour mépriser les hommes moins fortunés que vous. Car dans ce cas, vos quatre années passées sur ce campus de l'université Soka n'auront pas servi à grand-chose.

Le poète allemand Gœthe fait remarquer dans ses maximes que les jeunes, en commençant à faire leur chemin dans le monde, devraient s'efforcer d'avoir une haute idée d'eux-mêmes et se croire capables de posséder tous les mérites et d'explorer toutes les possibilités. Mais, à un certain stade de leur développement, ils doivent apprendre à s'enfouir dans la foule des hommes ordinaires qui les entourent, à vivre pour les autres et à oublier leur propre existence dans la poursuite du devoir et de l'action. Gœthe conclut en disant qu'ils ne parviendront à se comprendre eux-mêmes qu'en s'immergeant dans l'humanité et, ce, parce que la réalité de la vie consiste à se mesurer à autrui.

Vous devez correspondre au type de jeunes gens décrits par Gœthe. Ayez confiance en vous-mêmes. Membres d'une génération qui paraît nourrir peu de rêves, vous méritez déjà des éloges pour oser entretenir de grands espoirs. Mais, afin de réaliser vos espoirs et ambitions et d'en faire une partie intégrante de vous-mêmes, vous devez apprendre à travailler au milieu du peuple, patiemment, et avec persévérance. J'aimerais que vous ne perdiez jamais cela de vue.

AMIS DANS LA JOIE ET LA PEINE

Discours prononcé à la dixième cérémonie d'ouverture des collège et lycée Soka, Tokyo, le 8 avril 1977.

En cette belle saison printanière, j'aimerais féliciter de tout mon cœur tous les jeunes gens qui font leur entrée aux collège et lycée Soka. Je sais que vous avez travaillé dur pour en arriver là et espère sincèrement que, par la suite, vous continuerez à vous consacrer avec vigueur à vos études. Je sais aussi que vos parents et d'autres membres de votre famille ont fait beaucoup de sacrifices pour vous. Ils ont consacré tant de temps et d'efforts à votre éducation que j'aimerais saisir l'occasion qui m'est offerte pour les remercier aussi.

À partir de maintenant, il incombera aux enseignants et au personnel des collège et lycée Soka de poursuivre la tâche éducative entamée par vos parents et de continuer à vous aider à développer votre potentiel, en sachant que vous êtes destinés à devenir les dirigeants de l'avenir. Je sais qu'ils s'acquitteront de ce devoir consciencieusement et avec distinction.

En cette heureuse occasion, j'aimerais partager avec vous quelques remarques informelles et vous adresser trois requêtes.

Tout d'abord, j'aimerais vous faire saisir l'importance de développer un esprit tenace. Je veux que vous ayez de la force de caractère. Nous vivons une époque où, d'un point de vue matériel, la vie est dans l'ensemble très facile. En fait, on pourrait aller jusqu'à dire qu'elle est trop facile. Rares sont les occasions de produire de grands efforts, de se dépasser afin d'atteindre un objectif particulier ou d'acquérir un bien de consommation. Résultat : les jeunes paraissent souvent ne pas savoir comment réussir et les déceptions ou échecs provisoires les laissent désemparés. Les media nous parlent de jeunes qui, découragés par les contrariétés, finissent par s'égarer. Certains vont même jusqu'à attenter à leur vie. Quand je pense à un tel gâchis, mon cœur s'emplit de pitié et va vers les parents et familles qui ont travaillé dur pour élever ces enfants.

Lorsqu'on se penche sur les causes qui poussèrent ces jeunes gens à commettre un acte aussi radical, on constate souvent avec étonnement qu'elles paraissent tout à fait banales : de mauvais résultats scolaires, un échec à un examen, des difficultés pour trouver un emploi, autant de revers qui, à la lumière de toute une vie, paraissent facilement réparables. À long terme, de tels revers peuvent même contribuer à la réussite, en fournissant des occasions d'acquérir une plus grande dimension et de se forger une grande force de caractère.

Quand j'entends parler de jeunes qui cèdent ainsi au désespoir, cela me donne envie de vous exhorter plus que jamais, vous, collégiens et lycéens, à développer une ténacité d'esprit qui vous permettra de refuser la défaite, quoi qu'il arrive. En entendant parler de ces tristes drames de la jeunesse, certains essaient de faire porter le blâme sur notre société malade. Certes, le monde actuel est loin d'être parfait. Mais les maux de la société n'ôtent pas aux hommes la responsabilité de leurs propres actions. Si vous vous contentez de dénoncer avec véhémence les fautes de la société, vous ne pourrez pas vous développer en tant qu'individu ni connaître la vraie nature de la vie.

La timidité est le plus grand ennemi de la jeunesse. Je vous demande de faire le maximum d'efforts pendant vos années de collège ou de lycée pour développer la force de caractère qui vous permettra de défier et de vaincre les maux de la société.

J'aimerais aussi, outre la force de caractère, vous voir développer une grande gamme d'émotions et une profonde sensibilité. Notre époque est trop féroce. Comme beaucoup de penseurs modernes l'ont fait remarquer, le monde tend à devenir un désert spirituel et cette tendance s'accentuera sans aucun doute dans l'avenir. Mais vous ne devez pas vous laisser entraîner par le courant du temps car, alors, vos vies seraient gâchées par la grisaille spirituelle. L'une de vos tâches futures consistera justement à apporter les riches eaux de la spiritualité à cette époque aride. Maintenant, alors que vous êtes jeunes et que votre esprit s'ouvre, vous devez développer votre fertilité mentale pour accomplir cette tâche.

Il existe diverses façons de cultiver une grande gamme d'émotions et une profonde sensibilité, mais je crois que la lecture est l'une des plus importantes. Je vous exhorte à lire autant de livres que possible pour approfondir votre pensée. Lecture et réflexion fournissent en effet une nourriture indispensable à un jeune esprit et sont absolument nécessaires si l'on veut développer un caractère fort et méritant.

Certains objecteront peut-être qu'ils n'ont pas le temps de lire. Mais le temps est un étrange phénomène : si vous voulez vraiment faire quelque chose, vous pouvez toujours trouver le temps de le faire. Quand j'étais jeune, j'étais moi aussi très occupé. Mais je parvenais néanmoins à lire livre sur livre. Aujourd'hui encore, je m'efforce de continuer à lire. Ceux qui n'utilisent pas toutes les opportunités pour s'adonner à cette occupation pendant leur jeunesse connaîtront par la suite la défaite. Je me rappelle que, jeune homme, j'essayais de lire un livre par jour en toutes circonstances. Et les lectures de cette époque constituent maintenant un de mes meilleurs souvenirs de jeunesse.

Supposez que vous vous fixiez pour but de lire un livre par semaine. En l'espace d'une année, vous aurez lu au moins cinquante livres. Et, si vous poursuivez cettre pratique durant toute votre jeunesse, vous emmagasinerez des trésors spirituels pour tout le reste de votre vie. Les biographies vous enseigneront les vies riches et significatives des grandes figures du passé. Les livres d'histoire vous suggéreront des voies pour l'évolution future des sociétés humaines. Les romans vous permettront de découvrir un trésor d'idées sur la jeunesse, la vie, et la nature du cœur et de l'esprit humains. De tels livres offrent la terre féconde nécessaire à la pleine croissance du caractère et des capacités.

Aucun arbre ne peut s'épanouir pleinement sur une terre aride et pierreuse. Mais s'il puise suffisamment de nourriture dans le sol, le jeune arbre développera de fortes racines et s'élancera vers le ciel. J'espère que, durant les années que vous passerez aux collège et lycée Soka, vous cultiverez un sol aussi riche, de manière à devenir plus tard de grands arbres portant des fruits abondants et protégeant de votre ombre ceux qui vous entourent.

Ma troisième requête est que vous fassiez de cette école un jardin d'amitié. L'un des aspects les plus inquiétants de notre époque est la disparition de la véritable amitié. Nous continuons à parler d'« amis d'école », mais je crains que le vrai sentiment d'amitié traditionnellement associé à ce terme fasse de plus en plus défaut aujourd'hui. Dans une époque compétitive comme la nôtre, les amis finissent trop souvent par se quereller et se traiter en froids rivaux. Non seulement à l'école mais aussi dans l'ensemble de la société, nous assistons à ce triste spectacle. Lorsqu'ils trouvent que leurs intérêts se heurtent, des amis intimes, autrefois ouverts l'un à l'autre, deviennent brusquement les pires ennemis.

Le caractère chinois pour désigner le mot *amitié* représente deux mains liées en signe d'assistance mutuelle. Tel est le vrai sens de l'amitié qui, hélas ! se fait de plus en plus rare dans la société d'aujourd'hui. Et cela est d'autant plus regrettable qu'un tel sentiment est l'un des plus beaux et plus nobles qui soient.

Le terme *jihi* (compassion), fréquemment utilisé dans les écrits et la pensée bouddhiques, inclut le caractère *ji*, représentant le mot sanskrit *maitri* (amitié). Plus exactement, *maitri* désigne un état où l'on se préoccupe exclusivement du bonheur, de la paix et du bien-être des autres. Le bouddhisme tient cet état d'esprit pour l'idéal le plus noble. Un écrit bouddhique stipule qu'avoir de bons amis et vivre en leur compagnie englobent toute l'essence de la voie bouddhique.

Hi, l'autre caractère du terme *jihi*, est une traduction du mot sanskrit *karuna* qui signifie littéralement gémir. Par extension, cela veut dire se soucier de la souffrance des autres et la faire sienne. Prier pour le bonheur de nos amis et partager leurs souffrances comme si c'étaient les nôtres représentent une des plus nobles manifestations de l'esprit humain.

J'espère que chacun de vous fera de cette école un lieu où

régnera une telle amitié, caractérisée par les deux éléments du mot *jihi*, et que vous accumulerez de joyeux souvenirs, trésor qui illuminera toutes vos années à venir. Puissiez-vous maintenir pour le restant de votre vie les amitiés que vous vous créerez ici.

Pour résumer mon attente, je demande aux nouveaux étudiants de devenir des dirigeants efficaces, capables de porter la lourde charge de l'avenir. J'espère que les années que vous passerez ici seront riches et fructueuses. Je suis sûr que les membres de la faculté et du personnel enseignant feront tout leur possible pour vous aider dans ce sens. Enfin, je souhaite que, vous sachant en de bonnes mains, vos parents et les membres de votre famille ici présents continuent à veiller sur vous et à soutenir le collège et le lycée Soka.

LES INFATIGABLES CHERCHEURS DU SAVOIR

Discours prononcé à la septième cérémonie d'ouverture de l'université Soka, à Hachioji, Tokyo, le 9 avril 1977.

C'est avec grand plaisir que je souhaite la bienvenue à tous nos nouveaux étudiants. Permettez-moi de vous féliciter et de vous accompagner de tous mes vœux pour les quatre précieuses années qui vous attendent. J'espère que vous les passerez avec sagesse et enthousiasme, profitant au maximum des occasions qui vous seront données pour étudier, pratiquer des activités extra-scolaires, et établir des liens chaleureux avec vos professeurs et vos compagnons d'études. J'espère, en bref, que vous vivrez ici une des périodes les plus significatives de votre existence.

J'aimerais aussi, à cette occasion, demander au président Takamatsu et à tous les membres de la faculté et du corps enseignant de faire tous leurs efforts – et je sais qu'ils n'y manqueront pas – pour vous guider et vous aider à développer votre plein potentiel intellectuel et humain.

Chacun de vous a réussi à surmonter le très difficile obstacle de l'examen d'entrée. Je n'ai pas l'intention de dévaloriser vos mérites ou de refroidir vos espoirs. Mais je voudrais que vous soyez bien conscients du caractère pour le moins incertain de la vie, dans quelque domaine ou à quelque époque que ce soit. Votre examen d'entrée représente un exemple approprié. Sans aucun doute, vous devez votre succès à un travail acharné. Mais, pour chacun de vous ici présents, il y en a beaucoup d'autres qui, ayant comme vous travaillé de leur mieux et cependant échoué, connaissent aujourd'hui une amère déception. J'espère qu'ils ne se laisseront pas décourager, mais trouveront la force de se confronter de nouveau à la vie.

Permettez-moi de vous rappeler que, bien que vous ayez passé le difficile obstacle de l'examen d'entrée, cela ne signifie en aucun cas que le reste de votre vie ira de soi. Sur la longue route qui vous attend, vous rencontrerez des obstacles bien plus ardus que cet examen d'entrée. Certains croient encore qu'un diplôme délivré par une université de premier plan permet automatiquement d'entrer dans une société de pointe ou d'obtenir un poste élevé. Je vous assure qu'une telle vision est totalement dépassée.

La vie n'est pas aussi facile. Pendant vos années d'université et plus tard également, alors que vous vous frayerez un chemin dans notre société tourmentée, vous traverserez tour à tour de bonnes et de mauvaises périodes. Quand les choses iront bien, ayez la sagesse de ne pas céder à l'illusion de la sécurité et de toujours garder le cap sur l'avenir. Dans les mauvaises passes, ne vous laissez ni intimider ni décourager, mais faites appel à toute votre énergie pour surmonter les obstacles et poursuivre votre marche en avant.

Récemment un commentateur de base-ball, célèbre lanceur dans sa jeunesse, faisait remarquer qu'on reconnaît la valeur d'un lanceur de base-ball à son comportement lorsqu'il n'est pas en forme ou subit la malchance. N'importe qui peut lancer bien au sommet de sa forme, mais un joueur médiocre ou moyen s'effondrera au moindre revers de fortune. Un champion utilise donc à la fois l'effort et le talent pour réaliser une prestation d'un niveau acceptable jusqu'à ce qu'il puisse repartir de l'avant. Ces remarques sur le base-ball peuvent s'appliquer à tous les domaines de l'existence. Pendant vos précieuses années de jeunesse, vous ne devez pas adopter une façon de vivre médiocre, en vous laissant ballotter comme une feuille à chaque fois que le vent tourne.

Regardez plutôt la façon dont les grands hommes ont vécu. Luther, qui révolutionna le christianisme, établit une traduction du Nouveau Testament qui fit date, tout en vivant reclus dans la montagne, au château de Wartburg. Lénine se trouvait dans un camp de prisonniers en Sibérie lorsqu'il écrivit son œuvre célèbre sur le développement du capitalisme en Russie. Et c'est dans les lointaines grottes de Yen-an que

Mao-Tsé-Toung rédigea le *Maotunlun* et *Shijianlun,* œuvre qui inspira toute la Révolution chinoise.

Assez étrangement, des conditions défavorables peuvent parfois mener à une plus grande créativité que des conditions favorables. Au bout du compte, que les circonstances soient favorables ou non, l'essentiel est votre comportement. Voilà pourquoi j'ai déjà tant insisté par le passé, en m'adressant aux nouveaux étudiants, sur l'importance de mener une vie créatrice, d'être une personne créative. Il faut acquérir la sagesse et la force vitale qui vous permettront de ne pas vous égarer dans les bons moments et de ne pas vous décourager lorsque les choses tourneront mal. Ainsi, quels que soient les coups du destin, vous pourrez toujours vous remettre sur pied.

D'après une théorie intéressante dont j'ai récemment eu connaissance, la société actuelle est en train de passer d'une phase du « comment » à une phase du « pourquoi » ou du « pour quoi faire ». La phase du « comment » suppose l'existence d'un consensus global sur les buts de la vie humaine et de la société dans son ensemble. Les buts eux-mêmes sont considérés comme des axiomes indiscutables, et la seule question est de déterminer comment les atteindre. Par rapport à mes remarques antérieures, on pourrait dire que vous êtes à une époque de votre vie où l'idéal, pour vous, est d'obtenir un diplôme universitaire de grande valeur pour pouvoir ensuite prétendre à un emploi dans une entreprise très cotée ou à un poste important. Lors de ces dernières décennies, alors qu'on s'intéressait surtout à la croissance économique du Japon, c'est cette philosophie qui a prévalu, avec pour postulat l'idée que rien n'importait plus pour le pays que d'acquérir un produit national brut élevé ; et, tout à ce but, nous avons plus ou moins négligé d'autres nécessités sociales. Avec ce genre de conception, on ne s'interroge donc jamais sur la valeur de l'objectif en lui-même. Comment atteindre ce but rapidement, comment être efficace ? Telles sont les questions primordiales qui justifient littéralement le terme de « période du comment ». Seule l'efficacité compte et la meilleure méthode représente la valeur la plus élevée.

Mais les changements violents et inattendus qui se sont

produits ces dernières années dans la société ont prouvé la fragilité d'une telle philosophie. On ne croit plus à la valeur toute-puissante et absolue du produit national brut, et la société se retrouve dans l'impasse, face à l'effondrement de toutes les valeurs précédentes. Il est temps de nous demander si les objectifs adoptés jusqu'ici comme des axiomes représentent bien les plus hautes valeurs.

Voici les questions qui se posent aux personnes de votre tranche d'âge : pourquoi aller à l'université ? Pourquoi chercher à faire carrière dans une grande entreprise ? À quoi bon être un employé modèle ? Nous laissons donc derrière nous l'ère du « comment pour entrer dans celle du « pourquoi et du « pour quoi faire ».

Il est louable de s'interroger sur le sens de l'étude, du travail et de la vie elle-même, car on recherche alors la raison de nos actions. Une culture, un travail, ou un mode de vie qui ne prennent pas cela en considération se condamnent à être inefficaces et de courte durée. Voilà pourquoi j'ai fait inscrire sur la statue de bronze que j'ai offerte à l'université la devise suivante : *« Dans quel but faut-il cultiver la sagesse ? Pose-toi toujours cette question. »*

Mais quelle est donc la base pour l'action dont je parle ? C'est, et cela devrait toujours être, l'homme lui-même. Du milieu du XIXe siècle à la fin de la Seconde Guerre mondiale, la société japonaise a vécu sous l'emprise de considérations militaires, reléguant les hommes au second plan. Dans les trente années qui ont suivi la guerre, c'est l'économie qui a prédominé ; les hommes d'aujourd'hui vivent encore dans cette optique. Mais l'erreur inhérente à cette échelle de valeurs a conduit le pays à une impasse d'où il semble tout simplement impossible de sortir. À l'avenir, la société japonaise doit absolument placer l'homme au premier plan et fonder sur lui toute entreprise quelle qu'elle soit.

À moins d'apporter une réponse ferme et convaincante aux questions « pourquoi » et « dans quel but », on ne peut établir les critères susceptibles d'éclairer le chemin du XXIe siècle. J'ai fondé l'université Soka en lui donnant pour objectif de réaliser une « éducation humaine ». Cette devise convient à l'époque présente comme aux temps futurs.

La philosophie bouddhique expose le concept d'*ichidaiji*

qui désigne une affaire importante – terme aujourd'hui passé dans la terminologie quotidienne, que l'on utilise souvent à propos d'une question sérieuse. Pour vous tous ici, la « grande affaire » de ces derniers temps a été de passer votre examen d'entrée. Il est bien connu qu'Okubo Hikozaemon, célèbre homme d'État de la période d'Édo, désignait chaque période de crise sous le terme de *tenka no ichidaiji* (une question de vie ou de mort pour l'État).

En termes bouddhiques, le mot *ichi* (un) désigne la base ou le point de départ. Il indique l'existence d'une philosophie qui peut servir de base pour guider les êtres humains dans leur vie. *Dai* (grand) se réfère à la vie et à la sagesse qui proviennent de ce point originel pour se répandre et se manifester dans la société humaine, le monde naturel, et l'univers tout entier. Le mot *ji* (affaires) indique les événements ou objets réels créés par la vie et la sagesse et traduits en action. On peut donc dire que les termes *dai* et *ji* dans l'expression *ichidaiji* se réfèrent à nos activités mentales et concrètes, alors que *ichi* représente le principe ou l'entité qui sous-tend ces activités, c'est-à-dire leur base. En tant que bouddhiste, je viens de vous donner des explications à la lumière de la philosophie bouddhique, mais ce concept ne s'applique pas qu'au bouddhisme. Toute forme de culture ou de philosophie, tout système de pensée, doit se développer à partir d'une base fixe ou point originel. Bien que les approches varient selon les cas, l'être humain constituera toujours le point de départ.

L'université Soka est une institution académique où les hommes se rassemblent pour se consacrer, de toutes leurs forces, à la poursuite et à l'élargissement du savoir. Ceux qui ne se consacrent pas à la quête de la connaissance et de la vérité ne suivent pas l'esprit de cette institution. Si de telles personnes obtiennent néanmoins leur diplôme, nul doute qu'elles deviendront l'objet de critiques lorsqu'elles entreront dans la société. Les autres se formeront un jugement à partir de ces seuls exemples et diront que l'université Soka n'a pas de réelle valeur pédagogique. J'espère que vous ne serez pas de ces étudiants qui donnent une image dépréciée à ceux qui leur succèdent.

Au début du XXIe siècle vous serez dans la quarantaine et

atteindrez alors le sommet de vos capacités. J'espère de tout cœur que les dirigeants du siècle à venir surgiront de votre groupe. Voilà pourquoi je continuerai à vous observer et à vous adresser des paroles d'encouragement. Je prie très sincèrement pour que dans les quatre années à venir vous consacriez toute votre énergie à acquérir des connaissances.

OBSERVATIONS PERSONNELLES SUR LA CHINE

Discours prononcé à l'université de Pékin, le 22 avril 1980.

J'aimerais tout d'abord dire que c'est un grand honneur pour moi de pouvoir aujourd'hui m'adresser à vous et vous faire part de mes convictions. Je remercie sincèrement les vice-présidents Ji Xianlin et Wang Zhuxi, ainsi que les membres de la faculté et les étudiants qui ont rendu cette conférence possible.

Le Dr Kojiro Yoshikawa, grand spécialiste japonais de littérature chinoise, est décédé voici quelques semaines. Je suis sûr que de nombreuses personnes connaissent son œuvre en Chine. Dans l'un de ses ouvrages, il décrit la Chine comme un pays à « la civilisation sans Dieu ». De fait, rien dans la civilisation chinoise ne correspond au concept islamique ou chrétien de Dieu. D'autres pays d'Asie, tels que le Japon ou l'Inde, ont très tôt préservé et transmis un ensemble de mythes. Par contre, la Chine semble avoir été l'un des premiers pays au monde à se détacher de toute mythologie. Dans *l'Analecte*, Confucius nous dit de « *ne jamais parler de prodiges ou de tours de force, de désordres ou d'esprits* ». Cette attitude est caractéristique de la civilisation chinoise dans son ensemble. En ce sens, l'expression « civilisation sans Dieu » me paraît particulièrement adéquate.

Mais quelle vision donne la civilisation chinoise de l'homme lui-même et du monde dans lequel il vit ? Si je peux me permettre une généralisation, bien que mes connaissances soient limitées en la matière, je dirais que la formule « voir l'universel à la lumière du particulier » me paraît résumer l'approche chinoise.

J'aimerais donner un exemple de ma connaissance. Au début de la section biographique de son *Shiji* (Les mémoires de l'historien), Ssu-ma Ch'ien cite la croyance populaire selon laquelle la Voie céleste consiste à ne pas avoir de favoris, mais à toujours épouser la cause de l'homme de bien. Il interroge ensuite ce point de vue en donnant des exemples historiques d'hommes bons qui furent détruits et d'hommes mauvais qui atteignirent la prospérité. Il exprime ses propres sentiments dans la formule : « *Je demeure moi-même perplexe. Ce que l'on appelle la Voie céleste est-elle vraie ou fausse ?* » C'est un passage très célèbre, même au Japon.

Mon intention n'est pas de débattre ici du contenu de l'expression « Voie céleste ». Sans aucun doute, elle porte à la fois la marque du confucianisme et du taoïsme ainsi que, d'un point de vue moderne, des traces de pensée féodale. Cependant, dans le même temps, la seule existence d'un tel concept témoigne du désir qu'avaient les hommes de l'époque de définir des principes universels. Il va de soi que cette aspiration à découvrir une loi universelle ou principe sous-tendant et reliant à la fois l'homme et le monde naturel n'est en aucun cas propre au peuple chinois ; c'est là une caractéristique de toutes les sociétés humaines.

Dans le passage que je viens de mentionner, Ssu-ma Ch'ien s'enquiert de la validité de la « Voie céleste » en tant que principe universel, à la lumière d'exemples particuliers fournis par l'histoire. Comme vous le savez sans doute tous, Ssu-ma Ch'ien fut condamné à la castration pour avoir défendu ouvertement en présence de l'empereur son ami Li Ling, général contraint de se rendre à l'ennemi, s'attirant ainsi le courroux du souverain. On trouve souvent trace dans ses écrits de l'amertume et du ressentiment liés à ce châtiment qui lui fut infligé. L'affaire Li Ling et ses conséquences portèrent un coup terrible à Ssu-ma Ch'ien, l'incitant à une évaluation personnelle du bien et du mal, du vrai et du faux. En s'interrogeant sur la « Voie céleste », il ne remettait pas en doute le principe dans son ensemble, mais se demandait si la tragédie particulière qu'il avait connue était juste ou non. En ce sens, Ssu-ma Ch'ien illustre la tendance chinoise à voir l'universel à la lumière du particulier.

À l'opposé, les sociétés où le concept de Dieu est prépondérant tendent à voir le particulier à la lumière de l'universel. Dieu dirige la destinée du monde à partir d'un royaume très éloigné de celui des êtres humains. L'homme doit donc se contenter d'observer comment la divinité absolue et universelle manifeste sa divine providence dans le monde. La relation est à sens unique, le rôle de l'homme restant totalement passif. Dans un tel système, un être humain ne peut concevoir de s'interroger sur la « Voie du Ciel » à la façon de Ssu-ma Ch'ien. Et dans l'histoire européenne, de telles interrogations ne devinrent possibles que vers la fin du XIXe siècle, à partir du moment où l'on proclama ouvertement la « mort de Dieu ».

Par conséquent, dans la tradition européenne, lorsque les êtres humains contemplaient l'homme et la nature, ils les voyaient inévitablement à travers le prisme imposé par le concept de Dieu qui, même s'il leur semblait valide, s'adaptait mal aux nations dont l'histoire et la tradition différaient de celles de l'Europe. Aussi, en tentant d'imposer leur Dieu aux autres, les Européens se lancèrent-ils dans un colonialisme à visage agressif et souvent raciste sous couvert de ferveur religieuse.

La tendance des Chinois à voir l'universel à partir du particulier leur permit d'éviter les jugements préétablis – comme le concept européen de Dieu –, les incitant plutôt à extraire de la réalité elle-même des principes universels. À la fin de sa vie, l'historien britannique Arnold J. Toynbee, qui était un ami, prévoyait que la Chine deviendrait un pôle d'attraction de l'histoire future du monde. Il appuyait son propos en évoquant l'esprit mondialiste que les Chinois ont fortement développé au cours de leur longue histoire. Critique à l'égard du christianisme, Toynbee voyait dans la vénérable tradition chinoise les prémisses d'une sorte d'esprit cosmopolite ou universaliste, totalement différent de l'universalisme européen agressif.

Je n'entends pas ici nier les dures réalités de l'histoire de la Chine. Tout le monde sait que votre pays a également connu des dissensions internes, des révoltes, des agressions étrangères, de fréquentes inondations et sécheresses infligeant au peuple d'indicibles souffrances. Je suis pleinement conscient que les différents mouvements révolutionnaires que la Chine a connus au XXe siècle visaient non seulement à rejeter le colonialisme mais aussi à délivrer la nation de son vieux système féodal qui, telle une maladie persistante, empoisonnait depuis longtemps le cœur et l'esprit des hommes.

Les Chinois possèdent certaines tendances spirituelles qui ont évolué au cours des siècles. Il n'est ni facile ni toujours souhaitable de changer ces tendances. Il faut plutôt les orienter dans un sens constructif et bénéfique qui puisse contribuer positivement à l'avenir de la Chine, de l'Asie, et du monde entier.

Lorsque je regarde des portraits du célèbre écrivain Lu Hsun, je sens qu'avec ses yeux clairs il pouvait percevoir les tendances essentielles des Chinois. Il cherchait à écarter toute idée préconçue afin d'observer la réalité à l'état nu. Aussi, lorsqu'il décrivait des êtres humains, il supprimait tous les faux-semblants et les apparences superficielles pour capter leur véritable réalité. Lecteur enthousiaste de ses œuvres, je fus particulièrement ému par la conclusion du *Journal d'un fou* qui raconte sans scrupules la façon dont les êtres humains se détruisent, action que Lu Hsun compare au cannibalisme. « *Peut-être y a-t-il encore des enfants qui n'ont pas mangé d'hommes ? Sauvez les enfants...* », crie le protagoniste de l'histoire. La morale contenue dans ce passage transperce le cœur du lecteur.

De même, dans la *Véritable histoire de Ah Q* qui dépeint des paysans d'une extrême pauvreté, il écrit : « *Mais notre héros (Ah Q) ne manquait pas pour autant de caractère. Il exultait toujours. Cela prouve peut-être la suprématie morale de la Chine sur le reste du monde.* » Cet extrait trace un portrait frappant de la vraie nature des hommes ordinaires qui, au milieu de l'ignorance et de la pauvreté, tentent de se frayer un chemin comme des herbes robustes.

La force et l'honnêteté innée des personnages de Lu Hsun me rappellent Gavroche, le petit Parisien des rues auquel Victor Hugo, dans *les Misérables*, prête un caractère incorruptible né des idées imprégnant le Paris de l'époque.

On ne peut pas dire que le mouvement littéraire de Lu Hsun ait forcément abouti. Je suis cependant certain que les problèmes qui le hantèrent durant toute sa vie ont été clairement résolus dans la Chine d'aujourd'hui.

L'écrivain Ba Jin, que j'ai eu l'occasion de rencontrer récemment au Japon, a un jour déclaré qu'il écrivait « *afin de combattre ses ennemis* ». Voilà une formule qui m'impressionne beaucoup. Et il ajouta même : « *Quels sont mes ennemis ? Tous les vieux concepts traditionnels, tous les systèmes irrationnels qui entravent le progrès social et l'essor de l'esprit humain, tout ce qui détruit l'amour.* » Par ces paroles, Ba Jin est devenu pour moi, tout comme Lu Hsun, un compagnon de combat dans la bataille contre quiconque ou toute chose pouvant porter atteinte à l'homme. J'irais même plus loin en précisant que j'ai été profondément touché par le fait que des slogans tels que « Servez le peuple ! » ou « Soyez au service du peuple ! » soient si souvent apparus en Chine depuis la fin de la Seconde Guerre mondiale. Je vois dans de tels slogans l'image d'un nouveau type de peuple qui jouera un rôle vital dans l'histoire du futur.

Il est possible que le slogan actuel, *shishi qiushi*, « recherchez la vérité dans la réalité » soit en rapport avec la tendance chinoise à voir l'universel à la lumière du particulier. Il semble du moins suivre le même schéma que la quête de Ssu-ma Ch'ien concernant la « Voie du Ciel » et s'inspirer de l'un des meilleurs éléments de l'héritage spirituel chinois : la conviction qu'il faut se confronter directement à la réalité et décider, sur cette base, de la reconstituer au mieux.

Nous vivons une époque marquée par de profonds changements et bouleversements. Le regretté Premier ministre Chou-En-lai fit remarquer que le dernier quart de notre siècle était d'une importance cruciale. À une époque comme la nôtre, si les peuples du monde ne créent pas de liens transcendant les frontières nationales, ils risquent fort de connaître à nouveau la tragédie de la guerre. Comme le dit Joseph Needham dans l'introduction à son œuvre monumentale *Science et civilisation en Chine* : « *Nous vivons à l'aube d'un nouvel universalisme qui, si l'humanité survit aux dangers liés au fait que des hommes irresponsables possèdent une puissance de moyens jusqu'alors inimaginable, unira les travailleurs de toute race dans une communauté à la fois éclectique et basée sur la coopération.* »

Pour jouer un rôle moteur dans cet universalisme, nous devons faire apparaître un nouveau peuple, une nouvelle image de l'homme ordinaire. Et je crois fermement que la Chine, par sa longue histoire et son amour de la réalité, possède l'énergie illimitée pouvant favoriser la naissance d'une ère nouvelle de l'humanité.

RÉFLEXIONS SUR L'ESPRIT POÉTIQUE MEXICAIN

Discours prononcé à l'université de Guadalajara, le 5 mars 1981.

En tant que fondateur de l'université Soka et président de la Soka Gakkai Internationale, organisation vouée à la promotion de la paix, de la culture et de l'éducation sur la base du vrai bouddhisme, j'ai voyagé dans un certain nombre de pays et j'ai maintenant le plaisir de me retrouver au Mexique pour la première fois depuis seize ans. Pendant mon séjour d'une semaine, j'ai rencontré Son Excellence, le président Lopez Portillo ; Senora Maria del Pilar Galindo Lopez Portillo de Cordero, directrice de Claustro Sor Juana, l'université centrale des Sciences humaines ; le docteur Octavio Rivero Serrano, recteur de l'Universidad Nacional Autonoma de Mexico, et d'autres encore, à propos d'échanges Mexique-Japon dans des domaines liés à la culture, à l'éducation et au mouvement de la paix. Nous avons ainsi approfondi, jusqu'à un certain point, la compréhension mutuelle entre nos deux pays. Enfin, à titre personnel, j'ai organisé un festival culturel mexico-japonais.

C'est aujourd'hui le dernier jour de ma visite et j'aimerais remercier le docteur Enrique Zambrano Valle, recteur de l'université de Guadalajara, qui m'a donné l'occasion de m'adresser à vous ; je voudrais aussi étendre ces remerciements à vous tous, membres de la faculté et du corps étudiant, rassemblés ici pour m'écouter.

Dans le passé, j'ai eu l'occasion de parler à l'université de Pékin sur le thème *Réflexions personnelles sur la Chine*, à l'université de Moscou où mon discours s'intitulait *Une nouvelle route d'échanges culturels entre l'Orient et l'Occident* ; et au campus de l'université de Californie, à Los Angeles, où j'avais pris pour sujet *En marche vers le XXIe siècle*.

Aujourd'hui, après une brève rétrospective des rapports amicaux entre le Mexique et le Japon, j'aimerais faire quelques remarques qui pourraient se résumer sous le titre *Réflexions sur l'esprit poétique mexicain*, avec ce sous-titre éventuel : *Les caractéristiques de la culture mexicaine*. Pour esquisser les grandes lignes de mon propos, particulièrement en rapport avec notre désir mutuel de lutter pour la paix en cette période marquée par des relations internationales toujours plus complexes, j'aimerais – avec votre permission – garder la parole pendant une heure environ. M. Kimiro Yoshida, du Japon, sera mon interprète.

Vous devez sans doute savoir que les relations entre le Mexique et le Japon sont bien loin d'être à leurs prémices. Dès le début du XVIIe siècle, un puissant seigneur féodal du Japon, Date Masamune, envoya son serviteur, Hasekura Tsunenaga, à la tête d'une mission pour l'Espagne et Rome. Sur la route de l'Europe, ils traversèrent le Mexique, alors sous domination espagnole. Récemment, un auteur bien connu au Japon a écrit un roman intitulé *Samouraï* dont le héros s'inspire de Hasekura Tsunenaga. Ce roman souleva bien des discussions et, dès que j'en entendis parler, je me le procurai pour voir quelle image il donnait du Mexique de l'époque.

Vous devez aussi savoir qu'en 1888, peu après que le Japon soit sorti de sa période d'isolement, il signa un traité commercial avec le Mexique, le premier conclu avec une nation étrangère à l'époque moderne, sur la base d'une égalité entre les signataires.

Fort heureusement, depuis la fin de la Seconde Guerre mondiale, nos deux pays se sont sérieusement rapprochés sur différents plans tels que la politique, l'économie, l'éducation et la culture. Cependant, le développement d'une compréhension mutuelle entre nos deux peuples – et non plus seulement entre leurs gouvernements – n'en est encore qu'à ses débuts. Voilà pourquoi j'ai décidé de faire tout ce qui était en mon pouvoir pour bâtir des ponts, dans les domaines de la culture, de l'éducation, et de la paix, qui servent de voies de communication entre nos peuples.

Vers la fin de l'année dernière, le Congrès international pour l'étude de la paix en Asie s'est tenu à Yokohama, au Japon. Beaucoup de personnalités éminentes d'Asie et d'ailleurs y participèrent ; parmi elles, M. Yvan Illich. Vous savez peut-être que M. Illich est à présent directeur du Centre d'information culturelle internationale du Mexique. Je trouve certaines de ses idées, comme le rejet de l'éducation conventionnelle, extrémistes et difficiles à adopter. Mais je fus fortement impressionné par certains de ses propos rapportés dans la presse japonaise : « *Mon souhait est que les gens soient poètes, qu'ils plaisantent et apprennent à sourire.* »

C'est là une remarque sans prétention ; pourtant, du point de vue de l'éducation, de la culture et de la paix, elle est riche d'un enseignement important : l'esprit poétique et le sourire qui éclaire un visage indiquent de la façon la plus parlante que les réseaux de communication reliant l'esprit et le cœur des hommes sont ouverts et peuvent fonctionner. On a beau parler de paix et d'échanges culturels, s'il n'existe pas de communication véritable entre le cœur et l'esprit des hommes, de tels propos sont en fait dénués de sens. Telle est la signification du célèbre passage de la Charte de l'UNESCO : « *La guerre naît dans le cœur des hommes. C'est donc dans le cœur des hommes qu'il faut bâtir une citadelle de paix.* »

Mais pourquoi M. Illich, cet intellectuel viennois, met-il tant l'accent sur l'esprit poétique et le sourire ? Les raisons en sont sans doute multiples. Mais, bien que ce ne soit là qu'une supposition, j'ai idée que son expérience au Mexique, où il vit depuis 1960, compte pour beaucoup. Sur la base de mes connaissances limitées de l'histoire et de la culture mexicaines, je me suis fait une claire image mentale du tempérament des Mexicains, tempérament marqué par la jovialité, le sourire sur les visages et l'esprit poétique, ainsi qu'une générosité toute particulière. Je ne pense pas que ma vision du Mexique, « pays de soleil et de passion », ne soit qu'une impression superficielle. Je crois que, avec leur amour des fiestas et leur fort désir d'apprécier tout ce que la vie peut leur apporter, les Mexicains sont déterminés à ne jamais abandonner, quelles que soient les épreuves subies, ni leur gentillesse naturelle, ni leur caractère radieux, ni le courage qui se cache derrière ces deux qualités.

Je ne peux m'empêcher de songer à un épisode rapporté dans *la Révolution mexicaine*, document étonnant du journaliste américain John Reed. En 1923, alors que les forces gouvernementales et les révolutionnaires étaient engagés dans une lutte sporadique et que régnait une extrême confusion, Reed décida de braver le danger et d'entrer au Mexique. Près de la frontière sud des États-Unis, il rencontra de nombreux réfugiés qui fuyaient les combats et recherchaient la sécurité aux États-Unis. Les gardes-frontières leur faisaient subir une inspection rigoureuse, en quête d'armes éventuelles, fouillant totalement les hommes aussi bien que les femmes avec une dureté excédant largement ce que la situation exigeait.

Reed rapporte qu'il se trouvait dans les parages lorsqu'il vit une femme soulevant légèrement sa jupe pour traverser un cours d'eau peu profond. Elle était enveloppée d'un lourd châle dans lequel elle semblait cacher quelque chose. Le devant du châle laissait apparaître une bosse propre à éveiller la suspicion.

« Hé, vous ! Attendez une minute ! cria un officier. Qu'avez-vous donc sous votre châle ? »

Lentement, la femme entrouvrit le châle, puis répondit avec un parfait aplomb : *« Comment dire, senor ? C'est peut-être une fille, à moins que ce soit un garçon. »*

Dans des circonstances aussi tendues et angoissantes, être capable de plaisanter sur un tel sujet et de répondre sans détour de manière humoristique témoigne d'une solidité nerveuse qui ferait honte à un homme. Cette femme sut se tirer magnifiquement de la situation.

Un autre épisode lié à la Révolution mexicaine reste ancré dans ma mémoire. Il concerne le héros révolutionnaire, Pancho Villa, dont les Mexicains se souviennent encore aujourd'hui avec respect et affection. Cela se passait en mars 1913, alors que Torreon, important point stratégique, subissait l'attaque des forces révolutionnaires. Villa et ses hommes avaient atteint Yermo, au nord de Torreon ; et tous les préparatifs pour lancer une attaque contre la ville étaient achevés lorsqu'on s'aperçut soudain de l'absence de Villa. Ses officiers durent l'attendre quatre jours, bouillant d'impatience, jusqu'à ce qu'enfin il réapparaisse, fatigué et couvert de boue. Il expliqua que, ayant promis d'assister au mariage d'un ami, il s'était discrètement glissé hors du camp. Et pendant quatre jours et quatre nuits, suivant la tradition mexicaine, il avait fait la fête et dansé en l'honneur du mariage de son ami. Les choses étaient probablement bien différentes à l'époque. Si l'un de vous venait à quitter en douce la classe pour prendre un congé de quatre jours, nul doute qu'il aurait de sérieux problèmes avec ses professeurs.

Quand j'ai lu pour la première fois cette anecdote, je n'ai pu m'empêcher de sourire. Elle semblait transmettre de façon très frappante la personnalité de cet homme romantique et courageux, la richesse des sentiments humains qui l'amenèrent à refuser de se plier aux règles de la discipline militaire. Bien que cet incident reflète sans aucun doute le caractère propre à Villa, il est profondément lié au caractère de tous les Mexicains, comme l'illustre également l'épisode de la femme à la frontière américaine : ces qualités que j'ai définies plus tôt de façon un peu maladroite, je le crains, comme la jovialité, le sourire, l'esprit poétique, et une générosité bien spécifique.

Il ne faut pas voir l'expression d'une sentimentalité exagérée dans ces caractéristiques. La Révolution mexicaine, comme beaucoup d'autres, fut gagnée par le combat et le sacrifice des hommes qui la payèrent de leur sang. On dit que non seulement les hommes mais aussi, bien souvent, les femmes prirent les armes et entrèrent dans la bataille. On pourrait sans nul doute rapporter bien des histoires tragiques sur ces batailles. Cependant, les deux épisodes que j'ai racontés montrent que, au milieu des épreuves, les hommes parvinrent à garder leur esprit poétique, leur sens de l'humour, et un visage souriant. C'est pourquoi je les trouve si précieux. C'est précisément cette réceptivité aiguisée aux sentiments et aux valeurs humaines qui a rendu possibles le respect des droits de l'homme et le dévouement à la liberté, l'égalité et l'indépendance qui caractérisent actuellement le pays.

En 1967, on signa le traité pour bannir les armes nucléaires d'Amérique latine ; et une organisation internationale appelée OPANAL chargée de veiller à l'application de ses clauses fut implantée à Mexico. Je me suis laissé dire que de tels résultats étaient très largement dus à l'intervention du Mexique. Une telle entreprise ne se situe pas sur le même plan que le traité contre la prolifération des armes nucléaires établi à un niveau purement politique à l'initiative des États-Unis et de l'Union soviétique. L'action du Mexique est bien plus profondément liée à un choix positif, fait en toute indépendance d'esprit, par les Mexicains.

Comme nous le savons tous, les armes nucléaires font peser la menace la plus épouvantable et la plus dévastatrice que l'histoire ait jamais connue. On ne peut imaginer pire outrage à l'esprit de l'homme. Sachant qu'un recours à ces armes pourrait bien mener à la destruction de toute l'humanité, j'utilise toutes les occasions possibles pour appeler au bannissement et à l'abolition des armes nucléaires. En 1978, lors de la première session spéciale de l'Assemblée générale des Nations unies sur le désarmement, j'ai envoyé des lettres au secrétaire général Kurt Waldheim et au président de l'Assemblée générale, Lazar Mojsov, dans lesquelles j'ai émis un certain nombre de propositions pouvant conduire à la réduction et à l'abolition des armes nucléaires. J'ai alors notamment suggéré que les Nations unies prennent l'initiative d'établir et, par la suite, d'élargir des zones dénucléarisées. J'éprouve une grande reconnaissance envers le peuple mexicain qui a créé une telle zone en Amérique latine.

Cette initiative représente un choix positif, la marque d'une indépendance d'esprit et, consciemment ou inconsciemment, reflète le vif intérêt des Mexicains pour les droits de l'homme et leur détermination à établir un cadre de liberté, d'égalité et d'indépendance qui permettra à chacun de mener une vie digne d'êtres humains. Je ne doute pas que c'est cette même préoccupation pour les droits de l'homme qui amena les habitants de votre pays à apporter un soutien chaleureux et jamais démenti au Front populaire espagnol dans son combat contre le fascisme au moment de la guerre civile.

En fait, il est facile de parler de liberté, d'égalité et d'indépendance, mais appliquer totalement ces idéaux est une tâche ardue. Une suite de tâtonnements, accompagnée de fréquents revers et frustrations, voilà ce qui décrit le mieux l'histoire du Mexique moderne. Il reste encore à résoudre beaucoup de problèmes politiques, économiques, et autres.

Vous tous qui êtes présents aujourd'hui devez vous efforcer de prendre des mesures constructives pour remédier à cette situation. Mais je ne peux m'empêcher de croire que l'âme tenace des Mexicains, qui résista à trois longs siècles d'oppression coloniale avant de gagner en maturité et en modération grâce à l'expérience de l'indépendance et de la révolution, sera la source de grandes réalisations futures. Je suis convaincu que ce pays apportera une contribution majeure – non seulement au Japon, aux pays d'Amérique latine, et à certains pays du tiers monde mais aussi à toute la société humaine – d'une dimension comparable à celle atteinte par les maîtres de la Renaissance mexicaine : Rivera, Orozco, Siqueiros et Tamayo dans le domaine de l'art international.

Un de mes amis peintres qui connaît bien le Mexique m'a rapporté que dans votre pays, pour souhaiter la bienvenue à un invité, la coutume est de dire : « *Ma maison est aussi la vôtre* ». Voilà une façon de saluer merveilleusement chaleureuse et amicale, et je sens qu'elle transmet très bien le tempérament des Mexicains.

Les écrits bouddhiques contiennent une parabole au sens similaire : la parabole des deux gerbes de roseaux. (Il y a longtemps, en Inde, la coutume était de lier en gerbe vingt ou trente longs et frêles roseaux.) Shariputra, disciple du Bouddha connu pour son incomparable sagesse, employa le premier la parabole suivante :

« *Prenons deux gerbes de roseaux. Tant qu'elles s'appuient l'une sur l'autre, elles tiennent debout. De la même façon, parce qu'il y a un "ceci", il peut y avoir un "cela" et parce qu'il y a un "cela", il peut y avoir un "ceci". Mais si nous ôtons une des gerbes de roseaux, l'autre tombera. Pareillement, si nous enlevons "ceci", "cela" ne peut continuer à exister, et réciproquement.* »

Cette parabole est riche d'enseignements : les hommes ne peuvent exister isolément mais ont besoin les uns des autres. Le salut que vous réservez à vos invités – « *Ma maison est aussi la vôtre* » – concrétise la même profonde et sage compréhension de l'interdépendance humaine.

Alors que nous entrons dans un âge d'internationalisation et d'interdépendance accrues entre les différentes nations, nous allons voir se développer des échanges culturels plus vivants, non seulement entre le Mexique et le Japon mais aussi entre tous les pays du monde. Nous approchons d'un temps où nations et races devront se rencontrer sur la base d'une égalité complète et d'une reconnaissance mutuelle. Pour réaliser cela, les fils de la communication doivent relier le cœur et l'esprit de tous les peuples du monde. J'espère que ma visite actuelle dans votre pays pourra marquer, ne serait-ce que modestement, un progrès dans ce sens.

En conclusion, j'aimerais vous adresser une requête. Chacun de vous sera bientôt amené à employer son intelligence et sa ferveur pour affronter les défis du XXIe siècle. Je prie sincèrement pour que vous deveniez non seulement des dirigeants de valeur au Mexique mais aussi pour que chacun de vous devienne un responsable qui se consacre de toutes ses forces à la cause de la paix mondiale et contribue ainsi à la faire avancer.

DAISAKU IKEDA

Par Yasuji Kirimura, responsable du département d'Étude de la Soka Gakkai.

Au cours des dix-neuf années qui séparent son accession à la présidence de la Soka Gakkai en mai 1960 et sa nomination au poste de président honoraire en 1979, Daisaku Ikeda s'est consacré à la propagation de la philosophie bouddhique, dirigeant une immense organisation et guidant des millions de membres. En fait, la Soka Gakkai d'aujourd'hui lui doit beaucoup. Ses remarquables qualités de responsable et son action concrète ont contribué au développement de notre mouvement dans divers pays d'Amérique du Nord et du Sud, dans le Sud-Est asiatique, en Europe et en Afrique, où des organisations indépendantes furent établies et commencèrent à se développer, fonctionnant aujourd'hui par elles-mêmes. Dans le même temps, il a délivré de nombreux messages d'encouragement, riches d'idées et de propositions concernant les sujets les plus brûlants à l'échelle du monde, tels que la politique, l'économie, la science, l'éducation et la culture. Chacune de ses déclarations s'appuie fermement sur le bouddhisme de Nichiren Daishonin (1222-1282), qui représente la croyance essentielle de la Soka Gakkai.

Pour employer une métaphore empruntée à la botannique, on pourrait dire que M. Ikeda a concentré ses efforts sur le renforcement de nos activités de propagation du bouddhisme de Nichiren Daishonin – le tronc de l'arbre –, tout en produisant les branches et feuilles de la culture et du savoir afin qu'elles s'épanouissent et donnent des graines que l'on puisse planter et cultiver dans toutes les parties du globe. Bien qu'il ait bénéficié de l'aide de beaucoup de collègues dans ce travail, Daisaku Ikeda s'est dressé seul à la barre, traçant la marche à suivre, entraînant et plaçant à leur poste les personnes chargées de la manœuvre, ne cessant de prodiguer ses encouragements à tous. Personne d'autre n'aurait pu faire ce qu'il a fait, et il apparaît vraisemblable que nul autre à l'avenir ne sera capable de telles réalisations.

Quoiqu'il ait maintenant délégué les devoirs de président à d'autres pour devenir président honoraire de la Soka Gakkai, M. Ikeda n'a guère le temps de se reposer. Ses devoirs de président de la Soka Gakkai internationale l'amènent à voyager à travers le monde où il encourage les amis bouddhiques d'autres pays en leur donnant des directives pour leurs activités et leurs organisations. Cet ouvrage rassemblant une partie de ses multiples discours et allocutions est tout à fait en rapport avec cette action internationale. Les discours ont été soigneusement choisis pour que le lecteur puisse les comprendre facilement.

Le bouddhisme de Nichiren Daishonin est le tronc de l'arbre de la Soka Gakkai. La politique, l'éducation, la science, l'art, et d'autres domaines encore, représentent donc les branches et les feuilles qui produisent des fruits et finalement des graines pouvant être semées dans d'autres pays. Cela est une image d'ensemble ; mais, lorsqu'on considère séparément des activités toutes différentes, elles paraissent souvent figées dans le formalisme. Leur relation avec notre axe philosophique essentiel devient alors obscure. Juger la Soka Gakkai d'après ce qu'elle réalise dans un domaine particulier revient à juger la fleur de prunier selon le précoce bourgeon hivernal. Puisque les écrits et la pensée de Daisaku Ikeda reflètent l'image d'ensemble de la Soka Gakkai, songeant à ceux qui accèdent pour la première fois à cette œuvre ou qui n'en connaissent que des fragments, je vais tenter dans cet essai de donner une vision globale de l'évolution philosophique de M. Ikeda, profondément inspirée par le bouddhisme de Nichiren Daishonin.

La jeunesse

Né en 1928 sur la rive Omori de Tokyo, Daisaku Ikeda est issu d'une famille de marchands d'algues comestibles. Dans la tourmente qui suivit la Première Guerre mondiale, le Japon tenta de devenir un pays prospère doté d'une armée puissante et s'engagea sur la voie du militarisme menant tout droit au désastre de la Seconde Guerre mondiale. M. Ikeda grandit dans un environnement qui laissa sur lui une marque profonde et douloureuse, à cause de la détresse infligée aux hommes ordinaires par les perturbations sociales et la stupidité des dirigeants – particulièrement des dirigeants militaristes. Avec la crise mondiale, sa famille, à l'image de tant d'autres, connut des temps difficiles. Et, comme beaucoup d'autres de leurs camarades, ses plus jeunes frères furent appelés sous les drapeaux. Son esprit en cours de formation se trouva confronté en même temps aux doctrines éducatives officielles, marquées par l'ultra-nationalisme, et à l'esprit de démocratie et de liberté inspirant la littérature de la période de Weimar. Sa précoce familiarité avec les principes démocratiques à travers cette littérature le rendit particulièrement ouvert à la démocratie américaine lorsqu'elle fut introduite en 1945, après la défaite des militaristes, à la fin de la Seconde Guerre mondiale. Cette situation exerça une profonde influence sur la formation de sa personnalité et de sa philosophie. Le bonheur et la liberté éprouvés dans la démocratie d'après-guerre et son sentiment de révolte à l'égard des règlements militaristes répressifs éveillèrent en lui un profond respect envers les arts et lettres et une détermination à travailler pour la paix mondiale.

Mais tous ces rêves n'auraient pu prendre corps si M. Ikeda n'avait pas rencontré le bouddhisme de Nichiren Daishonin et Josei Toda, l'homme qui devint son professeur et mentor, en même temps que le deuxième président de la Soka Gakkai. M. Ikeda trouva là un profond appui philosophique et religieux pour ses idées, et reçut l'encouragement nécessaire pour devenir un de ces hommes qui créent leur époque, éprouvant soudain le besoin d'agir au nom du mouvement dans lequel il plaçait ses espoirs.

Après avoir rencontré pour la première fois Josei Toda en août 1947 et s'être converti l'année suivante au bouddhisme de Nichiren Daishonin, M. Ikeda se mit à travailler dans une société dirigée par M. Toda qui l'instruisit et le guida dans de nombreux domaines. Cette société publiait une revue pour enfants dont M. Ikeda ne tarda pas à devenir le rédacteur en chef. Ce travail lui permit de développer un profond amour pour la jeunesse, lui donnant l'habitude de toujours penser à ce qui peut être fait pour aider les jeunes à porter la lourde charge de l'avenir. C'est cette préoccupation pour la jeunesse qui le pousse, en tant que président de la Soka Gakkai internationale, à accepter avec plaisir les invitations à donner des conférences dans des écoles et universités de nombreux pays, où il fait toujours une forte impression sur son auditoire.

Mais M. Ikeda doit essentiellement à Josei Toda sa foi dans le bouddhisme de Nichiren Daishonin. Il apprit aussi de lui l'importance de la pratique et de l'étude. M. Ikeda pénétra si profondément les enseignements bouddhiques, mit sa croyance en action avec tant de force et de sagesse, sut enfin donner sur cette base une telle dimension à ses actions et pensées que Josei Toda lui-même en fut surpris.

En 1951, quand M. Toda devint son deuxième président, la Soka Gakkai ne comptait guère que quelques milliers de familles membres. Josei Toda amena ce nombre à 750.000 avant sa mort en 1958. Daisaku Ikeda fut un élément moteur dans les campagnes de propagation successives qui permirent cet essor. En 1960, il devint le troisième président et, grâce à son action, le mouvement connut un développement sans précédent. Une telle croissance donna lieu à des activités de plus en plus larges dépassant de loin le domaine de l'éducation, tandis qu'apparaissaient les personnes capables d'accomplir les nouvelles tâches. Là encore, c'est une foi et une perception profondes du bouddhisme de Nichiren Daishonin, une approche large du savoir et de la culture, et par-dessus tout l'amour d'autrui et une subtile compréhension de la nature humaine qui permirent à Daisaku Ikeda de réussir.

Le bouddhisme de Nichiren Daishonin

Le bouddhisme de Nichiren Daishonin, sur lequel se fonde la croyance de Daisaku Ikeda et de la Soka Gakkai, diffère du bouddhisme créé en Inde par Shakyamuni et des diverses sectes bouddhiques qui se sont développées en Chine et au Japon à partir des enseignements de ce dernier. Cependant, le bouddhisme de Nichiren Daishonin n'est pas sans rapport avec celui de Shakyamuni.

Shakyamuni n'a pas révélé aux hommes le moyen véritable d'atteindre l'illumination, ne laissant qu'un ensemble de méditations et de pratiques personnelles rigoureuses, destinées aux seuls croyants. Deux mille ans après sa mort, les simples mortels ne pouvaient plus s'acquitter des tâches prescrites pour l'atteinte de l'illumination. Dans cette période appelée période de *Mappo* (ou période des derniers jours de la Loi), une voie parfaite et complète, accessible à tous, devait naître. La voie parfaite est expliquée dans le Sûtra du Lotus de la Loi mystique, sermon qu'aurait réellement prêché Shakyamuni.

Le Sûtra du Lotus établit clairement que Shakyamuni atteignit l'illumination dans un passé infiniment lointain mais ne révèle pas la nature de la Loi à laquelle il s'éveilla. Dans le quinzième chapitre du Sûtra du Lotus, des bodhisattvas sortent des fissures de la terre et prêtent serment d'enseigner la Loi ultime dans la période de *Mappo,* époque où le bouddhisme de Shakyamuni aura perdu toute efficacité. Ce bouddhisme parfait qui, selon la prédiction du Sûtra du Lotus, apparut dans la période de *Mappo,* est l'enseignement de Nichiren Daishonin, qui établit la Loi de *Nam Myoho Renge Kyo* et les trois grandes lois ésotériques.

Ces trois grandes lois ésotériques sont : le *Honzon,* mandala qui représente la Loi de l'illumination ultime ; *Daimoku,* la récitation de *Nam Myoho Renge Kyo,* méthode d'entraînement concrète pour atteindre l'illumination ultime ; et le *Kaidan,* sanctuaire ou royaume du Bouddha où est enchâssé le *Honzon* et où l'on récite le *Daimoku* ; la protection contre le mal s'y trouve assurée, et la souffrance éliminée.

La signification des trois grandes lois ésotériques apparaît clairement lorsque l'on sait que dans le bouddhisme de Shakyamuni les croyants doivent se soumettre à de longs et rigoureux exercices d'auto-discipline afin d'atteindre l'illumination. Du point de vue des hommes ordinaires, le bouddhisme de Shakyamuni est abstrait et difficile. Les trois grandes lois ésotériques du bouddhisme de Nichiren Daishonin offrent des buts facilement compréhensibles et concrets – la foi, la pratique et l'étude –, ouvrant ainsi la voie à l'illumination de tous les peuples. Il est impossible de nier la portée de ce développement religieux. Voilà pourquoi Nichiren Daishonin est fort justement appelé le bouddha véritable de la période de *Mappo*.

Le bouddhisme qu'il enseigne, simple et clair, est constitué de trois éléments : la foi, la pratique et l'étude. La foi signifie croire que Nichiren Daishonin est le véritable bouddha de la période de *Mappo,* apparu sur terre pour sauver toute l'humanité, et que l'essence de son enseignement est concrétisée dans le *Dai-Gohonzon,* mandala enchâssé au Taiseki-ji, temple principal de la Nichiren Shoshu.

La pratique possède deux volets majeurs. Le premier est la récitation matin et soir d'une prière appelée *Gongyo* et consistant à lire les chapitres « Moyens » et « Durée de la vie du Tathagata » du Sûtra du Lotus (ch. 2 et 16) et à réciter *daimoku (Nam Myoho Renge Kyo)*. Le second est de présenter les enseignements du bouddhisme de Nichiren Daishonin à autant de personnes que possible. Comme je l'ai déjà dit, réciter *daimoku* permet à l'être humain d'atteindre la boddhéité ; mais en rester là serait un acte purement égoïste, en désaccord avec le véritable esprit du bouddhisme. Voilà pourquoi la pratique est à la fois une action tournée vers soi par la récitation de *daimoku* et tournée vers les autres par la transmission de l'enseignement qui leur promet l'atteinte de la boddhéité et du bonheur. En d'autres termes, la pratique doit être dirigée vers le bien d'autrui autant que vers soi-même.

L'étude est nécessaire pour renforcer et approfondir la foi, assurer une pratique correcte, et enrichir nos propres capacités de convaincre les autres de l'importance de s'éveiller à la vérité du bouddhisme par l'étude et l'approfondissement des doctrines bouddhiques et de leurs bases théoriques.

La Soka Gakkai s'efforce de développer la foi de chacun de ses membres en encourageant la pratique et l'étude et en réalisant la propagation universelle de la foi (*kosen rufu*), tâche confiée à la postérité par Nichiren Daishonin. Voilà le cœur de la philosophie et des actions de Daisaku Ikeda, en tant que troisième président de la Soka Gakkai, voilà ce qui le guide toujours en tant que président de la Soka Gakkai internationale. (Un bref commentaire sur un point qui donne souvent lieu à des malentendus s'impose ici. La Soka Gakkai est une organisation laïque dévouée à la foi dans les enseignements du bouddhisme de la Nichiren Shoshu. Son président guide les membres dans la foi, la pratique et l'étude de ce bouddhisme et encourage sa propagation pour donner aux enseignements la plus large audience possible. Cependant, il n'est pas le fondateur d'une secte religieuse. Comme tous les autres présidents de la Soka Gakkai, Daisaku Ikeda est un commentateur, non un créateur, des doctrines bouddhiques.)

La confiance en l'humanité

Il existe une tendance générale – particulièrement chez les intellectuels occidentaux qui ne connaissent que les enseignements Hinayana ou primitifs, c'est-à-dire les premières doctrines de Shakyamuni – à interpréter le bouddhisme comme une philosophie pessimiste. Il est vrai que, dans ses premiers enseignements, Shakyamuni mit l'accent sur l'inconstance de toute chose et les aspects futiles et désagréables de l'existence humaine afin d'aider les hommes à se libérer des attachements à l'ego, aux désirs, et au monde matériel, développant ainsi leur aspiration à la vérité. Dans ses premières phases, le bouddhisme Mahayana enseigna aussi que l'ultime vérité était un paradis situé sur une terre pure à l'ouest et adopta une vue pessimiste de la réalité et de l'humanité.

La véritable et essentielle doctrine Mahayana se trouve cependant dans le Sûtra du Lotus qui enseigne que la vérité sans égale, ultime et immuable, n'existe pas en dehors du monde de la réalité et des êtres humains. Cette vérité se trouve universellement présente derrière et par-delà le monde apparemment inconstant et laid de la réalité. En d'autres termes, tous les êtres humains possèdent la nature de bouddha et peuvent la manifester d'une façon égale. De plus, comme un cristal projette une lumière différente selon les objets qui l'entourent, la laideur apparente de la vie et de ses manifestations peut irradier de la beauté quand on la regarde à la lumière de l'état de bouddha, profond et universel. Telle est l'interprétation de l'humanité contenue dans le Sûtra du Lotus ; elle est imprégnée d'une confiance et d'une croyance totales dans l'homme.

Cette croyance dans la nature de bouddha inhérente à tous les êtres humains est symbolisée de manière très vivante par « le bodhisattva qui ne méprise jamais » (*jofugyo-bosatsu* en japonais), qui s'adresse aux hommes en ces termes : « *Je respecte profondément chacun d'entre vous parce que vous êtes tous sur la voie du bodhisattva menant à l'ultime boddhéité.* » Et il s'incline alors devant chacun.

La confiance et le respect envers tous les êtres humains constituent également un article de foi constant chez Daisaku Ikeda. Il insiste sur le fait qu'aucun différend – qu'il soit lié au fossé entre générations, à des préjugés nationaux ou raciaux, ou à des querelles domestiques – n'est insoluble tant que les parties concernées maintiennent chacune leur foi en l'homme. Les différences d'opinion, les heurts émotionnels, les conflits d'intérêt sont pratiquement inévitables dans la vie quotidienne ; mais une médiation peut toujours apporter une mise au point et une conciliation si elle repose sur la confiance et la foi mutuelles. Dans le cas contraire, cependant, la haine rend tout dialogue impossible ; l'animosité et la suspicion peuvent alors s'aggraver et donner naissance à un cruel conflit.

Pour éviter la catastrophe dont l'humanité se trouve aujourd'hui menacée à cause du potentiel de destruction sans précédent dont nous disposons, Daisaku Ikeda prône sans relâche la confiance mutuelle et le respect en toutes circonstances, des querelles de famille aux déchirements de la société internationale. Il est cependant pleinement conscient des dangers d'une foi aveugle pouvant causer la ruine de celui qui a ingénument prêté sa confiance. Aussi ne recommande-t-il pas une foi aveugle et systématique. Cependant, il insiste beaucoup sur le fait que, quand une personne est forcée de choisir entre la confiance et le doute, la confiance est le choix de la sagesse.

Un tel choix implique souvent un ardent combat intérieur contre la suspicion et la crainte. Mais l'esprit vraiment courageux peut surmonter ses propres doutes et avancer bravement vers la confiance et le respect de l'homme, base éthique indispensable pour l'humanité. Cette conception sous-tend tous les propos de Daisaku Ikeda.

Une inépuisable créativité

Daisaku Ikeda croit de tout son être que la créativité devrait caractériser tout ce que nous faisons, quelles que soient les circonstances. Comme je l'ai déjà expliqué, il se distingua par cette créativité dès sa jeunesse. Et pendant ses dix-neuf années à la présidence de la Soka Gakkai, ses efforts surhumains produisirent des résultats fabuleux. C'est lui qui acheva de donner à l'organisation ses structures interne et externe ; qui inspira et guida l'expansion du mouvement dans le monde ; et qui entreprit un immense projet de construction pour améliorer les équipements du Taiseki-ji, temple principal du bouddhisme de la Nichiren Shoshu.

Le seul nom de l'organisation Soka Gakkai signifie Association pour la création de valeurs. (Son nom originel était Soka Kyoiku Gakkai, ou Association pour la création de valeurs dans l'éducation. Ce terme, inventé par le premier président Tsunesaburo Makiguchi, fut changé en Soka Gakkai par Josei Toda). Autrement dit, la création de valeurs, qui devrait être le but de toutes les entreprises humaines, constitue l'objectif principal de la Soka Gakkai. Et le bouddhisme est la philosophie religieuse sur laquelle l'organisation s'appuie pour créer des valeurs humaines.

Chaque homme est doté de l'état de bouddha et possède le pouvoir de le manifester. En le mettant au premier plan de toutes ses actions, une vie peut rayonner. Cet enseignement du Sûtra du Lotus représente la clé de la création des valeurs dans l'existence de tous. Cependant, s'il ne se manifeste pas dans l'action, l'état de bouddha ne peut éclairer une vie ni provoquer l'épanouissement de son potentiel. D'où la nécessité de l'entraînement concret et de l'action.

L'un des aspects de l'entraînement et de la pratique bouddhiques est de dépasser la dimension de l'ego ; il s'agit d'un constant combat contre la suspicion, l'égoïsme, et les aspirations paresseuses à préserver un facile statu quo. Ce combat est une révolution intérieure menant l'esprit de l'individu de l'égoïsme à l'altruisme et de la suspicion à la confiance. En ce sens, Daisaku Ikeda a fortement mis en avant l'importance de ce qu'il appelle la révolution humaine.

Parce qu'on associe souvent révolution et destruction, certains redoutent que la révolution humaine de Daisaku Ikeda n'entraîne aussi des dommages. De telles craintes sont sans fondement. Il est vrai que certains enseignements Hinayana et les doctrines de la secte de la terre pure dans le Mahayana mènent à de pareils déboires. Au Japon, la secte de la terre pure, en promettant le salut à quiconque prononce le nom du bouddha Amida, qui demeure dans un paradis à l'ouest, fleurit et devint une doctrine maîtresse à partir du XIIe siècle environ. Cette popularité eut un effet sinistre parce que ceux qui crurent dans l'enseignement de la terre pure perdirent graduellement la volonté d'affronter et de résoudre les contradictions et souffrances de la vie réelle, ne se souciant plus que du paradis qu'ils espéraient atteindre après la mort. Une des idées sur le Japon les plus populaires en Occident touche au suicide rituel hara-kiri et à l'absence de crainte face à la mort. Cette apparente bravoure relève moins du courage qui consiste à dépasser la peur de la mort que d'une perversion, sorte de paralysie mentale, provenant de l'enseignement de la terre pure.

En contraste avec ces attitudes destructrices, le Sûtra du Lotus enseigne que, si l'on manifeste le joyau de la nature de bouddha présent en chaque être humain, même les aspects laids de la vie apparaissent d'une beauté rayonnante. Que cette nature se manifeste et toute la vie s'illumine. Rien ne doit être exclu ou éliminé. Nul besoin de rejeter quoi que ce soit : toute la vie, telle qu'elle est, devient belle. La révolution humaine basée sur le bouddhisme du Sûtra du Lotus ne s'accompagne d'aucune destruction. C'est la création au sens le plus vrai, une création qui n'exige aucune destruction préalable.

La vie humaine devrait être créative. Chaque seconde du présent devrait être empli d'actes créatifs pour l'avenir. Chaque être humain a une mission, une raison de vivre. Ceux qui considèrent leur existence comme une charge ne peuvent voir leur mission. Mais une fois qu'elle leur apparaît clairement, la charge s'évanouit. Il faudrait diriger tous nos efforts vers la création, non la destruction. C'est là un principe fondamental de la philosophie de Daisaku Ikeda. Il suffit d'un simple coup d'œil sur les discours de ce livre pour s'en convaincre.

Au nom de la paix mondiale

Le but premier de la pensée et de l'action de Daisaku Ikeda – telles que je les ai présentées dans les pages précédentes – est l'établissement d'une paix durable dans le monde. Jusqu'à présent, dans l'histoire, les hommes n'ont connu de longues périodes de paix que sous l'égide d'un empire puissant, imposée par la force, comme l'Empire romain. Durant les entretiens qu'il eut il y a un certain nombre d'années avec Daisaku Ikeda, le regretté Arnold J. Toynbee disait que la paix mondiale ne serait possible que si un empire politique s'imposait par la force à l'échelle mondiale. Daisaku Ikeda, au contraire, insista sur le fait que la paix mondiale doit être réalisée sur la base d'une fédération d'États indépendants, un peu du type de la fédération qui se développe actuellement en Europe. Il croit que la paix sous un empire ne durerait pas plus longtemps que l'empire lui-même. De plus, les tentations de l'autorité et du pouvoir inviteraient certains éléments à s'efforcer de faire basculer l'empire afin d'établir leur propre pouvoir. Finalement, parce que le pouvoir et l'autorité corrompent, une paix imposée de force par un empire contiendrait les graines de sa propre décadence ultime. Le type de paix fédérative que Daisaku Ikeda envisage serait bâti sur la base de la compréhension et de la confiance mutuelles. Au lieu de la paix par la force, ce serait la paix par la raison et la foi.

Depuis son accession à la présidence de la Soka Gakkai, M. Ikeda a effectué de fréquents voyages pour promouvoir la paix aux États-Unis, en Chine et en Union soviétique, grandes puissances entre les mains desquelles reposent les clés de la paix. De plus, il a discuté de ces questions importantes avec de nombreux dirigeants du monde, et notamment les secrétaires généraux des Nations unies. En harmonie avec les idées et idéaux de M. Ikeda, le département de la Jeunesse de la Soka Gakkai a lancé une pétition contre les armes nucléaires signée par dix millions de personnes.

Maintenant qu'il occupe les fonctions de président honoraire de la Soka Gakkai et de président de la Soka Gakkai internationale, Daisaku Ikeda va continuer sans aucun doute à guider et à encourager les membres de la Soka Gakkai tout en intensifiant ses activités pour la cause de la paix mondiale.

Poursuivant la tradition des dialogues pour la paix qui commença par ses entretiens avec Arnold J. Toynbee, M. Ikeda a déjà eu des entretiens avec René Huygue, de l'Académie française. D'autres sont en cours, avec Aurelio Peccei, président du Club de Rome, et le professeur Brian Wilson, de l'université d'Oxford ; ceux avec le docteur indien Karan Sigh commenceront bientôt. On ne peut pas réaliser la paix en un jour. De plus, une fois la paix établie, ferveur et sagesse sont nécessaires pour la maintenir. Dans les dialogues avec les hommes que je viens de mentionner et avec d'autres dirigeants des États-Unis, de Chine et d'Union soviétique, Daisaku Ikeda apporte une contribution d'une importance capitale qui fera naître la sagesse permettant d'établir une paix durable, phare des générations futures.

La paix représente un des éléments les plus significatifs que le bouddhisme puisse apporter au monde. On sait que le célèbre roi Ashoka, bouddhiste fervent dans l'Inde du IIIe siècle avant Jésus-Christ, établit une paix idéale dans son propre royaume et envoya même des émissaires pour promouvoir la paix dans des contrées aussi lointaines que la Grèce et l'Égypte. Dans le Japon du XIIIe siècle, Nichiren Daishonin écrivit un célèbre traité intitulé *Rissho Ankoku Ron (Traité sur la pacification du pays par l'établissement de la Loi correcte)* contenant son appel à la paix et adressé aux dirigeants politiques de l'époque. Le *Rissho Ankoku Ron* insiste sur le fait que le bouddhisme orthodoxe doit être le fondement de la paix. De tous ses volumineux écrits – dont environ la moitié sont des lettres envoyées à des particuliers, beaucoup traitant de l'avenir –, ce traité est le seul que Nichiren Daishonin ait adressé publiquement, ce qui montre bien son profond souci de paix.

Le dévouement total de Daisaku Ikeda pour la paix n'est donc pas seulement une affaire personnelle. Il provient du sens de sa mission : répandre le bouddhisme de Nichiren Daishonin aussi largement que possible afin qu'il brille d'un grand éclat dans le monde entier.

GLOSSAIRE

ALAYA : la huitième conscience ; littéralement, dépôt ; royaume inconscient où les impressions, ou effets karmiques, sont emmagasinés et où naissent de nouvelles actions mentales, ou causes internes. *Voir aussi* Les neuf consciences.

AMALA : la neuvième conscience ; littéralement, immaculée ; contrairement à la huitième conscience qui peut produire des causes à la fois bonnes et mauvaises, la neuvième conscience est libre de toute impureté karmique. Elle correspond à notre nature de bouddha éternelle. *Voir aussi* Les neuf consciences.

ANRYUGYO : l'un des quatre guides des bodhisattvas sortis de la terre apparaissant dans le quinzième chapitre du Sûtra du Lotus.

ASHURA (SHURA) : démon extrêmement querelleur. Il peut symboliser *shura,* un des dix états de vie. *Shura* est la condition de la colère et du refus de faire ce qui est correct, même quand on nous montre la bonne voie.

BODDHÉITÉ : le plus élevé des dix états. Selon Nichiren Daishonin, la boddhéité est la conscience de la véritable existence et de la nature de la vie universelle sur laquelle reposent les neuf autres états.

BODHISATTVAS SORTIS DE LA TERRE : les bodhisattvas qui apparaissent dans le quinzième chapitre du Sûtra du Lotus et s'engagent à propager la Loi mystique dans les derniers jours de la Loi.

BOUDDHISME HINAYANA : l'un des deux principaux courants du bouddhisme ; littéralement « petit véhicule ». Également connu sous le nom de bouddhisme Theravada.

BOUDDHISME MAHAYANA : l'autre courant majeur du bouddhisme ; littéralement « grand véhicule ». Les enseignements du Mahayana sont tournés vers le salut de l'individu et soulignent aussi l'importance de mener tous les êtres humains sans exception à l'illumination.

BUTSUGEN : les yeux du bouddha, l'une des cinq sortes d'yeux.

CHIAN-TZU-WEN : *voir* le Classique aux milles caractères.

CHIH-I : *voir* T'ien-t'ai.

CHUTAI : la troisième des trois vérités ; l'unité fondamentale, ou source, qui sous-tend et transcende la dualité des deux autres (*kutai* et *ketai*) ; le principe immuable de la vie elle-même. *Voir aussi* les trois vérités.

CHINTAMANI : un fabuleux joyau capable d'exaucer tous les désirs (*nyoihoju* en japonais).

CHUANG TZU : célèbre philosophe taoïste qui aurait vécu de 389 à 286 avant J.-C.

CLASSIQUE AUX MILLE CARACTÈRES (LE) : très ancienne compilation de l'histoire chinoise et de la philosophie de Confucius écrite en mille caractères, sans qu'aucun soit répété (*Chian-tzu-wen*).

CINQ AGREGATS : forme, perception, conception, volition, et conscience. En bouddhisme, ces cinq éléments composent les êtres sensitifs ou humains.

CINQ IMPURETÉS : les impuretés liées aux éléments suivants : (1) l'époque, (2) les hommes et la société, (3) les désirs, (4) la pensée, et (5) la vie elle-même. Les hommes des derniers jours de la Loi héritent de ces impuretés et ne peuvent s'en libérer qu'en pratiquant le bouddhisme.

CINQ SORTES D'YEUX : les différentes capacités de perception – les yeux du corps (*nikugen*), les yeux du ciel (*tengen*), les yeux de la sagesse (*egen*), les yeux de la Loi (*hogen*) et les yeux du bouddha (*butsugen*).

DAI-GOHONZON : *Voir* Gohonzon

DAIMOKU : (1) titre d'un sûtra et en particulier titre du Sûtra du Lotus, *Myoho Renge Kyo*. (2) La récitation de *Nam Myoho Renge Kyo,* l'une des trois grandes lois ésotériques, qui est un moyen d'atteindre la boddhéité.

DERNIERS JOURS DE LA LOI : *Voir* Mappo (période de).

DIX ÉTATS : selon Nichiren Daishonin, il existe dix états de vie différents. Tous ces états sont éternellement inhérents à la vie et apparaissent en interaction avec l'environnement. Ce sont les états d'enfer, d'avidité, d'animalité, de colère, d'humanité, de bonheur temporaire, d'étude, d'absorption, de bodhisattva et de bouddha.

DOSHI : dirigeant ou maître.

EGEN : les yeux de la sagesse, l'une des cinq sortes d'yeux.

EN'YU-SANTAI : parfaite harmonie entre les trois vérités, c'est-à-dire la voie du milieu bouddhique.

ESHO FUNI : concept d'inséparabilité des êtres vivants et de leur environnement, un des principes de base du bouddhisme de Nichiren Daishonin.

ÉTAT DE BOUDDHA : le plus élevé des dix états. *Voir aussi* boddhéité et dix états.

EXPRESSIONS DE LA VIE : les aspects dynamiques du mouvement de la vie et de ses actions.

FUKYO : bodhisattva qui apparaît dans le chapitre *Fukyo* du Sûtra du Lotus (ch. 20) . « Bodhisattva qui ne méprise jamais », il ne condamne jamais, contribuant au salut de tous, y compris de ceux qui ont calomnié la Loi bouddhique et l'ont persécutée.

GOHONZON : principal objet de culte et de vénération pour les croyants de la Nichiren Shoshu.

GONGYO : pratique biquotidienne, le matin et le soir, de la Nichiren Shoshu. Elle s'effectue devant le *Gohonzon*. Pendant *Gongyo*, les pratiquants récitent des passages des chapitres *Hoben* et *Juryo* du Sûtra du Lotus (ch. 2 et 16) et récitent daimoku (*Nam Myoho Renge Kyo*) afin d'atteindre la boddhéité.

GOSHO ZENSHU : recueil des écrits de Nichiren Daishonin, considérés comme les « propos véritables du bouddha originel et l'enseignement suprême pour les derniers jours de la Loi » ; enseignement de base de la Nichiren Shoshu, il est fait de traités et de lettres contenant des préceptes que les pratiquants tentent d'appliquer dans leur vie quotidienne.

HUNG-CHIEH : version annotée du *Maka Shikan* (le Livre de la grande concentration et intuition) de T'ien-t'ai. Les annotations furent écrites par Miao-lo.

ICHIDAIJI : concept bouddhique qui signifie « une grande affaire » ou une affaire de grande importance, particulièrement en liaison avec le but de l'apparition du Bouddha en ce monde.

ICHINEN SANZEN : un concept bouddhique profond illuminant tous les aspects de la nature essentielle de la vie dans une interprétation philosophique systématique des phénomènes de l'univers. Le terme *ichinen*, littéralement « une seule pensée », se réfère à la nature ultime de la vie ; *sanzen* signifie tous les phénomènes de l'univers. La doctrine exprimée par la combinaison des deux mots est que la nature ultime de la vie contient tous les phénomènes de l'univers, dans toutes leurs étapes et modifications.

ISSAI SHUJO : littéralement « tous les êtres vivants ou sensitifs ».

ISSHO JOBUTSU : l'atteinte de la boddhéité par un être humain au cours de cette vie.

ITAI DOSHIN : « un même cœur dans des corps différents », ou l'unité des hommes pour une cause commune ; dans ce bouddhisme, cette unité se fait sur la base de la foi dans le *Gohonzon* et pour la cause commune de *kosen rufu*.

JIGAGE : partie versifiée qui conclut le chapitre *Juryo* du Sûtra du Lotus (ch. 16).

JITAI-KENSHO : théorie bouddhique de la réalisation du vrai soi.

JOGYO : guide des bodhisattvas sortis de la terre qui apparaissent dans le quinzième chapitre du Sûtra du Lotus et prêtent serment de propager *Myoho Renge Kyo* dans les derniers jours de la Loi.

JYOGYO : l'un des quatre guides des bodhisattvas sortis de la terre apparaissant dans le quinzième chapitre du Sûtra du Lotus.

KANNON (sanskrit : Avalokiteshvara) : bodhisattva qui apparaît dans le Sûtra du Lotus, flottant comme un nuage au-dessus de la terre. Selon le Sûtra, il peut prendre trente-trois formes différentes pour sauver les hommes.

KETAI : la seconde des trois vérités ; celle des formes réelles, perceptibles, de toute entité de vie.

KU : vide, non-substantialité, latence.

LOI MYSTIQUE (en japonais, *Myoho*) : Loi ultime de la vie et de l'univers, Loi de *Nam Myoho Renge Kyo.*

MAKIGUCHI, TSUNESABURO : fondateur et premier président de la Soka Gakkai.

MANAS : la septième conscience ; domaine de la réflexion abstraite, de la raison, et de la conscience de soi. *Voir aussi* les neuf consciences.

MAPPO (période de) : les derniers jours de la Loi. Traditionnellement, la période suivant les deux millénaires après la mort de Shakyamuni – soit notre époque – où les êtres humains ne peuvent atteindre l'illumination que grâce aux enseignements de Nichiren Daishonin. *Voir aussi* Zoho (période de).

MIAO-LO (en japonais, Myoraku) : grand moine chinois de la dynastie des T'ang à qui l'on doit une renaissance du bouddhisme de T'ien-t'ai. Il restaura la secte T'ien-t'ai et laissa des commentaires sur les trois œuvres majeures de son fondateur.

MIROKU (en sanskrit, Maitreya) : bodhisattva qui apparaît dans le Sûtra du Lotus en flottant comme un nuage au-dessus de la terre.

MO-HO-CHIH-KUAN (Livre de la grande concentration et intuition, *Maka Shikan* en japonais) : l'une des trois œuvres majeures de T'ien-t'ai. Elle clarifie le sens profond du Sûtra du Lotus en établissant le concept d'*ichinen sanzen.*

MONJU : bodhisattva incarnant la sagesse qui apparaît dans le Sûtra du Lotus en flottant comme un nuage au-dessus de la terre. Il représente la vertu de la sagesse.

MUHENGYO : l'un des quatre guides des bodhisattvas sortis de la terre.

MUSA : ce qui existe dans son état originel et rejette tout conditionnement ou transformation. *Voir aussi* Usa.

MYO : un caractère qui représente le mot *mystique*, par exemple dans l'expression Loi mystique ; signifie « au-delà de la compréhension des hommes ordinaires ».

MYOHO : *voir* Loi mystique.

NAM MYOHO RENGE KYO : l'essence même du Sûtra du Lotus, selon Nichiren Daishonin. Plus simplement, cela signifie se consacrer à la Loi ultime de l'univers.

NEMBUTSU : vénérer le bouddha Amida et réciter son nom.

NEUF CONSCIENCES (théorie des) : classification des fonctions de perception spirituelles. Les cinq premières consciences correspondent aux perceptions des cinq sens : la vue, l'ouïe, l'odorat, le goût et le toucher. La sixième conscience nous permet d'intégrer les perceptions des cinq sens et de formuler des jugements sur elles. La septième conscience, ou *manas*, est le domaine de la réflexion abstraite, de la raison, de la conscience de soi, etc. La huitième conscience, appelée *alaya*, c'est-à-dire dépôt, est un domaine inconscient où les impressions, ou effets karmiques, sont emmagasinés et où naissent de nouvelles actions mentales, ou causes internes. La neuvième conscience est appelée *amala*, c'est-à-dire immaculée. Contrairement à la huitième conscience qui peut produire des causes aussi bien bonnes que mauvaises, la neuvième conscience est libre de toute impureté karmique. Elle correspond à notre nature éternelle de bouddha ou moi essentiel.

NICHIKAN SHONIN : enseignant et écrivain ; vingt-sixième grand patriarche de la Nichiren Shoshu.

NICHIREN DAISHONIN (1222-1282) : fondateur du bouddhisme orthodoxe.

NICHIREN SHOSHU : école orthodoxe du bouddhisme de Nichiren Daishonin.

NIKKO SHONIN : deuxième grand patriarche de la Nichiren Shoshu ; plus proche disciple et successeur immédiat de Nichiren Daishonin.

NIRVANA : dans le bouddhisme de Nichiren Daishonin, la condition de vie de l'illumination dans le monde réel, basée sur la foi dans le *Gohonzon*. Dans les sûtras Hinayana, cela signifiait atteindre l'illumination en annihilant la conscience et en réduisant le corps en cendres.

ONGI KUDEN : compilation des enseignements oraux de Nichiren Daishonin sur le Sûtra du Lotus qui furent adressés à ses proches disciples. Écrit par Nikko Shonin et approuvé par Nichiren Daishonin.

QUATRE SOUFFRANCES DE LA VIE (les) : la naissance, la maladie, la vieillesse et la mort.

RISSHO ANKOKU RON (Traité sur la pacification du pays par l'établissement de la Loi correcte) : traité écrit par Nichiren Daishonin.

SANZEN : *voir* Ichinen sanzen.

SETSUNA JODO : atteindre la boddhéité en un instant ; état dans lequel un être humain atteint la boddhéité tout en gardant son corps de simple mortel (*sokushin jobutsu*).

SHAKUBUKU : « acte de compassion qui consiste à présenter aux autres le bouddhisme orthodoxe » ; propager le bouddhisme orthodoxe en réfutant les idées erronées ou les préjugés d'une autre personne et en la guidant vers les enseignements bouddhiques corrects.

SHAKYAMUNI : également connu sous le nom de bouddha ou de Gautama ; le premier bouddha de l'histoire qui, selon la tradition bouddhique, vécut en Inde il y a environ trois mille ans.

SHIKISHIN FUNI : concept bouddhique d'inséparabilité du corps et de l'esprit.

SHIN-JU : les modalités de la vie.

SHIN-O : souverain de la vie, « axe principal de toute activité ».

SHO-HONDO : grand sanctuaire du Taiseki-ji, temple principal de la Nichiren Shoshu, où se trouve enchâssé le Dai-Gohonzon, objet de vénération suprême.

SHURA : *voir* Ashura.

SOKOSHIN JOBUTSU : manifester notre nature de bouddha. *Voir aussi* Setsuna jodo.

SUMERU (mont) : dans l'ancienne cosmologie indienne, le plus haut sommet du monde qui se trouvait au centre de la terre.

SUTRA AMIDA : le plus célèbre des enseignements provisoires, c'est-à-dire des enseignements précédant le Sûtra du Lotus.

SUTRA DU LOTUS : ultime enseignement bouddhique. Il est généralement divisé en vingt-huit chapitres, les plus importants étant les chapitres deux (*Hoben*) et seize (*Juryo*). Nichiren Daishonin évoque souvent le Sûtra du Lotus dans ses écrits pour indiquer son essence, *Nam Myoho Renge Kyo*.

SUTRA KEGON : selon T'ien-t'ai, compilation des enseignements de Shakyamuni exposés durant les trois premières semaines suivant son illumination.

TAHO : bouddha qui pria Shakyamuni d'enseigner le Sûtra du Lotus et vint attester sa validité.

TAISEKI-JI : temple principal de la Nichiren Shoshu.

TAISHAKU (Indra en sanskrit) : l'une des deux divinités protectrices du bouddhisme (l'autre étant Bonten ou Brahma).

T'IEN-T'AI : autre nom de Chih-i, fondateur de la secte T'ien-t'ai (Tendai en japonais).

TODA, JOSEI (1900-1958) : successeur de Tsunesaburo Makiguchi à la présidence de la Soka Gakkai.

TROIS TRÉSORS : le Bouddha, la Loi et le Moine.

TROIS VÉRITÉS : *kutai*, *ketai*, et *chutai*, dont la parfaite harmonie explique la nature fondamentale de tous les phénomènes selon la doctrine bouddhique. *Voir aussi* En'yu-santai.

USA : qui a quitté son état originel ; désigne tout ce qui a fait l'objet d'un conditionnement ou d'une transformation ; représente également tous les phénomènes des mondes naturel et humain. *Voir aussi* Musa.

VOIE DU MILIEU : l'ultime réalité qui donne naissance à tous les phénomènes ; la loi de *Nam Myoho Renge Kyo*. *Voir aussi* En'yu-santai.

ZOHO (période de) : deuxième période de la Loi, ou période de la Loi formelle. Le deuxième millénaire après la mort de Shakyamuni qui vit la naissance et le développement du bouddhisme de T'ien-t'ai. *Voir aussi* Mappo (période de).

Table des matières